U0453244

谨以此书献给为武汉第七届世界军人运动会成功举办流下辛勤汗水的国内外各界人士和世界各国军人运动员!

赛事遗产可持续利用研究
——以第七届世界军人运动会为例

李春洋 ◎ 著

中国社会科学出版社

图书在版编目（CIP）数据

赛事遗产可持续利用研究：以第七届世界军人运动会为例/李春洋著.—北京：中国社会科学出版社，2023.3
ISBN 978-7-5227-1439-4

Ⅰ.①赛… Ⅱ.①李… Ⅲ.①军事体育—运动会—文化遗产—资源利用—研究—武汉 Ⅳ.①G873.71

中国国家版本馆 CIP 数据核字（2023）第 031622 号

出 版 人	赵剑英
责任编辑	李凯凯
责任校对	夏慧萍
责任印制	王 超

出　　版	中国社会科学出版社
社　　址	北京鼓楼西大街甲 158 号
邮　　编	100720
网　　址	http://www.csspw.cn
发 行 部	010-84083685
门 市 部	010-84029450
经　　销	新华书店及其他书店
印刷装订	北京君升印刷有限公司
版　　次	2023 年 3 月第 1 版
印　　次	2023 年 3 月第 1 次印刷
开　　本	710×1000　1/16
印　　张	19.25
字　　数	311 千字
定　　价	128.00 元

凡购买中国社会科学出版社图书，如有质量问题请与本社营销中心联系调换
电话：010-84083683
版权所有　侵权必究

第七届世界军人运动会成功举办，体现了中国气派、军人特色，实现了"办赛水平一流、参赛成绩一流"目标。在新中国成立70周年之际，这次国际军事体育盛会的成功举办，向世界展示了新时代的中国形象，宣示了中国和平发展主张。

——中华人民共和国主席习近平

武汉军运会的成功超出想象！

——国际军事体育理事会主席赫尔维·皮奇里洛（Hervé Piccirillo）

前　言

第七届世界军人运动会于2019年10月18日至27日在中国武汉胜利召开，这是中国第一次承办综合性国际军事赛事，也是继北京奥运会后，中国举办的规模最大的国际体育盛会，是武汉迄今为止承办过的规模最大、级别最高、影响最广、最为成功的国际盛会。对举办城市武汉来说，这是一场关乎国家形象、军人荣耀、城市荣光的使命之战、时代之战、荣誉之战。在党中央、国务院、中央军委、组委会和湖北省委省政府、武汉市委市政府的领导下，第七届世界军人运动会的筹办始终坚持以习近平新时代中国特色社会主义思想为指导，深入贯彻习近平总书记关于体育工作系列讲话精神和习近平强军思想，践行"绿色、共享、开放、廉洁"办赛理念，举军民融合发展旗帜，服务"办赛水平一流、参赛成绩一流"目标，成功地举办了第七届世界军人运动会，得到了国际国内的高度评价和广泛赞誉。

近年来武汉的经济实力和城市规模不断扩大，2020年位居新一线[①]城市第四名，各项体育场馆设施有了大幅度的提升，此次军运会武汉承担了所有的比赛场馆和全部比赛项目，再次体现了武汉的城市实力和办赛能力。正如国际军事体育理事会主席赫尔维·皮奇里洛说的，"武汉世界军人运动会是历史性的、和平的盛会，自己对武汉、对中国人民的热情印象深刻，军运会的成功召开将为武汉这座城市的未来发展留下宝贵的遗产""这些场馆不仅仅是为了比赛，同时考虑到了城市的环境和未来发展，这些都将在赛后被武汉市民所利用。""本届军运会所传递的这些理

---

① 《第一财经周刊》：《2020城市商业魅力排行榜》（https://m.yicai.com/vip/news/100662285.html）。

念,使各国参赛代表团都对中国产生很好的印象,这都是无形的遗产。"
"因其伟大卓越和受欢迎程度,武汉军运会将永垂历史"。国际军事体育理事会秘书长科伊塔表示,希望军运会的遗产能够为武汉未来组织大型活动打下基础,国际军体还组织多项世锦赛,希望能在未来再次来到武汉。①

社会普遍赞同:体育创造欢乐,提升城市幸福指数;体育创造活力,助力城市前行。体育已经成为城市发展的新引擎,举办大赛可以拉动城市软硬件升级。武汉与军运会相互创造辉煌,武汉将军运会带上了新的高度,军运会也为武汉带来了长久受益的无形财富。当前,大型体育赛事留下来的遗产研究已经成为奥运会、体育学、经济学、社会学、城市学等研究者乃至全社会关注的对象。国际奥委会推出《遗产战略方针:勇往直前》(Legacy Strategic Approach: Moving Forward)② 围绕遗产提出四个目标:将遗产的理念嵌入奥运会生命周期;记录、分析并传播奥运遗产;鼓励和支持遗产庆祝活动;广泛建立战略合作关系(如奥运城市联盟)。做好武汉军运会遗产的保护、开发、利用和研究工作,不仅关系到武汉国家中心城市、新一线城市的建设,还关系到世界军人运动会可持续发展的需要,更关系到中国人民解放军改革强军战略和中国国际地位不断提升的宏伟目标的实现。

在武汉市委市政府和第七届世界军运会执委会的大力支持和资助下,武汉市社会科学院作为政府智库和咨询机构,联合华中师范大学和北京奥运专家组,投入了前所未有的研究力量开展武汉军运遗产的研究。本书作为军运遗产研究的一部分,主要是全面、系统地归纳和总结了大型赛事遗产研究的方法、经验,由武汉军运创造的"武汉特色""武汉模式""武汉标准",以及武汉军运遗产的价值体系和武汉军运遗产保护、利用的基本路径,同时,对更好地保护和利用提出了相关建议。关于军运遗产的价值评估及军运遗产的更多后续效应,由于需要分析研究军运

---

① 肖世尧、乐文婉:《武汉军运会是历史性的、和平的盛会——专访国际军体主席皮奇里洛》(http://www.hb.xinhuanet.com/2019-10/26/c_1125154821.htm)。

② 国际奥委会(IOC):《遗产战略方针:勇往直前》(Legacy Strategic Approach: Moving Forward),2017年12月。

会后多年的数据，所以本书暂未涉及。《遗产战略方针：勇往直前》指出，"遗产着眼于长期视角，区别于短期的改变和影响。因此，对遗产的评估要交给时间（在奥运周期之后）检验"。在本书以外，我们还推出了十项专题研究，包括武汉军运竞赛与非竞赛场馆设施可持续利用研究、武汉军运经济遗产与现代服务业提升（体育产业）发展研究、武汉军运社会遗产与志愿者活动研究、武汉军运文化遗产与城市形象提升研究、武汉军运城市建设遗产与城市环境提升研究、武汉军运区域发展遗产研究、武汉军运科创智慧遗产研究、武汉军运军民融合遗产研究、武汉军运办赛模式研究、国内外主要城市赛会遗产可持续利用经验借鉴与启示等，本书和上述十项专题研究基本涵盖了大型体育赛事遗产研究的主要方面，以及武汉军运会特有的军事、军队和军人背景，构成了武汉军运遗产研究的完整体系，为武汉军运遗产的保护、利用和开发提供了较强的理论支撑。

李春洋

2020 年 7 月 10 日

引　言

　　2019年武汉第七届世界军人运动会已经远去,对中国来讲,第七届世界军人运动会不仅是推动现代化强国建设的催化剂,而且对社会的进步、经济的发展、体育的传承都起着很大的促进作用。国际奥委会认为,举办奥运会对举办国家和地区的影响包括体育、文化和环境发展等各个方面,这个影响是举办奥运会的一个重要部分,举办国将获得长期益处。军运会也是一样,在四年的筹办和成功举办过程中,军运会对武汉产生了全面的影响,最明显的遗产就是城市环境更优、高技术装备的场馆设施、四通八达的城市轨道交通、亲和大气的城市文明、大型赛事组织的专业人才、规模庞大的志愿者队伍、积极主动的全民健身等。这些影响不仅包含物质的,也包含精神的;不仅包含政治经济社会文化的,也包含城市基础设施和环境;不仅在今天,而且会延续到很远的未来。遗产是当代奥林匹克运动和世界军事运动会当中最为重要的议题之一,继承、保护和利用好赛事遗产,不仅可以为举办地提供更多宝贵、丰富的文化资源,而且也能为世界军事运动的可持续发展做出独特的贡献。因此,对军运遗产的研究和管理需要有开阔的视角、周全的规划和强有力的措施,不仅需要兼顾当下和未来、兼顾中国和世界,还需要兼顾保护和利用。同时,从经济角度看,遗产的有效利用也是军运会可持续发展的关键。英国体育产业专家内德维茨卡娅表示,近20年以来,每届奥运会或者冬奥会的最终投入都超过了预算,随着办赛成本的提高,有意愿承办大型体育赛事的城市也逐渐变少。① 2015年7月,美国波士顿因缺乏民众

---

① 张逸飞、李琳海:《国际体育专家热议大型运动会的经济价值与社会价值》(https://www.chinanews.com/gj/2019/03-08/8774990.shtml)。

支持而退出申办，随后由洛杉矶接盘补位；2015年9月，加拿大多伦多市因经费原因，放弃申奥；2015年11月，德国汉堡市宣布退出申办2024年奥运会；2016年9月，意大利城市罗马决定放弃申办2024年夏季奥运会；2017年2月，匈牙利布达佩斯也放弃了对2024年奥运会的申办。因此，在大型赛事的举办过程中，必须考虑到可持续发展和赛事遗产的利用。《奥林匹克2020议程》强调，需要减少赛事的举办成本、赛事的复杂性、赛事举办的风险和办赛的浪费，同时要增加赛事举办的灵活性，拓展合作伙伴，增强效率以及促进可持续性发展。内德维茨卡娅认为，在申办期间，就必须把赛事遗产利用考虑在内，一项体育赛事的举办，必须与城市的发展目标、城市规划建设相融合。

联合国教育、科学、文化组织在《保护无形文化遗产公约》中指明，保护是指"采取措施、确保非物质文化遗产的生命力，包括这种遗产的各个方面的确认、立档、研究、保存、保护、宣传、弘扬、承传，主要通过正规和非正规教育和振兴"。根据联合国遗产公约，武汉军运遗产保护包括研究、保存、宣传、弘扬、传承和开发利用所有遗产等。

在武汉市委、市政府办公厅印发的《第七届世界军人运动会武汉方面筹办工作计划（2018—2019年）》《第七届世界军人运动会武汉方面重要里程碑项目清单》中，明确武汉军运遗产与档案管理工作为重点任务，包括建立健全武汉军运档案管理制度；收集、整理、扫描武汉军运会各（门）类材料进行"文档一体化"工作；开展场馆设施赛后可持续化调研与制定可持续性利用方案；编写武汉军运会大事记；将武汉军运会执委会档案移交武汉档案馆建档封存等，由武汉市委宣传部、市体育局、市档案局负责。武汉市政府高度重视军运会赛事文化遗产保护与开发工作，极大地推动了赛事文化遗产可持续发展进程。

目　录

一　世界军人运动会与武汉第七届世界军人运动会 …………… (1)
　　（一）世界军人运动会 ……………………………………… (1)
　　（二）武汉第七届世界军人运动会 ………………………… (8)

二　军运遗产研究综述 ……………………………………… (14)
　　（一）研究背景 ……………………………………………… (14)
　　（二）研究意义 ……………………………………………… (16)
　　（三）军运遗产内涵 ………………………………………… (17)
　　（四）军运遗产分类 ………………………………………… (20)
　　（五）军运遗产研究思路 …………………………………… (29)

三　奥运遗产案例与借鉴 …………………………………… (36)
　　（一）奥运遗产案例 ………………………………………… (36)
　　（二）奥运遗产利用的经验借鉴 …………………………… (46)

四　体育遗产 ………………………………………………… (49)
　　（一）体育遗产及范畴 ……………………………………… (49)
　　（二）体育运动普及与发展 ………………………………… (50)
　　（三）体育场馆 ……………………………………………… (54)
　　（四）办赛人才 ……………………………………………… (59)
　　（五）赛会运行组织 ………………………………………… (60)
　　（六）赛事服务保障 ………………………………………… (70)
　　（七）筹办和举办知识转移 ………………………………… (85)

五　经济遗产 ·· (86)
　　（一）经济发展 ·· (86)
　　（二）体育产业 ·· (92)
　　（三）科技军运 ·· (96)
　　（四）市场开发 ·· (98)
　　（五）财务管理 ··· (101)
　　（六）物流管理 ··· (107)

六　社会遗产 ··· (110)
　　（一）社会文明 ··· (111)
　　（二）志愿服务 ··· (112)
　　（三）国际交流 ··· (115)
　　（四）国内外影响 ··· (116)
　　（五）包容性社会 ··· (123)
　　（六）权益保护与法律事务 ································· (123)
　　（七）廉洁军运 ··· (124)

七　文化遗产 ··· (128)
　　（一）文化活动 ··· (128)
　　（二）宣传推广 ··· (130)
　　（三）媒体与转播 ··· (134)
　　（四）档案管理 ··· (135)

八　军民融合遗产 ··· (138)
　　（一）改革强军 ··· (138)
　　（二）军事体育 ··· (139)
　　（三）军体文化 ··· (141)
　　（四）军民共建 ··· (141)

九　环境遗产 ··· (142)
　　（一）生态环境 ··· (142)

（二）低碳军运 …………………………………………… (143)
　　（三）可持续管理 ………………………………………… (144)

十　城市发展遗产 ……………………………………………… (145)
　　（一）城市基础设施 ……………………………………… (145)
　　（二）城市管理 …………………………………………… (150)

十一　区域发展遗产 …………………………………………… (152)
　　（一）区域功能提升 ……………………………………… (152)
　　（二）区域板块均衡发展 ………………………………… (155)

十二　军运遗产的保护与利用 ………………………………… (156)
　　（一）武汉军运遗产保护与开发的主体 ………………… (156)
　　（二）军运遗产保护与开发的原则 ……………………… (159)
　　（三）军运遗产保护与开发形式 ………………………… (161)
　　（四）军运遗产开发的内容 ……………………………… (162)
　　（五）借鉴奥运遗产利用经验 …………………………… (164)
　　（六）继承和发扬军运政治遗产 ………………………… (168)
　　（七）军运场馆设施的保护和利用 ……………………… (169)
　　（八）社会遗产的保护和利用 …………………………… (185)
　　（九）经济遗产的保护和利用 …………………………… (185)
　　（十）科创智慧遗产的保护和利用 ……………………… (187)
　　（十一）军民融合遗产的保护和利用 …………………… (189)
　　（十二）档案资料的保护和应用 ………………………… (190)
　　（十三）军运遗产利用需要注意的问题 ………………… (192)
　　（十四）负资产：需要克服带来的负面效应 …………… (194)
　　（十五）军运社会影响的相关调查 ……………………… (195)

十三　保护、开发和利用好军运遗产的建议 ………………… (198)
　　（一）建立后军运时代遗产工作机构 …………………… (198)
　　（二）构建军运遗产保护的制度环境 …………………… (199)

（三）创建军运网络博物馆 …………………………………………（200）
（四）构建遗产保护意愿激励机制 ………………………………（200）
（五）打造国际赛事名城 …………………………………………（201）
（六）积极引导不同市场主体参与遗产利用 ……………………（203）
（七）创造具有历史性和标志性的军运遗产 ……………………（204）
（八）组建运营主体：成立武汉市体育产业发展有限公司 ……（204）
（九）大力培养武汉本土体育专业化人才 ………………………（205）
（十）加大对武汉体育产业发展的支持 …………………………（208）
（十一）加强对临时体育场馆及临时设施的再利用 ……………（214）

附录1　第七届世界军人运动会领导致辞 …………………………（217）

附录2　武汉军运会场馆表 …………………………………………（220）

附录3　第七届世界军人运动会军运场馆设施遗产案例 …………（225）

附录4　国际军体理事会成员国 ……………………………………（252）

附录5　第七届世界军人运动会大事记 ……………………………（255）

参考文献 ………………………………………………………………（279）

一 世界军人运动会与武汉第七届世界军人运动会

（一）世界军人运动会

1. 军运会的发展历史

1948年2月18日，比利时、丹麦、法国、卢森堡与荷兰五国在法国尼斯共同发起创办了国际军事体育理事会（CISM）。国际军事体育理事会，通常简称国际军体理事会、国际军体，总部位于比利时布鲁塞尔，是一个国际军事体育组织，目前已经拥有140个成员国。中国于1978年加入国际军体理事会。国际军体理事会的宗旨是通过体育运动增进友谊，通过创办各种军事体育比赛来促进各成员国军队建立友好关系。国际军体理事会每年组织约20项军事世界锦标赛，涉及约30种不同的体育项目，如洲际和地区比赛、军事世界运动会以及冬季运动会和世界少儿运动会。国际军体理事会还在体育运动中大力投资以促进和平，团结是理事会的主要行动目标之一。

为纪念世界反法西斯战争胜利50周年，1995年，国际军体理事会在罗马举行第一届世界军人运动会，之后每4年一届。世界军人运动会作为军事体育活动，被认为对军人体育、军事体育与社会进步有十大作用：培养士兵的信心和凝聚力；创建适合军事的士兵；提高兵役吸引力；培养、训练、激励人才；通过国际竞争提供经验；提高跨文化+国际竞争力；利用体育作为有效的外交推动因素；加强各国间的团结；利用运动消除冲突/建设和平；支持全球人权的传播。

世界军人运动会因传播友谊而发展，因同筑和平而荣耀，已经成为各国军队展示形象、增进友谊、扩大影响的重要平台，享有"军人奥运会"的美誉。

2. 军运会比赛项目

世界军运会比赛项目包括三个部分：

一是主要来自奥运项目，包括田径、赛艇、羽毛球、棒球、垒球、篮球、足球、拳击、皮划艇、自行车、击剑、体操、举重、手球、曲棍球、柔道、水上项目、现代五项、马术、跆拳道、网球、乒乓球、射击、射箭、铁人三项、帆船、帆板、排球28个大项（东京奥运会一共设有33个大项）。

二是"5+1"军事特色项目——5大项：空军五项、军事五项、海军五项、跳伞、定向越野；1小项：在奥运大项游泳中的水上救生。

三是主办国可以申请增加或调整2个比赛项目。第六届韩国军运会增加了自己的王牌大项——射箭。第七届武汉军运会，中国加入了乒乓球大项。

武汉军运会设置羽毛球、摔跤、海军五项、乒乓球、马术、射箭、高尔夫球、自行车、帆船、柔道、跆拳道、篮球、现代五项、足球、射击、拳击、铁人三项、击剑、排球、田径、游泳、定向越野、跳伞、军事五项、空军五项25个正式项目和体操、网球2个表演项目。

3. 历届军运会概况

自1995年以来，国际军体理事会每4年组织一次世界军事运动会，这是一场在举办奥运会的一年之前举行的多运动项目赛事。第一届至第六届军运会分别在意大利罗马、克罗地亚萨格勒布、意大利卡塔尼亚、印度海德拉巴、巴西里约热内卢、韩国闻庆举办。作为全球军人最高规格的大型综合性运动会，军运会会期7天至10天，基本比赛项目24个大项，参赛规模约100多个国家和地区。

1995年。第一届世界军人运动会于1995年9月4日至16日在罗马举行。93个国家和地区参加了17项不同的体育赛事，以庆祝第二次世界大战胜利和《联合国组织宪章》获得批准50周年（见图1-1）。

1999年。第二届世界军人运动会于1999年8月在克罗地亚的萨格勒

图 1-1　第一届世界军人运动会于 1995 年 9 月 4 日至 16 日在罗马隆重举行。共有 4000 多名军队运动员参加了 17 个项目的角逐。这是中国代表团入场。

布举行。来自 82 个国家和地区的 7000 名参与者参加了 20 项运动。

2003 年。第三届世界军人运动会于 2003 年 12 月在意大利卡塔尼亚举行。来自 84 个不同国家和地区的参与者参加了 13 项运动（见图 1-2）。

图 1-2　第三届世界军人运动会开幕，中国代表团入场

2007年。2007年10月在印度海得拉巴举行了第四届世界军人运动会。来自101个国家和地区的参与者参加了14项运动（见图1-3）。

图1-3　2007年10月15日，中国选手崔志德（中）在印度海得拉巴进行的第四届世界军人运动会男子20公里竞走比赛中，为中国代表团夺得该届运动会首枚金牌。

2011年。2011年7月在巴西里约热内卢举行了第五届世界军人运动会。来自108个国家和地区的参与者参加了20项运动比赛（见图1-4）。

图1-4　第五届世界军人运动会开幕式在里约奥林匹克体育场举行

2015 年。2015 年 10 月在韩国闻庆市举行了第六届世界军人运动会。来自 105 个国家和地区（其中 15 个以上为观察员）的参与者参加了 24 项体育比赛，其中包括 5 项军事体育比赛（见图 1-5）。

图 1-5　第六届世界军人运动会上，宁泽涛获男子 50 米自由泳冠军

2019 年。第七届世界军人运动会于 10 月 18—27 日在中国武汉举行。共有 109 个国家和地区的 9308 名军人报名参加，参赛国家和参赛运动员创造了世界军运会新的纪录，赛会规模为历届最大；设 27 个大项、329 个小项，赛会共打破 7 项世界纪录、85 项国际军体纪录（见图 1-6）。

从这场属于世界最高级别军人的赛事成立开始，中国人民解放军就从未缺席过，每届都取得了亮眼的成绩。在首届世界军人运动会上，中国人民解放军体育代表团派出 191 人的参赛阵容，其中包括中国射击名将许海峰。共夺得 13 枚金牌、21 枚银牌和 15 枚铜牌，在奖牌榜上名

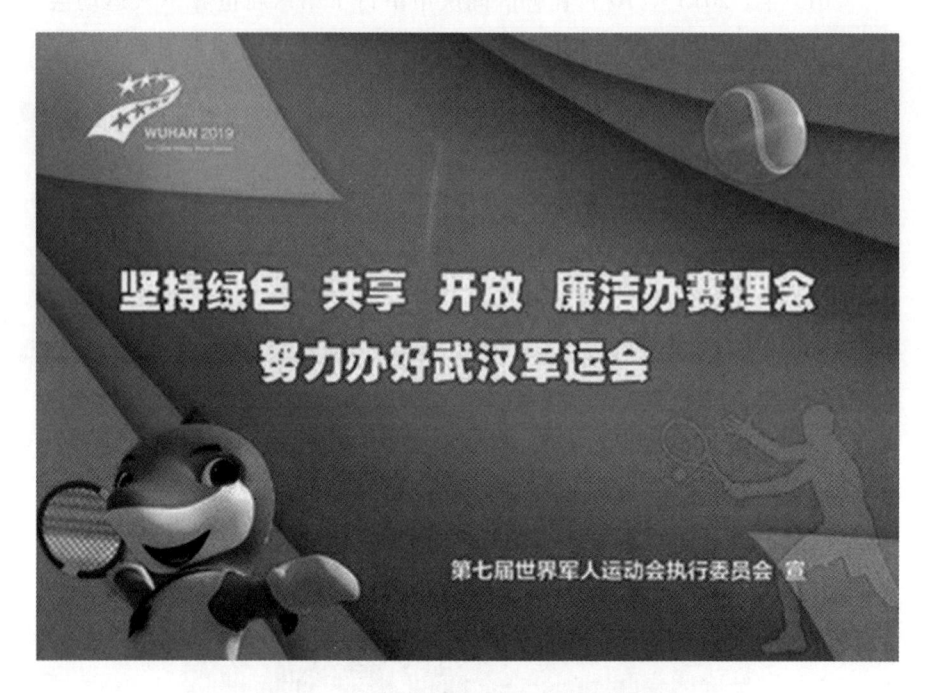

图1-6 第七届世界军人运动会宣传海报

列第三位。1999年,第二届军运会在克罗地亚举行,尽管受到科索沃战争的影响,仍有82个国家和地区派出了6734名运动员参赛。中国人民解放军派出239人的体育代表团参加,共夺得29枚金牌、22枚银牌和15枚铜牌,金牌总数上升至第二位。2003年,在意大利举行的第三届军运会上,中国军人势头不减,仅152人组成的代表团就夺得了31枚金牌、16枚银牌和13枚铜牌,打破了2项世界纪录、3项国际军体纪录,再次取得金牌总数第二的好成绩。2007年,在印度海德拉巴举行的第四届军运会,中国人民解放军7次打破赛会纪录,中国游泳运动员杨礼打破了女子50米仰泳世界纪录。2015年,在韩国举行的第六届军运会,黄建男肩关节两次脱臼仍坚持战斗,最终为中国队捧回跆拳道男子项目的首个冠军。跳伞队夺得4金4银1铜,创造了我国在这项赛事上的最好成绩(见图1-7、表1-1、图1-8)。

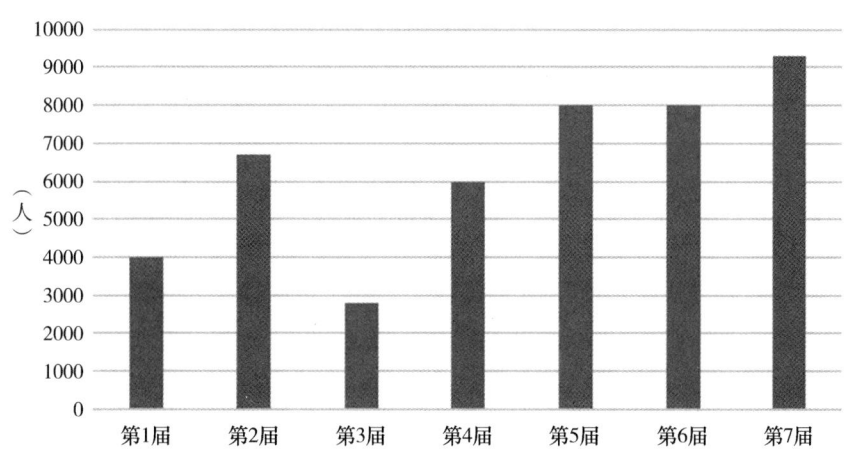

图 1-7 第1—7届世界军人运动会参赛人数

表 1-1　　　　　　第1—7届世界军运会金牌榜的前 4 名

届次	第一名	第二名	第三名	第四名
第1届	俄罗斯	意大利（东道主）	中国	法国
第2届	俄罗斯	中国	意大利	克罗地亚（东道主）
第3届	俄罗斯	中国	意大利（东道主）	乌克兰
第4届	俄罗斯	中国	德国	意大利
第5届	巴西（东道主）	中国	意大利	波兰
第6届	俄罗斯	巴西	中国	韩国（东道主）
第7届	中国	俄罗斯	巴西	法国

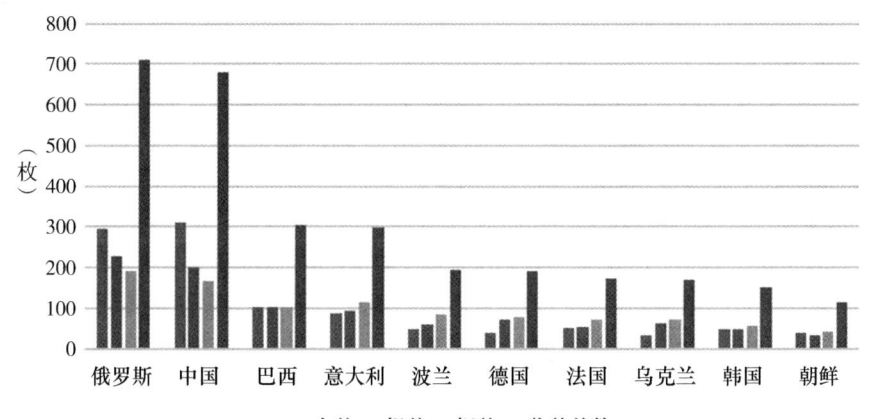

图 1-8 第1—7届军运会奖牌总数前十名国家

（二）武汉第七届世界军人运动会

2015年5月21日，国际军体理事会第70届代表大会在科威特隆重召开，时任主席哈基姆·艾尔西诺宣布：2019年第七届世界军人运动会承办国家为中华人民共和国，承办城市为湖北省武汉市。2015年10月2—11日，第六届世界军人运动会在韩国庆尚北道首府闻庆市举行。闭幕式上，时任武汉市市长万勇代表下届世界军人运动会举办城市，庄重地从时任国际军体理事会主席哈基姆·艾尔西诺手中接过会旗。2019年10月18日至27日，第七届世界军人运动会在中国武汉成功举行，在世界军运历史上创造了多个第一，为世界军体运动会贡献了武汉品牌、武汉经验和武汉标准，在军运历史上留下了浓墨重彩的一笔（见图1-9）。

图1-9 时任武汉市市长万勇手持国际军体理事会会旗

1. 武汉军运会主要数据

第七届军运会是一次成功的军运会，通过如下数据我们可以全面了解到武汉举办第七届世界军人运动会的基本情况。

参赛国家：109 个，有 42 国防长和军队领导人来华。

参赛运动员：9308 名，获得过奥运会、世锦赛、世界杯比赛冠军的运动员有 67 人，里约奥运会前八名选手有 118 人，现代五项世界排名前十的有 8 人，5 个军事特色项目有 43 名上届冠军。

技术官员：共计 2740 名技术官员参与了军运会执裁。其中国内技术官员 2300 人（国派 1354 人、地派 308 人、军派 638 人；其中国际级 350 人、国家级 665 人）；国际技术官员 440 人（其中国际军体委派技术官员 22 人，随队技术官员 328 人，项目委员会主任 22 人，委员 68 人）。

比赛项目：27 个大项，329 个小项，38 个项目竞委会，3065 场比赛。

比赛成绩：共打破 7 项世界纪录、85 项国际军体纪录，军运会所有竞赛场馆（所）举行的 27 个大项、329 个小项比赛共产生近 113 万条成绩信息，产生金银牌各 329 枚、铜牌 389 枚，共计 1047 枚奖牌。赛会共打破 7 项世界纪录、85 项国际军体纪录。

竞赛组织：共计筹备竞赛器材 3342 种、96789 件，有 2740 名技术官员参与了军运会执裁，举办 360 场颁奖仪式，邀请颁奖嘉宾 725 人（次），奏国歌升国旗 360 次。

兴奋剂检查：共设置 39 个兴奋剂检查站和 1 个拓展教育站，其中 A 类检查站 35 个、C 类检查站 4 个。

中国解放军代表团：参赛运动员 406 名，共参加 26 个大项 295 个小项比赛，获得 133 金 64 银 42 铜，共计 239 枚奖牌，荣列榜首，打破 7 项世界纪录、46 项国际军体纪录。

办赛人才：赛事直接组织人员 5500 多人。

志愿者人才：2.6 万余名赛会志愿者、20 余万名城市志愿者，军运会期间，武汉注册志愿者人数从 138 万人迅速增长到 155 万余人。2019 年 10 月 16 日至 27 日，志愿者累计接待服务人数达到 720331 人次，接待服务运动员 26882 人次。

比赛场馆：共建场馆 35 处（54 个），其中新建场馆 13 处，维修改造场馆 17 处，临时场馆设施 5 处，63% 为维修改造场馆，高等院校场馆占比近 40%，场馆设施均衡布局在长江主轴两江四岸的后湖、沌口、光谷、黄家湖等四大板块区域，遍布全市 15 个区和功能区。

工作人员：来自中央国家机关、军委机关和湖北省、武汉市等 160 余家单位5500余名工作人员。

接待酒店：98家接待酒店、33家星级旅游饭店，2000余名从业人员，累计入住6.6万余人次。

军运现场观众累计：130余万人次。

赛事运营预算经费：19.98亿元。

市场开发：实现总收入11.44亿元，其中现金7.73亿元。军运会官方票务网站注册用户达348806人，体育门票面向公众销售261个场次60多万张门票，销售门票约54.5万张。赞助和捐赠企业18家，赞助和捐赠产品价值约3.6亿元。实现了武汉军运会执委会运行经费全部由市场开发和各级补助，不需本级财政支出。

军运会门票价格：开幕式门票最高价为2019元，体育比赛80元以下的门票占可销售坐席的90%，平均票价为50元。针对学生群体、军人群体以及场馆属地观众等，推出价格为10元的教育计划、团结互助计划以及满场计划的门票政策。

特许经营工作：共有10家特许生产商（零售商）和1家防伪标签生产商，面市包括军事题材商品、贵金属、徽章等特许商品共计14大品类、225款特许商品。在北京、武汉、西安等地开设官方特许零售商店19家，在京东开设网上官方特许零售商店1家。通过中百罗森便利店、Today便利店、永旺梦乐城与宜家荟聚商场、湖北省内新华书店、全国银行邮政保险内部网络等销售渠道开通全国销售网络。赛时场馆内共开设特许零售商店13家。

医疗卫生保障：参与现场医疗保障人员9860人次，出动救护车辆701台次，医疗船22台次，备勤医疗急救直升机11架次，接诊伤（病）员4641人次，其中运动员1174人次，转运351人次，住院21人次（其中运动员7人次），手术6人次，均成功救治。

食品安全保障：重点部位超过200个，共保障168.16万人次安全就餐，供应茶歇1.2万人次，餐包供应15.98万份，现场售卖食品15.9万人次；开展各项检验检测12279个品种，23665批次，成功实现了"三个零"的目标（即食品投诉零发生，食品安全事故零发生，食源性兴奋剂事件零发生）。

交通运输保障：组建由总计7600余人组成的交通运行中心保障团队，

赛事期间共投入约3000辆保障车辆，为运动员、注册新闻媒体人员、国际军体大家庭成员等13类人员提供全天候的抵离、开闭幕式和赛事交通运输、公共交通服务。军运会比赛期间，累计发送保障车辆23419班次，运送247589人次。

气象服务保障：调集了10架空军飞机和8架民用飞机，234部火箭、800名作业人员，启用了3个起降机场。军运会气象台发布中英文气象服务产品2005期，现场提供预报及实况服务产品2852次。

环境质量：军运会比赛期间，武汉空气质量均为优良，达到历史同期最好水平，其中优2天，良8天，PM10、PM2.5、NO_2平均浓度下降。军运会涉赛水体东湖、梁子湖涉赛水域赛时水质分别为Ⅲ类和Ⅱ类。

环境整治工作：围绕221条保障线路（包括25条重点线路、196条基础保障线路），20个示范片区，铁路沿线、工地边、水体边，以及交通枢纽、比赛场馆、接待酒店等146处重要点位，共开展环境综合整治任务67689项。

大型赛会场馆建设的"武汉速度"：新建项目工期最长27个月，维修改造项目工期最短不足半年。

军运智慧安保：全市视频监控探头达到110万个，其中联网11万个，新建500个智慧平安小区，升级全市221条军运保障线路配套交通设施，增加200名汉警快骑。

军运专用车道：204千米。

媒体宣传：中央广播电视总台按照奥运会转播标准派出2400余人规模的转播和宣传团队，采用4K/8K、5G、VR等新技术，集中10多个央视频道、央广频率和央视网等新媒体全媒体全球直播军运会开闭幕式，全程直播火炬传递。央视体育CCTV-5、新闻直播间、24小时（CCTV-13）、中国国际电视台等直播转播赛事场次150余场，其中央视5套体育频道及7套国防军事频道平均每天直播军运会相关节目近10小时。全国共计4.52亿观众通过电视直播观看了军运会相关电视节目。开幕式央视7个频道直播观众规模达1.77亿人。军运会相关短视频总播放次数超20亿次。截至2019年10月28日，武汉军运会中英法官网总浏览次数达7981292次，网上相关武汉军运会话总点击量过60亿，新浪微博"军运会"相关主题点击量超过21.5亿，百度军运会热门新闻阅读量达18亿，今日头条和抖音短视频双平台累计播放量超过 15 亿。

2. 武汉军运会主要特色

武汉军运会是一届具有中国特色、武汉元素、武汉模式的军运会，主要特点体现在办赛宗旨、目标和要求等方面。

宗旨："体育传友谊"。

办赛目标："办赛水平一流、参赛成绩一流""营造一流办赛环境、提供一流服务保障""办好一次会，激活一座城"。

办赛要求："世界眼光、奥运思维、中国特色，高标准高质量""国际视野、奥运标准、工匠精神、军人作风"。

办赛模式："国家支持、军地联合、军队主导、地方承办、社会参与""政府主导、各方支持、社会参与、市场化运作""节俭办赛、节约办会"。

办赛理念："绿色、共享、开放、廉洁""近迎军运、长期惠民"，"办赛事"与"建城市"相结合。

主题口号："创军人荣耀、筑世界和平"。

会徽："和平友谊纽带"，由"五角星""彩带""7""和平鸽"等元素构成（见图 1 – 10）。

图 1 – 10 武汉军运会会徽

吉祥物:"兵兵",以国家一级重点保护野生动物中华鲟为原型设计(见图1-11、图1-12)。

图1-11 武汉军运会吉祥物"兵兵"

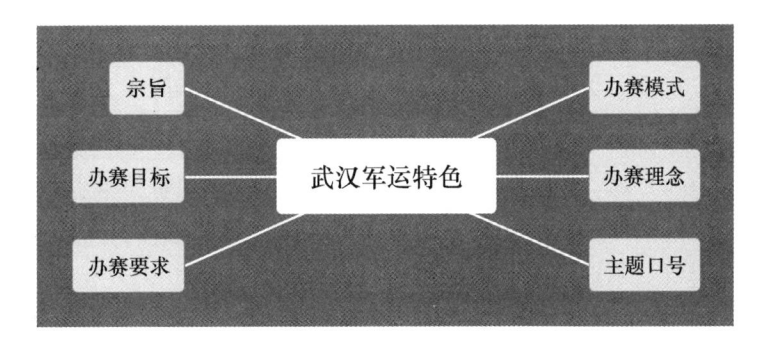

图1-12 武汉军运会主要特色构成

二　军运遗产研究综述

军运遗产，特别是军运场馆设施遗产，在军运会筹备期间，就是举办地武汉市非常重视的问题。省市主要领导多次调研场馆赛后利用、军运会精神传承等遗产可持续利用工作。大型赛事遗产研究起源于奥运遗产，军运遗产研究需要大量借鉴奥运遗产的研究方法、分类、框架和遗产利用策略。

（一）研究背景

举办奥运会、世界杯、军运会、亚运会、G20等国际大型体育赛事或重大国际性会议，会给举办城市带来长期发展价值和综合性社会影响。从国际来看，东京、洛杉矶、汉城（今首尔）、巴塞罗那等城市都留下了丰富的奥运遗产。从国内来看，北京奥运会、广州亚运会、深圳大运会、南京青奥会等无不助力这些城市实现提档升级、走向世界。

大型赛会遗产研究是学界、产业界和政府非常重视和关心的问题。"应把举办大型体育赛事纳入国家综合战略，不能单纯地把它当作是一项赛事看待，更应该当作是一种社会遗产来建立与经营。将赛事遗产计划作为组委会的优先考虑事项，从资金管理，促进社会和经济发展，发挥资源的杠杆作用，社区动员，品牌及赞助五个方面来制定并实施该计划。这样才能将赛事遗产实现终身化，使它所带来的积极社会效益得以持续。"[①] 北京冬奥组委提前三年就制定了《北京2022年冬奥会和冬残奥会

---

① 韦拥军：《大型体育赛事遗产的开发与对策研究》，《延安大学学报》（自然科学版）2010年第4期。

遗产战略计划》，提出了7个方面35个领域的遗产创造的重点任务。①

军运会的对标对象是奥运会，武汉作为举办城市的对标对象也是那些闻名世界的全球城市。武汉军运会的精心筹备和胜利举办，为武汉长远发展留下了丰富的宝贵遗产。关于遗产研究，省市领导有明确的指示。2019年11月11日，时任湖北省委书记蒋超良主持召开省委常委会会议、学习贯彻习近平总书记对第七届世界军人运动会成功举办作出的重要指示时要求，"要认真做好军运会总结表彰工作，大力弘扬军运会精神，拓展提升军运会成果，要用好军运会期间形成的安保维稳好做法，用好军运会形成的交流互鉴成果，用好军运会设施，推进体育惠民，全力备战2020年奥运会、2021年全运会等重大赛事"。2019年7月23日，时任武汉市委书记马国强调研军运会有关场馆及竞委会运行情况时指示，"要提前谋划赛后军运会场馆利用工作，着手引进社会资本进行市场化开发、运营，切实提升场馆赛后利用效益，防止资源闲置浪费"。2019年7月30日，时任武汉市分管副市长陈邂馨主持召开了研究军运会赛后利用有关工作专题会议时指出，"要加强赛后场馆的利用，研究场馆总需要和总供给问题，要注重赛事的经济效益，特别是体育项目的普及和惠民，必须用改革的方法来达到目标"。

武汉军运会执委会高度重视军运遗产的后续利用工作，制定了赛事遗产计划内容，并且将其作为重点任务纳入筹办工作计划，明确了场馆设施赛后可持续利用、编写大事记、档案移交等有关工作内容。

为了系统研究好军运遗产的可持续利用，2019年4月28日，武汉市社会科学院向市政府报送了《关于开展"武汉军运会遗产课题研究"的请示》，提出以市社科院为主体，联合华中师范大学、北京奥运专家等开展武汉军运会遗产可持续研究的建议，2019年4月29日，武汉市社科院向执委会提出申请开展"武汉军运会体育遗产和场馆设施赛后利用研究"项目，并与执委会进行了对接。

自此，武汉市社会科学院开始组织市社科院、北京专家和华中师大力量，构建开放式专家团队，展开对军运遗产的大规模研究，课题组深入贯彻落实习近平总书记"办好一次会，搞活一座城"的重要指示精神，

---

① 北京冬奥组委：《北京2022年冬奥会和冬残奥会遗产战略计划》，2019年，第8—9页。

集中对与武汉军运会有关的体育遗产、经济遗产、社会遗产、文化遗产、环境遗产、城市发展遗产、区域发展遗产、科创智慧遗产、军民融合遗产、宣传推广与城市形象遗产等方面展开系统研究，形成各个分报告和总报告，力争通过参照国际大型体育赛事的经验，结合武汉军运会的实际，为武汉军运会遗产的创造、管理和传承提供具有可行性和可操作性的建议。

（二）研究意义

与"军运遗产"最相关的术语是"奥运遗产"，奥运遗产是奥林匹克运动可持续发展的重要组成部分。自2012年以来，国际奥委会越来越强调奥运遗产的总结和传承，先后通过了"奥林匹克2020议程""奥运遗产战略""新规范"等文件，并且要求主办城市在体育遗产、社会遗产、经济遗产、环境遗产、文化遗产、城市发展遗产和区域发展遗产七个方面开展专题研究，明确奥运会的重点遗产项目和案例，形成奥运遗产专题报告。

奥运遗产的概念与内涵不断发生变化，从原来的奥运建筑、奥运藏品等有形遗产扩展到能影响人类和社会可持续发展的精神与文化范畴。在2017年国际奥委会奥运遗产战略中，奥运遗产是指通过举办奥运会给人民、城市或地区以及奥林匹克运动带来的所有无形和有形的长期效应。与此对应，课题研究的主体——"军运会遗产"或"军运遗产"是指，通过举办军运会给武汉市民、武汉市乃至湖北省以及世界军体运动带来的所有无形和有形的长期效应。

奥运遗产的评估和检验越来越被看作是衡量奥运成功与否的关键标准，其重要性不亚于成功举办奥运会本身。因此，评价武汉军运会成功与否的一个重要指标，也将是可持续利用的军运遗产及其对武汉城市发展的后续效应。

2010年，温哥华冬奥会以其出色的奥运遗产创造、保护和利用工作为奥林匹克运动留下了宝贵财富，成为推动奥林匹克运动可持续发展的典范，并设立了专门遗产管理机构持续运作。2012年，英国伦敦首次在奥运会之前颁布了《奥运会遗产行动计划》和《残奥会遗产计划》，不仅开发了奥林匹克公园,还完成了伦敦东区的再造,更让奥运遗产融入整座城市,为伦敦留下可持续利用的丰富奥运遗产。伦敦的奥运遗产规划和实施项目得到了2016年巴西里约奥组委、2018年韩国平昌奥组委的推崇和效仿,两国的奥组委多次组织有关部门前往英国学习经验。

2015年,北京在申办冬奥会中庄严承诺,"不但保证奥运会和残奥会的最高水平,而且把奥运遗产摆在同等重要的位置"。目前,北京冬奥会不仅充分利用了2008年北京奥运会的遗产,而且成立了北京2022年冬奥会和冬残奥会遗产工作协调委员会,制定了冬奥会和冬残奥会遗产战略计划,将奥运遗产工作贯穿筹办工作全过程,力争打造奥运遗产"北京方案"。据悉,北京冬奥组委专门投入千万元专项资金,聘请专业团队开展冬奥遗产项目的研究与规划工作。

由此可见,通过国际大型体育赛事或重大活动的举办,可以借此实现城市发展的美好目标。对应于武汉军运会,其愿景目标由近及远可划分为四个层次:一是圆满举办军运会本身;二是通过军运让世界更好地认识和感知武汉;三是通过军运会的溢出带动效应实现武汉经济社会发展更上一个台阶;四是创造丰富的军运遗产,实现军运会品牌和价值的可持续利用和最大化挖掘,促进世界军体运动的可持续发展。因此,举办军运会本身是我们的目的之一,通过举办军运会创造、保护和传承能够可持续利用、属于武汉市独特而宝贵的军运遗产是我们的长远目标。

(三)军运遗产内涵

体育赛事遗产是文化遗产的一部分,是指通过举办体育比赛给人民、城市或地区以及体育运动带来的所有无形和有形的长期效应。军运遗产和奥运遗产都属于体育遗产、文化遗产。有关体育遗产的研究最早起源于奥运遗产的研究,相比于奥运会,军运会历史较短、影响力较小,军运遗产的研究文献比较缺乏。因此,研究武汉军运遗产,主要是借鉴奥运遗产研究的经验。

1. 奥运遗产的理解和借鉴

国际奥委会把奥运会遗产归纳为以下几类：城市及环境遗产、运动遗产、经济及旅游遗产、政策遗产、文化及社会交往遗产、教育、档案遗产和健康遗产。国际奥委会在 2017 年 12 月版的《遗产战略方针：勇往直前》(Legacy Strategic Approach: Moving Forward) 中，对奥运遗产的重要性、概念、范畴，以及如何实现方针中所设定的四大战略目标等做了详细介绍。

一是遗产是愿景产生的结果。奥运遗产来自主办城市对其所具体承办奥运会的愿景的实施和落地。每个奥运主办城市结合自己具体地区和时代背景，来定义"通过体育来构建一个更加美好世界"的具体样貌。主办城市的发展愿景（超越 17 天比赛日程的符合当地正面积极社会变革的预期），与"打造一个更美好世界"的愿景相关联，可以生成一个共同愿景（joint vision），这也是主办城市奥运核心理念的基础。当这一愿景被落地实施，其结果就是奥运遗产。因此，遗产不会自动出现，而是需要制定愿景、开展计划、协调行动、监测和报告。

二是遗产包含全部有形和无形的长期收益。遗产指收益、好处、福利（benefits），例如：对居民、主办城市和奥林匹克运动的积极影响。当然，也不会忽视来自奥运会活动的消极结果。有形遗产（硬遗产）：容易识别，例如：新建场馆设施、城市基础设施改进。无形遗产（软遗产）：不易识别，例如：新文化和非物质遗产，态度和行为的改变，专业技能提升，不同国家的人民加深互相了解，新的社会网络形成。遗产着眼于长期视角，区别于短期的改变和影响。因此，对遗产的评估要交给时间（在奥运周期之后）检验。

三是遗产是因举办奥运/体育赛事产生或得到加速的。某些遗产是由于承办奥运赛事的要求而产生（initiated）的直接变化，例如：志愿者培训和反隐形市场营销新法律。另一些遗产来自因举办奥运或赛事而加速改变（accelerated）的结果，例如：当地官员借助奥运主办产生的良好势头，在符合城市长期发展的项目上加大投资。其中的核心要素之一就是人民的福祉（well-being），以及健康如何通过体育参与和体育活动的推广得以提升。其他的核心元素包括城市基础建设改进，如交通基础设施升级和建造新的公园、绿地等。

四是遗产的受益方是人、城市/地区和奥林匹克运动。城市角度：遗产可以以新建场馆、恢复自然环境的方式惠及城市和地区。在范围上，升级后的休闲和娱乐区或体育训练中心，可以惠及本地。离国服务的工作人员掌握的专业技能，可以跨越本地范围，惠及其他地区、国家和全球社区。人的角度：遗产可以以个体收益形式存在。如志愿者获得新的语言技能；参与奥运赞助商职业培训的退役运动员获得新的工作机会；通过成为奥运特许供应商，公司提升国际市场竞争力。奥林匹克运动角度：遗产也可以惠及奥林匹克运动的相关方，如国际单项组织、各国奥组委和赞助商。例如由国际单项组织新采用的礼宾接待和赞助理念，国际奥组委新获得的知识产权，或者奥林匹克商业伙伴品牌认知度提升。

五是遗产与可持续发展。遗产与可持续发展是一对互补和相关的概念，但有区别。前者着眼于长期收益，后者指用于决策的战略和流程，以最大化经济、社会和环境维度的积极效应和最小化消极影响为目标（可以参考《IOC可持续发展战略》）。可持续发展为最大化遗产提供了框架和工作思路（思维方法）。

六是"遗产"一词存在多个并行的定义。国际奥委会牵头将众多视角进行整合，提出如下工具化定义（非理论定义）：奥运遗产是某个愿景的结果，它包含因主办奥运会/体育赛事而给居民、城市/地区和奥林匹克运动带来（新产生或在以往基础上加速）的长期收益。①

2. 军运遗产的内涵

军运遗产是极具特色的体育赛事遗产。"武汉军运遗产"是指，在第七届世界军运会申办、筹备、举办和赛后各阶段中因此届军运会而产生的多领域的有形和无形的各种为人们所认同的资产和财富。

"武汉军运遗产"这一复杂的综合体具有如下三个主要特征。其一，多种存在形式。武汉军运遗产不是以某一种形式单独存在，而是从具体

---

① 国际奥委会（IOC）：《遗产战略方针：勇往直前（*Legacy Strategic Approach: Moving Forward*）》（https://www.sohu.com/a/298436269_505632）。

到抽象、从物质文明到精神文明，以有形与无形共同存在的形式留给后人。其二，多重涵盖范围。随着军运会的规模与影响力越来越大，军运遗产的获益范围普及全球，不是只局限于某个国家或者某片领域，而几乎涵盖全世界范围，不仅仅是武汉军运会的举办国中国，国际社会也将由此而获益。其三，多样价值体系。在军运会这一恢宏的社会文化活动中，军运遗产的价值体现在社会生活的方方面面，不仅在体育界，也在非体育界，涉及政治、军事、经济、文化、教育、艺术等诸多领域。不论何种类型的遗产，大都具有传承、研究、借鉴、娱乐、导向和教育等诸方面的价值作用，其价值不仅仅体现在赛事举办这短短的几天，而是传承给后人，延续到未来，最终成为全人类永恒的财富，都需要我们认真的开发、保护和利用。

（四）军运遗产分类

遗产价值一般从四个维度展开研究：从物质维度出发，可以分为有形物质遗产与无形物质遗产；从精神维度出发，可以由办赛思想、民族团结、国际认同、城市精神风貌构成；从时间维度，可以分为当代遗产及未来遗产；从功能维度，包括政治遗产、城市及环境遗产、体育运动遗产、经济及旅游遗产、政策遗产、文化及社会交往遗产、教育和档案遗产、科技遗产、健康遗产等。因此，体育赛事遗产不仅仅是器物层面的，更是精神层面为后代留下的珍贵记忆、组织经验、民族气节、城市精神等，具有跨越种族的文化认同属性，是体育文化及体育强国建设的坚实基础。同时，部分研究还提出了赛会负资产概念，是指赛会所带来的城市负债、对城市发展的负面影响等。

1. 奥运遗产分类

奥运遗产的范畴界定不同，但大致分为如下七个维度（见图 2-1）。

二　军运遗产研究综述　　21

图 2-1　奥运遗产的范畴①

（图中文字：奥运遗产；有组织的体育（运动）发展；通过体育助力社会发展；技能、人际网络和创新；文化和创造性的发展；城市发展；环境改善；经济和品牌价值）

对每个遗产范畴的具体解读和示例见表 2-1：②

表 2-1　　　　　　　　　奥运遗产分类

遗产类型	具体内容
一、有组织的体育（运动）发展	1. 加强对运动员的支持 2. 更多新一代的优秀运动员 3. 竞技体育水平提升（从本地到国家队） 4. 有组织的草根体育运动发展（体育启蒙、俱乐部等） 5. 提升关注度低的体育项目和赛事的粉丝基础 6. 提升有组织的体育系统的效率（协会、支持和主管部门） 7. 教练、体能师和其他专业人士的技能提升 8. 训练和比赛场馆 新建或升级 9. 高性能训练中心 10. 体育器材和装备

---

①　国际奥委会（IOC）：《遗产战略方针：勇往直前（*Legacy Strategic Approach: Moving Forward*）》（https://www.sohu.com/a/298436269_505632）。
②　国际奥委会（IOC）：《遗产战略方针：勇往直前（*Legacy Strategic Approach: Moving Forward*）》（https://www.sohu.com/a/298436269_505632）。

续表

遗产类型	具体内容
二、通过体育助力社会发展	1. 通过休闲运动和体力活动获得健康收益 2. 将奥运价值和体育作为教育的工具 3. 促进和平与国际合作 4. 性别和包容（少数族群、参加人、LGBT 群体等）
三、技能、人际网络和创新	1. 在不同领域培养新一代人才（技术、法律、农业、项目管理、艺术等） 2. 人际关系能力：软技能（领导力、了解不同文化和语言、以客户为中心的思维模式）；技术能力（体育管理、媒体、电视转播、赛事管理、旅游和酒店管理） 3. 新的人际网络：志愿者、建立外交联系、员工 4. 不同领域创新：材料、科技、商业模式、管理、体育创业
四、文化和创造性的发展	1. 奥林匹克主义的无形文化遗产 2. 国家文化的曝光度增加 3. 新的设计、品牌和视觉形象 4. 通过开闭幕式和奥运周期文化项目而得到发展的艺术活动（音乐、视觉艺术等） 5. 给城市/国家带来新的文化资产（地标建筑、文化中心等）
五、城市发展	1. 交通和移动性基础设施发展（扩建地铁和铁路系统、机场升级、更多步行和骑行城市） 2. 城市基本设施（住房、供水、卫生、垃圾处理、医疗和其他公共设施） 3. 更加先进的城市服务和基础设施（技术、通信、智能电网和建筑） 4. 升级和新建用于多种经济和社会用途的场馆
六、环境改善	1. 空气和水质 2. 向低碳技术和流程过渡 3. 户外休闲空间和绿色空间 4. 生物多样化保护和恢复 5. 创新性环境管理解决方案 6. 提升可持续发展和环境意识

续表

遗产类型	具体内容
七、经济和品牌价值	1. 城市和地区国际影响力和知名度提升 2. 旅游和会展产业发展 3. 长期负责任的财政投资 4. 受奥运和其他奥林匹克运动相关活动的影响而产生的经济产业竞争力增强 5. 新的商业和经济产业发展 6. 强化奥林匹克运动品牌价值

2. 东京奥运遗产分类

东京奥组委认为2020奥运会不仅是一次体育赛事，还将在多个维度（地域、时间和领域）带来"扩大和延伸"的影响。①

延伸的领域（fields）：体育、文化、教育、科技。延伸的时间（time）：奥运前、中、后期；（日本）下一代。延伸的地域（region）：东京、日本、亚洲、世界。东京奥组委成立了五个不同的专业委员会，从五个维度全面推进奥运遗产行动：体育与健康（Sport & Health）、城市规划与可持续发展（Urban Planning & Sustainability）、文化与教育（Culture & Education）、经济与科技（Economy & Technology）、灾后重建（Recovery from the Great Earthquake）、国家受益与全球传播（Nationwide benefits & Global communication）。东京市政府2015年发布《迈向2020：打造奥运遗产》（*Towards 2020: Building the Legacy*）计划，并于2018年再次更新。新版计划充分考虑了东京2017—2020年发展规划（称作《新东京、新明天：行动计划2020》）。从八个维度描述了东京政府将如何致力于打造奥运遗产。具体包括：有形遗产、体育遗产、精神遗产、文化遗产、社会遗产、环境遗产、经济遗产、关联纽带遗产（向世界表达对日本灾后重建支持的感激）。

---

① 2020东京奥运会网站，https://tokyo2020.org/en/games/legacy/。

3. 北京冬奥遗产分类

北京冬奥会制定了《北京2022年冬奥会和冬残奥会遗产战略计划》，明确了详细的遗产创造、保护和利用的方案。通过筹办北京冬奥会，努力创造体育、经济、社会、文化、环境、城市发展和区域发展7个方面（由体育、社会、经济、文化、环境5个纵向领域和城市、区域发展2个横向领域组成）的丰厚遗产，为主办城市和区域长远发展留下宝贵财富，惠及广大人民群众，实现奥林匹克运动与城市发展的双赢。①

7个方面具体包括：

创造体育遗产。围绕"三亿人参与冰雪运动"的宏伟目标，大力普及中国冰雪运动和中国残疾人冰雪运动，显著提升中国冰雪运动和中国残疾人冰雪运动竞技水平。建设和利用好世界一流的体育场馆，打造成为值得传承、造福人民的优质资产。建设冬奥博物馆，研究设立奥林匹克学院，做好知识转移与传承。培养和造就一批办赛人才队伍，形成一批办赛规范和模式。

创造经济遗产。推动中国冰雪产业发展，促进冰雪产业与文化旅游产业融合，培育和造就一批中国冰雪企业，为推动世界冰雪产业发展作出积极贡献。推动科技进步，带动科技成果转化。为企业搭建平台，带动中小企业发展。

创造社会遗产。推广健康生活方式，推动健康中国建设。弘扬志愿服务精神，提升社会文明程度。弘扬社会包容精神，提升公众"尊重与平等"的助残意识，推动残健融合。

创造文化遗产。弘扬奥林匹克精神和残奥理念，普及国际先进冰雪文化。传播中华文明，讲好中国故事，传播好中国声音。促进开放多元的世界文化与中国优秀文化交融，增进各国人民友谊，让世界更加相知相融。

创造环境遗产。坚持生态优先、资源节约、环境友好，加大治气、治沙、治水力度，加强绿化美化建设，促进人与自然和谐共处、自然景

---

① 北京冬奥组委总体策划部：《北京2022年冬奥会和冬残奥会遗产战略计划》，2018年1月。

观和人文景观交相辉映，大幅提升京张两地的生态环境质量。

创造城市发展遗产。进一步完善城市基础设施，改善城市无障碍环境，提高城市精细化管理水平，全面提升城市服务保障能力。促进城市转型升级，打造首钢等城市复兴新地标。

创造区域发展遗产。推动京冀两地交通、环境、产业和公共服务等协同发展，建设京张体育文化旅游带，带动低收入群体就业，增进人民群众的获得感，为京津冀协同发展起到引领和示范作用。

按照7个方面35个领域重点任务，各领域制订相关遗产计划，明确各领域遗产工作目标任务、职责分工、实施方案和交付成果，确定各领域所有遗产项目，制订遗产项目工作计划，根据北京冬奥会亮点遗产项目选取原则，结合本领域重点筹办工作，选取亮点遗产项目，制订亮点遗产计划（见图2-2、图2-3）。

图2-2 北京冬奥遗产发展目标

图 2-3　北京冬奥遗产重点任务

4. 军运遗产分类

基于上述研究，我们提出武汉军运遗产的分类体系。

一是物质维度。可以分为有形物质遗产与无形物质遗产（见表 2-2）。

表 2-2　　　　　　　赛事物质维度的遗产类型

遗产类型		主要内容
无形物质遗产	政治遗产	国际政治交往：国际军事领域防长、运动员的交流、中国追求和平理念的推广、中国制度优势的展示，支持了国际军体理事会的工作。举办城市政府的政绩：成功举办为武汉市政府赢得国内外的声誉
	城市形象与城市文明	城市形象：优美、干净、整洁、卫生、绿化、大江大湖、环境优美、现代化、国际化、生态化、精致化城市新一线城市、具备举办奥运会的城市。城市文明：友好、生态、创新、活力、热情、拼搏、团结、和平
	体育遗产	赛事开闭幕式：辉煌、惊艳、高技术、展示武汉楚文化和中国 5000 年历史。竞技体育遗产：军运会竞赛成绩。体育精神：体育传友谊。体育文化：军运文艺、摄影、美术

续表

遗产类型		主要内容
无形物质遗产	城市管理水平	城市管理：专业化、精细化、主体多元化。城市组织能力：精益求精
	人力资源遗产	体育赛事的组织和管理能力：武汉标准、军运会新篇。运动员能力：高水平。赛会成绩：军运会历史最好。组织人才：专业能力。志愿者人才：志愿者精神
	法律事务遗产	法律服务、行政措施、合同审查、资信调查、版权登记等
	文化	艺术文化、建筑文化、精神文化、军运文化元素、文化遗产和精神财富
	5G技术、建筑技术	竞赛信息系统、赛事管理系统、标准化接口整合交通、气象、地理、医疗等应用系统，提供智能管理、大数据分析、视频智能分析、可视化指挥调度等智慧应用，形成无缝对接、实时交互、整体联动的指挥管理体系、智能建筑
	赛事运行保障与服务遗产	赛事运行组织遗产、赛事住宿服务遗产、赛事注册服务遗产、赛事反兴奋剂遗产、赛事餐饮服务遗产、赛事运行组织遗产、赛事医疗服务遗产、赛事交通服务遗产、赛事观众服务遗产、赛事安保服务遗产、赛事气象服务遗产、赛事电力保障遗产、赛事清洁与废弃物服务遗产
有形物质遗产	场馆、建筑	体育场馆：35处场馆54处设施。体育建筑：新建、改造和维修。体育文化设施。公园：新建街心公园42个、郊野公园6个、绿道116公里
	文字音像材料	文字资料：计划、报告、会议纪要、标准、规范、法律文本、合同、协议等。音像视频设备：录音、录像
	特许商品	以吉祥物"兵兵"为内容的军事题材商品（虎符、战笔、子弹吊坠）、武汉特色徽章及其他非贵金属制品、贵金属、体育/休闲服装、服饰及配饰、文具、玩具、箱包、皮具、陶瓷及其他中国特色工艺品、丝绸制品以及第七届世界军人运动会纪念邮票、足银纪念章等十大类、近200款武汉军运会特许商品、武汉雕花剪纸、中国刺绣、宣纸刺绣、剪纸卷轴
	形象标识	会徽、吉祥物、口号等，吉祥物"兵兵"动漫形象、近20首军运会主题歌曲、志愿者形象大使、形象景观的武汉标准

二是功能维度。可以从政治、经济、社会、文化、城市建设、区域、环境保护等角度进行总结。一般主要从功能维度开展军运遗产的总结和研究（见表2-3）。

表 2-3 赛事功能维度的遗产类型

类型		主要内容
政治遗产	国家交往； 人员交流	制度展示、109 个国家 9308 名军人报名参加，赛会规模为历届最大、50 多个国家防长、军队总长和各国驻华武官
经济发展	体育产业发展； 促进就业遗产； 体育科技发展； 市场开发遗产； 财务管理遗产； 物流与采购遗产	体育产业发展：赛事旅游、场馆运营收益等； 促进就业遗产：赛事产生了大量的工作机会； 体育科技发展：智能科技、信息化平台、人工智能等在体育中应用创新； 市场开发遗产：带动和提升企业竞争力； 财务管理遗产：产生一系列现代化财务管理制度、流程、标准等遗产； 物流与采购遗产：赛事特殊物资的采买办法、物流和采购在出入境政策、流程、协同工作经验
文化遗产	文化活动遗产； 宣传与公众参与遗产； 赛会教育遗产； 媒体运行与传播遗产； 建设包容性社会遗产	文化活动遗产：大型活动资产处置的可持续利用等方面创造的遗产成果； 宣传与公众参与遗产：军运官网建设、运营以及社交媒体运营经验以及网络宣传、网络舆情应对经验； 赛会教育遗产：消防知识、爱国主义、志愿精神教育等； 媒体运行与传播遗产：通过经验交流和行业推动，促进报道方式的改变； 建设包容性社会遗产：围绕包容性理念为核心，促进无障碍环境的建立和完善，促进政府决策、公众观念的改变，残疾人相关法律法规的修订和完善
社会进步	社会文明遗产； 社会管理体系遗产； 国际交流与合作遗产	社会文明遗产：增强东道主的意识，动员广大人民群众参与筹办工作，提高社会文明程度； 社会管理体系遗产：运用新型社会管理理念、知识和机制等，创新社会管理机制、制度、法律规范； 国际交流与合作遗产：主办城市和组委会交流学习成果，赛事组织、赛区工程规划建设等方面交流合作

续表

类型		主要内容
城市遗产	城市基础设施规划建设遗产；提升城市服务和运行保障遗产	城市基础设施规划建设遗产：促进城市交通、水利设施、市政基础设施等城市基建工作； 提升城市服务和运行保障遗产：提升城市服务保障能力和市政基础设施运行保障能力方面创造的遗产内容
环境保护	生态环境遗产；环境友好遗产；可持续管理遗产	生态环境遗产：大气污染防治、水治理与水环境保护等； 环境友好遗产：实施绿色工程，推行低碳社区、低碳建筑、低碳园区、低碳赛区建设； 可持续管理遗产：围绕可持续性管理体系建设与运行，形成场馆可持续场馆可持续性管理性管理体系

三是精神维度，包括办赛思想、民族团结、国际认同、城市精神风貌、独特精神面貌、文化特性和民族性格与价值观念等。

四是时间维度。分为当代遗产及未来遗产。

（五）军运遗产研究思路

1. 指导思想

以习近平新时代中国特色社会主义思想为指引，全面总结"绿色、共享、开放、廉洁"办赛理念，深入研究军运会显著的体育、文化、经济等功能，提炼"国家支持、军地联合、军队主导、地方承办、社会参与"的办赛模式，弘扬讲好中国故事、体现军体特色、彰显荆楚风采，胜利举办的一届世界水平、中国气派、精彩圆满的国际体育盛会成果，为军运会提炼"武汉方案"，努力树立军运会与城市和区域发展良性互动、共赢发展的新典范。为科学管理和运用武汉军运会举办成果提供指导。普及发展中国军体运动，推动全民健身，倡导健康生活方式，促进健康武汉建设，使广大人民群众长期受益；搭建人文交流平台，促进开放多元的世界文化与中国优秀文化交融，增进各国人民友谊，为推动构建人类命运共同体作出积极贡献。

2. 目标

深化遗产特色研究，推动遗产科学利用。通过深入研究和总结军运会创造出的体育、经济、社会、文化、军民融合、环境、城市发展和区域发展等重大遗产，梳理出武汉军运会所创造出的遗产价值体系，并就军运各项遗产的保护和利用提出相应的措施，促进军运遗产保护和利用的科学化、合理化和可持续发展，同时，对军运遗产的保护和利用提出政策建议。

3. 研究对象

本书的研究对象是武汉军运遗产的保护与传承。主要包括：考察分析武汉军运遗产的含义、特点、内容及类型，并借鉴国内外体育赛事遗产特别是奥运遗产保护与传承的相关经验，从多视角探寻保护和传承武汉军运遗产的基本策略。

4. 研究方法

（1）文献资料法

本研究通过阅读《奥林匹克运动百科全书》《奥林匹克运动读本》《人文奥运》等十余部相关书籍；查阅分析与体育遗产、奥运遗产和赛事遗产相关的社会科学类学术论文百余篇；收集近年来有关该研究的新闻、报纸、学术会议论文集、网络信息并加以整理分析，了解最新学术动态，并在此基础上根据研究需要，充分吸收、借鉴相关研究成果。

（2）专家访谈法

根据本研究的具体内容，通过走访、电话、网络等方式对有关专家进行访问调查。主要访谈对象是从事大型运动会如奥运会、青奥会研究的专家、体育遗产研究专家以及其他本领域相关人士。关注国内外与体育遗产和军运会遗产有关文件或学术的动态，听取专家们的宝贵意见，以获得更为丰富充实的资料，探求前沿领域。

（3）观察法

关注与武汉军运相关的各类信息、符号，实地考察各类军运场馆，获取军运文化的直观信息。

5. 研究路线图

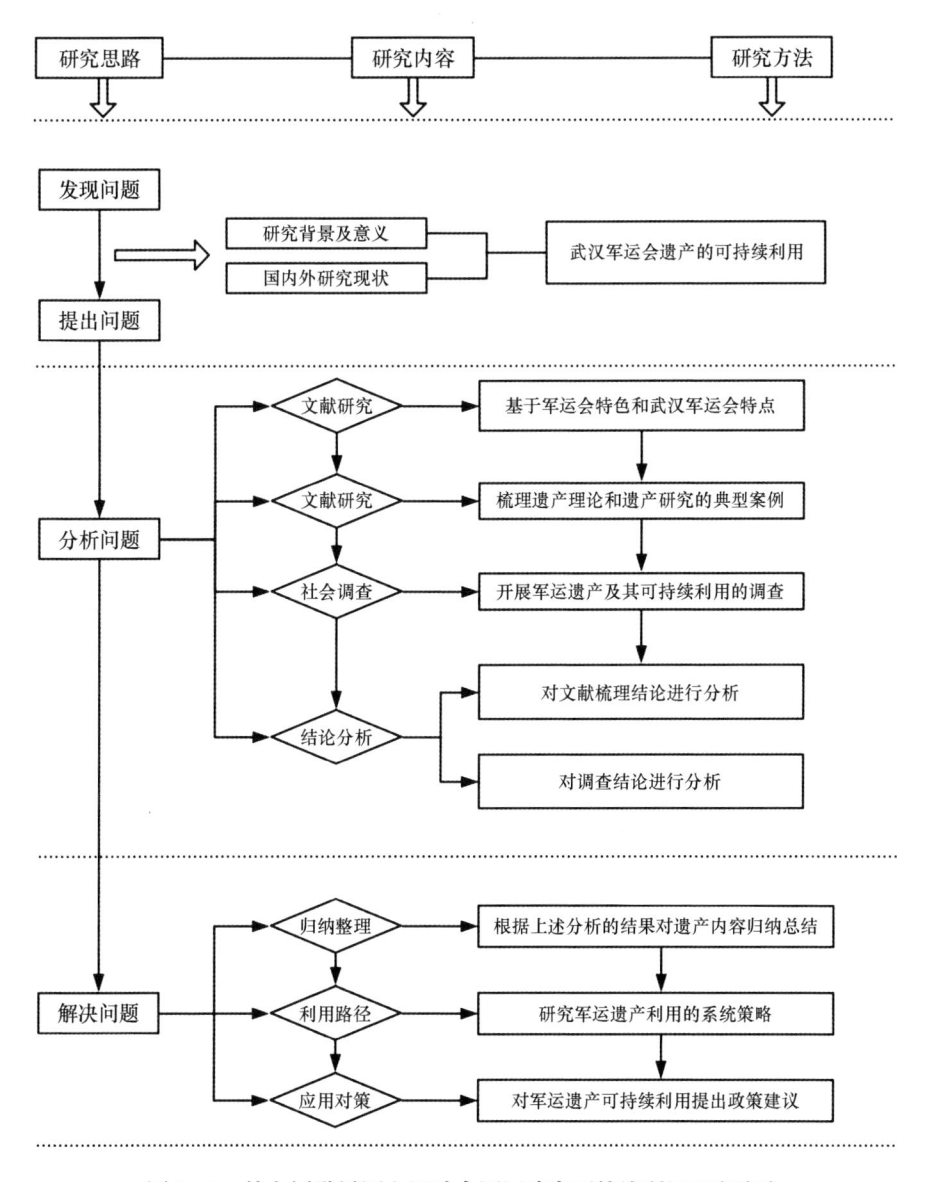

```
研究思路 → 研究内容 → 研究方法
```

发现问题
- 研究背景及意义
- 国内外研究现状
- 武汉军运会遗产的可持续利用

提出问题

分析问题
- 文献研究 → 基于军运会特色和武汉军运会特点
- 文献研究 → 梳理遗产理论和遗产研究的典型案例
- 社会调查 → 开展军运遗产及其可持续利用的调查
- 结论分析 → 对文献梳理结论进行分析 / 对调查结论进行分析

解决问题
- 归纳整理 → 根据上述分析的结果对遗产内容归纳总结
- 利用路径 → 研究军运遗产利用的系统策略
- 应用对策 → 对军运遗产可持续利用提出政策建议

图2-4 第七届世界军人运动会军运遗产可持续利用研究路线

6. 军运遗产研究框架

为了系统研究好军运遗产,报告将武汉军运遗产按照功能维度来划分。借鉴奥运遗产分类框架,考虑军运会独有的特点,报告提出第七届世界军人运动会共创造了体育、经济、社会、文化、军民融合、环境、城市发展和区域发展等 8 个方面(由体育、经济、社会、文化、军民融合、环境六个纵向领域和城市、区域发展两个横向领域组成)的丰厚遗产,为主办城市和区域长远发展留下宝贵财富,惠及广大人民群众,实现国际性大型体育赛事运动与城市发展的双赢。

8 个大项 34 个子项(见表 2-4、图 2-5)具体包括:

表 2-4　　　　　　　　　武汉军运遗产

序号	遗产类型	编号	具体内容
1	体育(6项)	1	体育运动普及与发展
		2	体育场馆
		3	办赛人才
		4	赛会运行组织
		5	赛会服务保障
		6	筹办和举办知识转移
2	经济(6项)	7	经济发展
		8	体育产业
		9	科技军运
		10	市场开发
		11	财务管理
		12	物流管理
3	社会(7项)	13	社会文明
		14	志愿服务
		15	国际交流
		16	国内外影响
		17	包容性社会
		18	权益保护与法律事务
		19	廉洁军运

续表

序号	遗产类型	编号	具体内容
4	文化（4项）	20	文化活动
		21	宣传推广
		22	媒体与转播
		23	档案管理
5	军民融合（4项）	24	促进改革强军
		25	普及军事体育
		26	展示军体文化
		27	开创军地联办
6	环境（3项）	28	生态环境
		29	低碳军运
		30	可持续性管理
7	城市发展（2项）	31	城市基础设施
		32	城市管理
8	区域发展（2项）	33	区域功能提升
		34	区域板块均衡发展

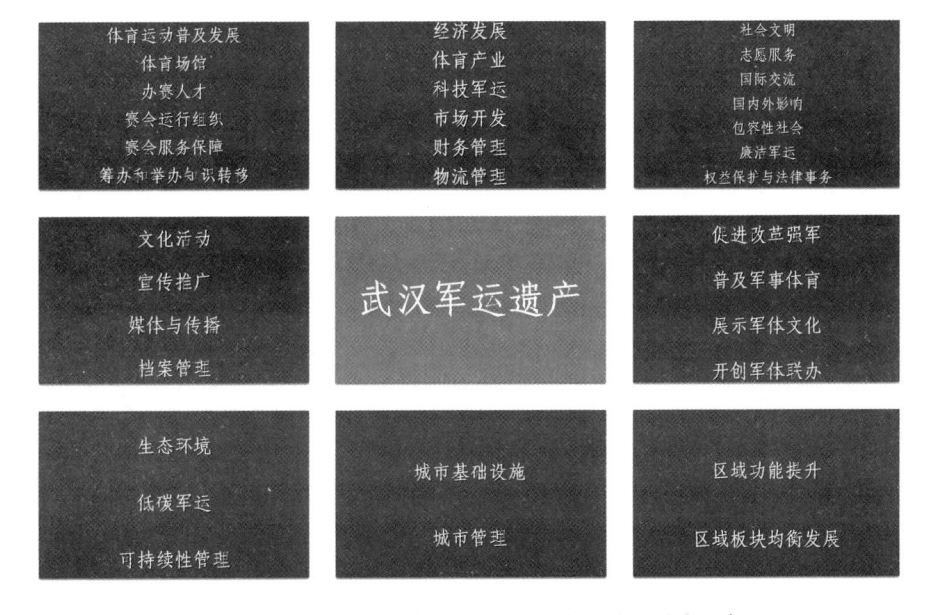

图2-5 武汉军运遗产8个方面34个领域的重点任务

体育遗产。大力普及军事体育运动知识,全面提升体育竞技水平。建设和利用好世界一流的体育场馆,打造成为值得传承、造福人民的优质资产。培养一批办赛人才队伍,造就一批体育专业管理团队。总结办赛理念和办赛规范,形成大型体育赛事的武汉经验和武汉模式。为赛事提供了全方位、高质量的后台服务,特别是城市无障碍设施与服务,展现了强有力的赛事保障能力。建设军运博物馆,研究设立体育产业协会和体育产业研究会,实现知识转移与传承。

经济遗产。增强城市经济活力,促进经济多元发展,提升服务业增加值规模,优化经济结构。推动体育产业发展,促进体育、文化、旅游产业深度融合,为企业搭建平台,带动中小企业发展,培育和造就一批高水平的体育运营和管理企业,构建专业的体育财务管理和物流管理体系。推动科技进步,带动科技成果转化。增强城市体育品牌效应,推进体育场馆设施全面开放,激发体育市场生命力,打造知名体育城市。

社会遗产。将体育精神注入群众血液,集结力量共建现代文明城市。传播志愿服务精神,建设志愿者之城。促进国际交流,全方位展示城市形象与中国制度优势,提升国内外影响,彰显大国风范。推动城市文化融合,弘扬社会包容精神,构建人类命运共同体。完善法律服务体系,维护体育参与主体的各项权益。宣导廉洁办会、节俭办赛。

文化遗产。利用体育赛事传播荆楚文化和中华文化,促进世界人文交流。推进宣传国际性赛事行动计划,普及体育赛事知识。创新媒体报道方式,培养新一批体育媒体人,提升体育媒体运行和赛事转播服务水平。形成大量的文字和实体档案,让赛后传承和借鉴作用得以充分发挥。

军民融合遗产。体现改革强军思想,应用和展现部队训练成果与先进经验。促进军体运动普及推广和表演观赏研究。在军运舞台上,军体健儿树立了新时代革命军人的好样子,"不畏强手,敢于亮剑"的拼搏精神,展现在人民群众眼前。军人"讲纪律规章和团队协作"的军事素质也得以凸显。创造了新的办赛模式:"国家支持、军地联合、军队主导、地方承办、社会参与",将军运会从军营带到了整个社会,促进各领域军民共建。

环境遗产。坚持"满足赛事需求、方便组织运行、体现绿色生态、益于赛后利用"的原则,场馆、军运村与赛事运行着力体现节能环保理念。建设低碳建筑，倡导低碳环保出行，推进赛前减排，形成低碳军运遗产成果。运行可持续性管理体系，把可持续发展思想贯穿始终。

城市发展遗产。建设和升级改造城市配套基础设施，为城市发展留下长期受益的有形遗产。制定精细化的城市管理标准，全面提升城市管理水平。

区域发展遗产。推动江夏、黄家湖、蔡甸、汉南等薄弱区域和相对落后地区发展，依托场馆设施，壮大体育文化、旅游休闲、会议展览等业态，完善区域功能。加快各区经济功能和服务功能升级，实现经济发展和公共服务体系均衡建设。

三 奥运遗产案例与借鉴

根据奥运会的历史,研究选取奥运会遗产经验借鉴是从1984年洛杉矶奥运会开始,因为1984年洛杉矶奥运会首次进行商业化运作,给举办国和奥运会都带来了巨大的生机。自此以后,奥运举办国把对奥运遗产的研究和利用都提到了非常高的关注度,奥运不仅仅是纯粹的体育运动,奥运已经成为国家政治、经济、社会等发展新的角斗场(见图3-1)。

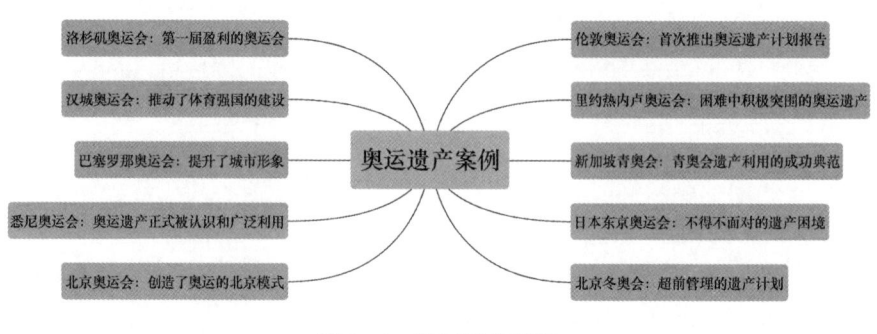

```
洛杉矶奥运会:第一届盈利的奥运会        伦敦奥运会:首次推出奥运遗产计划报告
汉城奥运会:推动了体育强国的建设        里约热内卢奥运会:困难中积极突围的奥运遗产
巴塞罗那奥运会:提升了城市形象    奥运遗产案例    新加坡青奥会:青奥会遗产利用的成功典范
悉尼奥运会:奥运遗产正式被认识和广泛利用    日本东京奥运会:不得不面对的遗产困境
北京奥运会:创造了奥运的北京模式        北京冬奥会:超前管理的遗产计划
```

图3-1 奥运遗产案例

(一)奥运遗产案例

1. 洛杉矶奥运会:第一届盈利的奥运会

洛杉矶奥运会扭亏为盈成为现代奥运会的一个历史转折。20世纪70年代由于承办奥运会费用膨胀,使多数想承办奥运会的国家望而生畏。例如:1976年加拿大蒙特利尔奥运会费用竟达110亿美元,致使蒙特利尔奥运会赤字高达10亿美元。在危机情况下,1984年洛杉矶开创性的使用商业化的运营模式,并获得了历史性的机遇。以尤伯罗斯为主的洛杉矶奥运会组委会首先出售奥运会独家电视转播权,总进账 2.87 亿美元;其次,进行限定数量的企业赞助,只接受 30 家赞助商并且最低金额不少于 400 万美元;最后,奥运会结束后,总结奥运收益时,除去各方面开支,洛杉矶奥运会组委会最后节余 2.5 亿美元。洛杉矶奥运会成为现代奥运会中第一届盈利的奥运会。在以后的奥运会中企业赞助也是驱动奥林匹克运动的主要动力。

2. 汉城奥运会：推动了体育强国的建设

1988 年的汉城奥运会给韩国带来了积极而深远的影响,在经济、政治、文化上都取得了很大的成功,其中在后奥运的大众体育发展方面尤其突出。首先,在机构管理上更加群众化,韩国政府在汉城奥运会后先后发展了大韩体育振兴集团和国民生活体育协会两个重要机构;其次,完善政策和法律,1990 年制定了"大众体育振兴三年综合计划",1993 年又制定"全民大众体育振兴五年计划";再次,增加社会体育指导员;最后,扩建体育设施,研究表明,在汉城 25 个区,每个区都有一个社会体育中心。这些策略的实施,极大地推进了韩国的亚洲体育强国地位。

3. 巴塞罗那奥运会：提升了城市形象

1992 年巴塞罗那奥运会的成功举办被后人称为"巴塞罗那效应",原因是其借奥运进行的城市形象改造,留下了宝贵的城市形象遗产。在举办奥运前,巴塞罗那经历了近四十年的佛朗哥独裁统治,出现工业衰退、失业增多、郊区化、环境恶化等一系列城市问题。奥运会期间,巴塞罗那坚持不仅仅为两周奥运会,而是以城市的长远发展为原则,对城市的新区进行建设,旧区进行改造。巴塞罗那在奥运会期间改建了港口、机场、城市排水系统,对 2772 座建筑进行了翻新,建设了 450 个市政公园,仅从 1989 年到 1992 年,巴塞罗那的人工湖和喷泉就增加了 268%。借奥运会以及巴塞罗那自身优秀历史的机遇,使巴塞罗那迅速成为国际著名的旅游城市,同时也带动了电子、通信、饮食等行业的发展,成为巴塞罗那的支柱产业。城市的建设和改造改变了巴塞罗那的城市形象,成为城市发展的财富,保持了至今未衰的"巴塞罗那热"。

4. 悉尼奥运会：奥运遗产正式被认识和广泛利用

2000年悉尼奥运会被当时国际奥委会主席萨马兰奇赞美为"最好的一届"。1993年悉尼在申办奥运会时首次把"奥运遗产"写进了奥林匹克议程报告里，这在奥运历史是第一次。悉尼市政府和奥组委通过实际行动向世界展示了一届具有积极影响力的奥运会，其中最为突出的遗产为经济遗产和奥运形象遗产中的绿色遗产。悉尼奥运会通过有效地组织和市场开发，获取了巨大的经济收益。澳大利亚把悉尼奥运看作是一个品牌产业，推出"澳大利亚品牌"计划，成立了一系列除奥组委以外的其他机构，共同开展奥运。悉尼奥运会在奥运旅游方面给奥运会留下了宝贵的遗产。其一，在赛前和赛中期间，悉尼奥运会在奥运筹备和比赛期间成立澳大利亚旅游委员会（ATC），首次制定奥运旅游战略，实施全球媒体关系战略，有数据表明，在1997—2000年，ATC创造了价值38亿澳元的关于澳大利亚的报道。发展商务旅游和会展旅游，开展"商务发展计划"，邀请国际上50名最有形象力的旅游界人士。其二，在赛后期间，调查奥运会对澳大利亚国际形象的影响。在美国的调查中，20%的美国人将澳大利亚作为他们的首选理想度假地，从而超越了意大利和法国成为美国公民的旅游首选。奥运结束后，ATC马上推出90个联合广告项目，推广度假线路，推出一项投资3000万澳元、雄心勃勃的直接市场计划，并且针对每一个细分市场的宣传都不一样；举办澳大利亚网球公开赛、国际艺术节等大型活动，充分发挥节事活动的作用，费尽心思为到访者提供优质服务，澳大利亚在奥运后将自己宣传成"超白金级的旅游目的地"。

悉尼奥运会围绕"绿色"展开了各种创新的理念，如：水节约、将废物量降至最低等，以至于被媒体称为"绿色奥运"，从而开创了运作大型项目的新模式。悉尼奥运会依照可持续发展的理论专门设计，同时制定了适合可持续发展的政策。澳大利亚针对奥运会的筹办者和签约者，在奥运筹备期间共出台了100个环境保护和土地维护方面的法令。奥运会后，澳大利亚对绿色奥运遗产进行了有效的开发和保护，并把环境保护的经验、技术等进行出售，为其他国家和城市提供了宝贵的经验。

5. 北京奥运会：创造了奥运的北京模式

2008年北京奥运会凝聚全国各族人民的心血和智慧，为奥林匹克运动留下了丰厚的遗产。其中比较有代表性的当属北京奥运会的文化教育遗产、人文遗产和场馆遗产。

北京奥运会给世界留下一个称为"北京模式"的奥林匹克教育体系和教育模式。在奥运前期对奥林匹克教育进行了周密的计划，从2005年正式实施到北京奥运会开始，有创造性的实施了以下内容：发布两个奥林匹克教育计划、成立200所奥林匹克示范学校和210所"同心结"交流项目学校、组织教育培训等。其中"同心结"活动可以加强青少年在全球范围的交流与合作，已经被新加坡、伦敦的奥林匹克教育计划所复制。2008年北京奥运会结束后，虽然组织活动没有那么频繁，但还是采取了相应的措施，以实现奥林匹克教育的可持续发展。2009年北京市成立了"奥林匹克研究会"，为继续开展奥林匹克教育提供了一个组织团体；同年8月北京成立"北京奥运城市发展促进会"，负责奥运会遗产的整理和利用，继续推进奥林匹克精神传播等工作，在2010年举行了以中小型足球赛为载体的奥林匹克教育系列活动。这些奥运后期所采取的方式和方法有力地传承和保护了奥林匹克教育遗产。

6. 伦敦奥运会：首次推出奥运遗产计划报告

伦敦申办2012年奥运会，并期望通过举办奥运会，产生就业机会和商机，推进体育活动的发展，改变伦敦东区的面貌。2012年奥运会成为英国城市发展的一个极好契机。为此，英国政府、伦敦市政府和举办地区政府分别就2012年奥运会对国家和城市的影响提出了建设目标。

英国政府的目标：使英国成为世界领先的体育强国；改造伦敦东区的核心地带；激励年轻一代；制定奥林匹克公园的可持续发展蓝图和纲要；向英国居民、旅游者和到英国经商的人士展示英国的活力、包容与友好；用包容和积极的态度鼓励残疾人参与运动。政府的遗产承诺涉及城市建设的可持续性发展、国家文化的发展、体育的可持续性发展。

伦敦市政府的目标：增加伦敦市民参与体育的机会；确保伦敦市民在就业、商业和志愿活动中受益；改造伦敦东区的核心地带；拥有可持续性发展的赛事和社区；向世界展示伦敦的多元化、活力和热情。伦敦市政府的遗产承诺基本与英国政府的遗产目标保持一致，但更具体地集中在奥运会对伦敦发展的影响方面。

举办地区政府的目标：当地的战略框架重点为重建。在20年内，整个社区拥有与伦敦相同的社会和经济发展机会。多领域的协议（MAA）强调：无失业、有技能；改善住房和公共领域。

围绕以上目标，也为了保证奥运会对城市的发展具有长期的促进作用，英国文化、传媒和体育部（DCMS）在2008年发布了《2012伦敦奥运会和残奥会遗产计划》。这是第一份由举办城市在奥运会举办之前发布的类似遗产规划的文件。计划包括5个遗产目标，长期发展目标包括旅游、工作和技能、教育、体育、商业和城市重建等。遗产计划在政府部门已达成统一意见，并形成了政府和战略伙伴共同协调完成的合作体系。

2012年伦敦奥运会出台《政府奥运执行遗产行动计划——在前期、中期和后期最大限度地利用伦敦2012年奥运会》和《伦敦2012残疾人奥运会遗产计划》。这两个计划的出台更有利于英国奥运遗产的可持续利用，遗产计划中把青少年教育问题放在核心位置，鼓励年轻一代健康成长，并且更加注重资金的节约，突出奥运的"瘦身"。伦敦奥组委主席承诺：尽最大努力激励年轻一代。伦敦奥林匹克文化教育的主要形式是国际启发计划，计划持续7年，遍及20个国家，为世界上1200万青少年及残疾儿童提供运动和玩耍的机会，最终改变他们的生活。它实现了英国300所学校与20个发展中国家300所学校的牵手，而且更加关注残疾人，努力减少社会对残疾人的偏见。奥运遗产计划承诺到2012年英国所有5—16岁的青少年儿童每周5小时的体育运动时间，16—18岁每周3小时的运动时间。在奥运后期英国政府和相关部门制订了青少年健身计划，发动"大创意周计划"，各小学开展社区艺术活动。通过这些措施伦敦奥运会对奥运的教育遗产做出了有益的贡献。在场馆遗产方面，场馆建设中永久性的场馆6个，临时性的场馆8个，改造作为他用的场馆1个，已有的场馆占53.1%，新建的永久性场馆占18.8%，在场馆评估中做得很好。伦敦奥运会更加注重奥运后的开发和利用，建成的奥林匹克公园后成立奥林匹克公园遗产公司，将通过25年的时间，完成奥林匹克公园职能的转变。伦敦奥运会制订的两个计划更好地为赛后遗产的开发利用提供帮助。

7. 里约热内卢奥运会：困难中积极突围的奥运遗产

2016年8月5日，巴西名城里约热内卢举办了盛大的夏季奥运会，这是奥运会首次登陆南美大陆。在奥运会举行的前前后后，巴西政治、经济遭遇危机，奥运会克服重重困难成功举办，赛后人们期望的奥运红利虽然并没有想象中丰厚，资金的匮乏也让一些改造工程无法如期完成，但热爱运动的巴西人认真保护奥运遗产，让"非凡之城"添加了"奥运之城"的美誉，也给当地人生活留下了诸多便利。

体育设施遗产成为健身和比赛场地。奥运的主赛区是巴哈奥林匹克公园，从2017年1月21日起，奥运公园在周末和节假日对公众开放，已经成为民众休闲娱乐场所。按照当年的设计，休闲区总面积25万平方米，有花园、人工草坪球场、老年人运动器械区、儿童轮滑场地等。一周年之际，这里举行了一系列民众体育健身活动。

奥运公园中最大的变化是多了一个"奥运冠军墙"，所有奥运会和残奥会项目的金银铜牌得主名字都能在上面找到，来公园游玩的民众一般会找出自己喜爱明星的名字合影。公园最靠近门口处的网球中心举行了首届里约轮椅网球赛决赛。除了网球比赛外，2017年5月的世界沙滩排球巡回赛里约站的比赛也在这里进行，在球场中央铺上沙子，网球场瞬间变身沙排场。

耗资最多、工期最长的自行车馆奥运后一直在使用，主要是供自行车运动员训练和比赛，还曾举行过里约自行车节和里约州场地自行车锦标赛。里约人1号、2号、3号馆转由巴西体育部和里约市政府管理，这里组织了室内足球、格斗、拳击、艺术体操、乒乓球、羽毛球、摔跤和柔道等项目的表演。平时主要是公立学校举行活动使用。

两年一度的里约摇滚节，原来的专用场地就在奥运公园旁边，后来挪到空间更大的奥运公园来，已经吸引了众多大牌乐手和乐队。备受争议的高尔夫球场也在运营着。里约市此前只有两座高尔夫球场，都是会员制，一家几乎不再接纳新会员，另一家价格昂贵。新的高尔夫球场内每个周末来打球的人都不少，价格比较亲民，每场为280雷亚尔（约合

500元人民币），而其他两家俱乐部的会员到这里还可以打折。

从奥运后到2017年初一直处在废弃状态的奥运开闭幕场地马拉卡纳大球场，在巴西足球甲级联赛开赛后重新启用，虽然里约几家俱乐部当初都因为球场为奥运装修后成本增加而不愿到这里比赛，但由于这里设施全、容量大，重要场次比赛还是会来到这里。此外，马拉卡纳也是许多游客到里约的"朝圣地"，里约市各大酒店的前台，都可以帮助人们预订到马拉卡纳看球的球票，而没有比赛日的球场参观也重新开放。

市政建设遗产让里约更现代便捷。为保证奥运会的顺利举行，里约市新修了快速路、地铁、快速公交、城市轻轨等线路，目前都在良好运营。里约国际机场进行了扩建，增加了登机口，新建了更多餐厅、商铺，让里约的门户更加现代。

特别值得一提的是地铁4号线是奥运专线，所用的列车全部来自中车长客，这条地铁线路也是奥运后利用率最高的，连接了城市中心地区和奥运主赛区巴哈区。连接德奥多罗赛区和巴哈主赛区的快速路，是里约市的第二条收费高速，之前里约已经将近20年没有新的道路了，利用奥运的契机新修的道路让里约的交通状况大大缓解。

因为奥运而焕然一新的里约毛阿码头，从以前流浪汉聚居的地区变为了新的旅游区，博物馆门前游客每天排成"长龙"，奥林匹克大道游人如织，还有专门来这里拍摄婚纱照、艺术照的情侣，旧码头仓库改建的酒吧、展厅也成为艺术展览、文化节的举办地，2017年元旦，许多名流晒出了来这里的酒吧跨年的照片。不远处的奥运火炬永久停留在大教堂对面，也是来到里约的游客拍照留念的必到景点。

关于奥运遗产滞后，里约奥组委新闻发言人马里奥·安德拉达说："这是很自然的现象，伦敦奥运会的设施有些两年后才开始重新使用。我们做到了少花钱办好奥运会，我们克服了经济危机、寨卡病毒等很多困难，我们让'非凡之城'成为世界瞩目的焦点，增强了国民的自信心。奥运遗产我们会逐步落实，只是还需要更多的耐心。"[1]

---

[1] 《一年后，里约奥运遗产怎样了？》，新华网，http://news.cctv.com/2017/08/06/ARTI-WwCCelecRlmuPKufISA9170806.shtml。

8. 新加坡青奥会：青奥会遗产利用的成功典范

2010年新加坡举行了第一届夏季青奥会，在没有经验借鉴的情况下给世人留下了成功和精彩，让更多人了解青奥会的价值所在。在"后青奥效应"中，新加坡青奥会在志愿者遗产、文化教育遗产和场馆遗产的可持续发展方面值得我们借鉴。

志愿者遗产方面，新加坡青奥会的志愿者由学生志愿者、企业志愿者和社会志愿者组成，其中学生志愿者在赛时中是主力，中小学还专门负责 CEP 的运作，这样可以激发学生的体育热情，发挥他们的主动性。在赛后，由于新加坡有很好的志愿服务体系，因此，可以让青奥志愿遗产得到更好的保护与传承。根据新加坡的国情，从事志愿服务的人员有百万以上，占总人口的25%，1972年就成立了"人民协会青年运动"。它的志愿服务优势有：第一，志愿服务纳入到本国的法律制度中，有一整套完善的招募、管理、策划与组织等制度。第二，有良好的志愿服务观念。新加坡15岁到30岁的青年有30%的人希望进行志愿服务。第三，重视青少年的志愿参与。每年新加坡会选送20%的中学生到国外进行2—3周的志愿服务。第四，有完善的激励机制来提升志愿服务绩效。新加坡通过志愿服务和公民的切身利益结合，提供物质和精神上的奖励，以提高志愿服务质量。文化教育遗产方面，首届新加坡青奥会在文化教育上下了很大的功夫，详细的设计赛前和赛时的 CEP 计划。在赛时计划中无论在场内还是场外或者青奥村外都可以看到文化教育活动的开展。首届青奥会充分利用自己的实际情况，设计不少创新的项目，如滨海堤坝活动水资源的回收与利用。活动的形式和主题非常符合年轻人的思想，以游戏为主，趣味性很强。但是赛后的延续性不是很强，在青奥会结束后，相关网站、媒体没有再报道后续的工作。新加坡城市里除了赛时留下的文化遗产在继续展览外，其他设施基本拆除，文化教育活动的辐射效应减小。场馆遗产方面，在场馆方面新加坡突出了节俭高效，充分利用已有的体育场馆设施。约有46%的比赛项目场地和70%的比赛项目观众看台都是临时建筑，绝大多数场馆观众座位不到2000个。青奥会结束后，这些临时设施被拆除，各个场馆大都立即对当地社区居民开放，不会影响居民的日常使用，充分表达了节约办赛的理念。

9. 日本东京奥运会：不得不面对的遗产困境

东京奥运会延期

2020年3月24日，备受关注的东京奥运会延期问题终于尘埃落定。当地时间3月24日晚8点左右，日本首相安倍晋三与国际奥组委主席巴赫举行了电话会谈，安倍向巴赫提出了日方将奥运会延期一年左右的方案，包括延期的具体日程等。随后，国际奥委会宣布：国际奥组委、东京奥组委、日本政府和东京都政府讨论后决定将东京奥运会的举办时间推迟到2021年夏天。奥运会已经走过100多年，历史上因为战争原因曾被取消过三次，分别是1916年夏季运动会由于第一次世界大战而取消，1940年与1944年的夏季和冬季运动会由于第二次世界大战而取消，2020年的东京奥运会，则成为现代奥运历史上第四次发生了重大意外而取消或变更的奥运会，也是第一次因为疫情而发生了重大改变的一届奥运会。日本副首相兼财政大臣麻生太郎认为2020年东京奥运会受到了"每40年一遇的魔咒"①。

2020年日本东京奥运会无疑是一场非常尴尬的奥运会。日本政府为了办好这届奥运会，投入了大量的人力、物力、财力，却因为一场席卷全球的新冠肺炎疫情，不得不忍痛将奥运会推迟到2021年举办。也使得这届奥运会成为奥运历史上非常特殊的一届奥运会——在2021年举办2020年奥运会。

东京奥运会不得不面对三大遗产困境。

一是经济损失巨大。东京奥运会和残奥会因新冠肺炎疫情而延期至2021年举办，原本纳入考虑的访日外国人减少，国内消费陷入低迷，经济学家中出现了认为日本2020年的经济损失超过3万亿日元（约合人民币1931亿元）的看法。日本第一生命经济研究所首席经济师永滨利广表

---

① 《东京奥运，史上首届延期举行的奥运会》，新华网，https://baijiahao.baidu.com/s?id=1662062343647814226&wfr=spider&for=pc。

示,来自国内外游客的奥运特需消失,2020年日本国内生产总值(GDP)预计损失1.7万亿日元,包括辐射效果在内则损失3.2万亿日元。虽然国立竞技场和奥运村等基础设施建设得到推进,已产生的经济效果也很多,但原本面向奥运兴旺起来的消费减速。

二是政治影响巨大。奥运会延期造成的经济损失比较直观,政治影响可能更大。当年日本申奥成功以后,安倍晋三曾经表示,"这种喜悦甚至比我自己赢得大选还要强烈"。日本为东京奥运准备了7年时间,承载着日本对于经济再度腾飞的梦想,日方一直为奥运能够按时举办进行了多番努力。因为东京奥运会未能如期举行,带领日本人走出"泡沫经济"崩溃以后30年心理阴影的愿望、给日本带来"智能社会"的发展契机、提高日本在国际社会信赖和地位的目标,都可能成为新的泡沫,日本有可能陷入下一个"失去的三十年"。

三是综合影响深远。实际上,东京奥运会延期举办,带来的影响是多方面的。

对国际奥委会:如何照顾转播商和赞助商的利益,重新协调2021年的单项赛事赛程;对主办国:日本预估损失300亿—450亿美元,占GDP的1%左右,民众购买的奥运村也将延期交付;对运动员:严重影响奥运备战状态,田径运动员所取得的奥运资格超期失效;对赞助商:影响80家赞助商的产品投放规划和宣传策略,前期投入打水漂;对转播商:2020夏天电视台节目出现空档期,有可能对广告商进行巨大赔偿。

东京奥运会延期一年举办,在本应属于体育小年的2021年,出现重大体育赛事扎堆的现象。2020年欧洲杯和美洲杯足球赛延期到2021年举行,在单数年计划安排的世界游泳锦标赛、世界田径锦标赛等多项世锦赛也在2021年举行,而2021年中国的全运会在陕西西安举行,对于各举办国、举办地的承办能力、运动员面临的"分身无术"的调整能力来说,都是一次重大挑战和考验。也就是说,东京奥运会的改期,对于整个世界范围内的体育竞技者、参与者、体育产业的发展来说都产生了极其重大的影响。

（二）奥运遗产利用的经验借鉴

1. 遗产理论研究与实践结合，解决奥运东道主实际问题

奥运遗产传承与保护面临的问题，通过历届奥运会东道主在申办、筹办和举办奥运会期间相关部门的运作得以化解。奥运遗产覆盖领域逐渐拓宽，贯穿周期逐渐延长，相关研究在助推无形遗产传承与有形遗产保护中扮演起重要角色。一方面，美国、加拿大和英国等国通过跨界整合，为奥运遗产的实践注入了多学科理论基础，如2012年奥运会东道主伦敦奥组委，不仅成立了专业部门负责运作遗产管理，而且联系了高校科研院所为遗产覆盖领域进行专业指导；另一方面，各国奥运遗产的实践又进一步延伸了奥运遗产的内涵，为其理论凝练提供了实证依据，如2016年冬奥会东道主平昌奥组委，为奥运会举办地设计了生物多样性和生态平衡计划，在环境和社会遗产的发展上提供了新思路。

不同奥运东道主拥有不同的国情，这也造成了各国在遗产实践上操作的差异。20世纪中后期，部分奥运东道主寄希望通过奥运遗产推动国家实力的提升，因此在遗产设计时强调经济、文化形象和政治上的规划力度，如1980年莫斯科奥组委，通过媒体宣传了苏联的文化和政治面貌，此举不仅点燃了国内民众对体育的热情，更间接推动了国家体育产业的兴起。进入21世纪，部分奥运东道主寄希望借助奥运遗产推动国民素质的提高，因此在遗产规划上侧重教育、心理和可持续发展等方面建设。如2010年温哥华奥组委，通过举办冬奥会调动了加拿大民众参与运动的兴趣，进一步提升了国民的体育素养。总的来看，奥运遗产的理论研究依附于实践，而实践又反作用于理论。这种模式既调动了学者们对奥运遗产的研究兴趣，又为奥运遗产相关的实践者、设计者提供了指导框架，形成了理论与实践互补的模式，为解决东道主办赛中的实际问题提供了帮助。

2. 重视有形遗产的规划管理，关注无形遗产的沉淀积累

经过长期发展，奥运遗产已经由最初的有形实物拓展到了无形资源。通过历届奥运东道主的努力，奥运遗产逐渐展现出多方位的综合效应，推动了国家体育与经济、文化和教育等领域的协调发展。作为综合性国际赛事，场馆、交通、运动员村等设施是承载比赛和生活的平台，因此历届奥运东道主在申办阶段都突出了城市、交通和场馆的规划，有形遗产时间前置的效应得到了凸显，如 2016 年里约奥组委，在 2012 年就启动了城市交通运输的改革，以优化未来比赛期间运动员、观众和居民的出行。随着可持续发展理念的深入，东道主为优化有形遗产的利用率，分别就可持续发展与城市建设的规划做出了布局，以提高赛后建筑设施的使用率。最典型的例子来自平昌奥组委，它们对部分比赛场馆采取了"临设临撤"的建设方式，在降低运营成本的同时推进了体育、经济和环境的协调的发展。较有形遗产而言，无形遗产的发展历时更长。无形遗产包括文化、形象、教育和心理等，不仅需要国家宏观层面的统筹布局，而且需要时间和空间上的积累。以 1984 年洛杉矶奥运会为例，其在综合效应上取得的成功让人们意识到举办奥运会的受益点不仅在体育，而且能以点带面地推动国家形象的提升，国民对奥运会的认同感间接地促使美国在 2012 年再次举办了第 26 届亚特兰大夏奥会。这种无形遗产的效应往往潜移默化，无法精确地评估，但是在国家体育长期发展中的作用不容小觑。因此，在奥运遗产的应用实践中，无形遗产得到了各国的高度关注，如何巧妙地将其融入有形遗产，渗透到社会生活中，供人们随时感知到奥林匹克运动带来的乐趣，一直是各国奥组委关注的焦点。

3. 强调奥运遗产的综合效应，促进国家体育的均衡发展

纵观奥运遗产的发展历程可以发现，伴随遗产覆盖范围的延伸，其综合效应得到了显著提升，遗产设计与规划在国家体育发展中担当了重要角色，发挥了促进竞技体育、学校体育、群众体育和社会体育均衡发展的功能。体育具有超强的渗透力，可以传播到社会每个角落，人们通过主观互动或客观感受都能接触到奥运文化，这都是奥运遗产综合效应的体现。早在 20 世纪 80 年代，可持续发展的理念就已出现，虽然直到 21 世纪奥运东道主的申办报告中才涉及遗产可持续发展的内容，但是对如何办奥既能满足当代需求又能权衡后期持续发展问题的思考，在 20 世纪后期的申办报告里就有涉及。最典型的例子是 1984 年洛杉矶奥运会的总结报告，特别强调了奥运会在青少年教育发展和培养运动文化氛围中的推动作用,这也意味着奥运遗产的综合效应得到了持续发挥。运动文化的良好土壤、体育明星的正面形象、宜人的自然环境以及便捷的交通运输都是奥运遗产给东道主留下的宝贵财富,这些财富一方面提高了体育爱好者参与锻炼的频率,点燃了广大人群的运动热情,促进了国民健康水平;另一方面通过竞技体育的优先发展带动了社会体育、学校体育的均衡发展,促进了国家体育事业的进步。

四　体育遗产

大型体育赛事最直接的成果便是产生了大量而丰富的体育遗产。伦敦奥组委曾表示，奥运会绝不仅仅关乎伦敦和英国各地赛场上举世瞩目的破纪录成绩和激烈赛事，更重要的是，奥运会将留下长期而丰富的体育遗产，在奥运会结束后仍令社会大众受益良多，从各类尖端的体育设施到专业体育项目参与程度的提升，奥运会能够为我们创造形式多样的体育遗产，同时也成为主办城市、主办地区，甚至整个主办国推广和发展体育运动的有力工具。军运会留下的体育遗产也十分丰富，武汉军运体育遗产主要包括军事体育运动普及与发展、体育场馆、办赛人才、赛会运行组织、赛事服务保障、筹办和举办知识转移六个方面。

（一）体育遗产及范畴

国际奥委会（IOC）认为体育遗产涵盖十个方面的内容：运动员、竞技体育水平、草根体育运动发展、粉丝基础、体育系统、教练、体能师和其他专业人士、场馆、体育器材和装备，归纳起来主要涉及运动员、竞赛成绩、健身体育、体育粉丝、体育组织、教练等专业人士、场馆、器材等。①

东京奥组委将体育与健康（Sport & Health）作为创造东京2020奥运会遗产的五大支柱之一（体育·健康、街道建设·可持续性、文化·教

---

① 国际奥委会（IOC）：《遗产战略方针：勇往直前（*Legacy Strategic Approach: Moving Forward*）》（https://www.sohu.com/a/298436269_505632）。

育、经济·技术、复兴·全日本·向世界传递信号），并提出要永世流传。① 体育遗产部分是指在日本和全世界宣传奥林匹克和残奥价值观（行动实例），主要内容包括：（1）推广"明日体育"倡议；（2）促进与奥运会有关的地方方案，如赛前培训和火炬接力；（3）实现将观众和运动员团结在一起的运动会；（4）通过宣传主要体育场馆和其他设施以及创造与运动员互动的机会，组织各种活动，提升奥林匹克和残奥会的价值；（5）根据《2020年奥林匹克议程》举办奥林匹克运动会。②

北京冬奥组委计划创造的体育遗产包括六个方面：冰雪运动普及和竞技、场馆、博物馆、体育学院、办赛人才、办赛规范和模式。

（二）体育运动普及与发展

1. 普及军事体育运动知识

自20世纪90年代苏联解体后，世界局面始终维持一超多强的多元化趋势。总体上和平稳定，但局部冲突仍然持续不断。种族主义、霸权主义、强权政治仍然威胁着世界和平。随着国际军事体育理事会成员进一步壮大，国际军体理事会获得了国际奥委会正式承认，并成为奥林匹克大家庭的一员。1995年，为庆祝世界反法西斯战争胜利和《联合国宪章》签署50周年，同时也为扩大自身影响力，国际军事体育理事会决定举办像奥运会一样四年一届的综合性运动会，军人运动会由此诞生。有着"军人奥运会"之称的世界军人运动会，是和平时期各国军队展示实力，增进友好交流，扩大国际影响的重要平台。军运会在维护世界和平上起着不可或缺的作用。

2. 展示军事体育运动特色

武汉军运会之前，很多人并不了解奥运会之外还有一个军运会。甚至许多人对军运会有很大的误解，认为军运会完全不能与奥运会相比，

---

① 徐珊：《〈东京2020年奥运会计划书〉翻译实践报告》，硕士学位论文，四川外国语大学，2017年。
② 根据《东京2020基础规划》（*Tokyo 2020 Games Foundation Plan*）英文版翻译。

其实，军运会与奥运会有很多的关联，通过举办武汉军运会，较好地普及了军运知识。

一是相比奥运会独具的军事特色。因为参赛选手都是各国现役军人，所以部队的气息和作风会更加浓厚。一些奥运会中没有的项目都会在军运会中出现，比如跳伞和军事五项，这些项目只有现役军人才能完成，同时也非常具有观赏性和实用性。需要特别提出的是，在军事五项的比赛游泳项目中，泳道中间设有障碍，参赛队员必须运用军事技能，准确判断、机动选择跨越障碍物的方式，这些都是奥运会游泳比赛中没有的元素。这样的设计更加符合实战要求，也更加贴近军人的训练环境。

二是与奥运会的理念和传承相一致。奥运会最大的主题就是和平，是让各个国家之间的竞争从战场转移到体育竞技的赛场。这是奥运会的初衷，也是这个赛事能得到全世界认同的主要原因。第一届世界军运会是为纪念世界反法西斯战争胜利50周年而举办，其目的是倡导止戈为武的和平思想，这个理念与奥运会是完全一致的。

三是奥运会大部分项目脱胎于军事活动。现代体育项目基本来源于古代狩猎和战争，从而将血腥导向文明。根据国际奥林匹克委员会的批准，东京奥运会总计设有37个大项、324个小项的比赛项目，大项中，有21个直接依赖于个人体能和技术项目，根据源头考证，它们都来自古代军事技能训练或者是狩猎活动。例如，现代五项项目包含射击、击剑、游泳、马术、赛跑，每一项都和军事技能相关；射击使用手枪、步枪和猎枪，设计固定靶或者是移动靶（飞碟），是直接从战场上移植过来的体育项目。

3. 创新军运会竞技成绩

武汉军运会体育竞技取得了良好的成绩，为军事体育运动做出了巨大的贡献。

本届运动会设置了27个大项、329个小项的比赛，各国军人运动员以顽强的毅力挑战极限、勇攀新高，共打破7项世界纪录、85项国际军体纪录。33个国家代表团获得金牌，66个国家代表团获得奖牌，体现了各国在军事技能方面都有了长足的进步。

中国人民解放军体育代表团553名官兵、406名体育健儿共参加26

个大项 295 个小项的比赛，勇夺 133 枚金牌、64 枚银牌、42 枚铜牌，打破 7 项世界纪录、46 项国际军体纪录，位居金牌榜和奖牌榜第一。俄罗斯以 51 金、53 银、57 铜位居金牌榜和奖牌榜次席，巴西以 21 金、31 银、36 铜位居金牌榜和奖牌榜第三。在本届军运会上，中国充分展示了强大的军事实力和官兵良好的军事技能、军事素质，更值得肯定的是，在这场由武汉精心举办的高水平运动会上，各国运动员奋力拼搏，勇于进取，都取得了良好的成绩（见表 4-1）。

表 4-1　　第七届世界军人运动会奖牌榜

排名	国家	金牌	银牌	铜牌	奖牌数	总计排序
1	中国	133	64	42	239	1
2	俄罗斯	51	53	57	161	2
3	巴西	21	31	36	88	3
4	法国	13	20	24	57	5
5	波兰	11	15	34	60	4
6	德国	10	15	20	45	6
7	朝鲜	9	8	15	32	8
8	巴林	9	1	7	17	12
9	乌兹别克斯坦	8	7	5	20	11
10	乌克兰	5	13	15	33	7
11	意大利	4	12	12	28	9
12	哈萨克斯坦	4	3	5	12	15
13	白俄罗斯	4	2	8	14	13
14	伊朗	4	2	5	11	16
15	瑞士	4	1	8	13	14
16	韩国	3	10	11	24	10
17	挪威	2	4	2	8	19
17	斯洛文尼亚	2	4	2	8	19
19	埃及	2	2	5	9	17
20	肯尼亚	2	1	2	5	28
20	摩洛哥	2	1	2	5	28
22	土耳其	2	0	3	5	28

续表

排名	国家	金牌	银牌	铜牌	奖牌数	总计排序
23	罗马尼亚	1	4	3	8	19
24	蒙古国	1	3	5	9	17
25	匈牙利	1	3	1	5	28
26	捷克	1	2	5	8	19
27	印度	1	1	2	4	33
28	比利时	1	1	1	3	35
29	拉脱维亚	1	1	0	2	41
30	立陶宛	1	0	1	2	41
31	保加利亚	1	0	0	1	48
31	纳米比亚	1	0	0	1	48
31	突尼斯	1	0	0	1	48
34	芬兰	0	4	2	6	25
35	美国	0	3	5	8	19
36	奥地利	0	3	1	4	33
37	阿尔及利亚	0	2	5	7	24
38	阿塞拜疆	0	2	4	6	25
39	多米尼加	0	2	3	5	28
40	斯洛伐克	0	2	1	3	35
41	卡塔尔	0	2	0	2	41
42	泰国	0	1	5	6	25
43	加拿大	0	1	2	3	35
43	斯里兰卡	0	1	2	3	35
43	瑞典	0	1	2	3	35
46	阿曼	0	1	1	2	41
46	叙利亚	0	1	1	2	41
46	越南	0	1	1	2	41
49	沙特阿拉伯	0	1	0	1	48
49	丹麦	0	1	0	1	48
49	厄瓜多尔	0	1	0	1	48
49	爱沙尼亚	0	1	0	1	48
49	坦桑尼亚	0	1	0	1	48

续表

排名	国家	金牌	银牌	铜牌	奖牌数	总计排序
54	塞尔维亚	0	0	3	3	35
55	委内瑞拉	0	0	2	2	41
56	阿尔巴尼亚	0	0	1	1	48
56	亚美尼亚	0	0	1	1	48
56	巴巴多斯	0	0	1	1	48
56	西班牙	0	0	1	1	48
56	希腊	0	0	1	1	48
56	印度尼西亚	0	0	1	1	48
56	爱尔兰	0	0	1	1	48
56	科威特	0	0	1	1	48
56	卢森堡	0	0	1	1	48
56	巴基斯坦	0	0	1	1	48
56	卢旺达	0	0	1	1	48

（三）体育场馆

体育场馆设施是城市大健康建设的重要内容，是城市体育产业发展不可或缺的物质基础，是促进城市社会发展的物质载体。办好赛事，更要建好城市，近迎军运、长期惠民，最大限度增加市民的获得感、幸福感、荣誉感，是武汉举办世界军人运动会的初衷和使命。

1. 创造了场馆建设的武汉经验

初步建立了军运会场馆建设的武汉规范。通过对标北京奥运会、南京青奥会等大型综合体育赛事，收集、整理场馆设计图纸和技术参数，提炼比赛场馆（地）主要技术标准550余条、功能用房技术要求1600余条。所有新建、改建场馆具有建设标准高、施工工艺优、科技含量高、环保理念足和文化特色浓五大特点，达到世界一流水平，为世界军人运动会留下了有价值、可遵循的经验规范，作出了武汉贡献。

设计了与举办城市特色相融合的场馆建筑形象。坚持将办赛事与建城市相统一。在建筑风格、园林景观等方面充分利用城市两江四岸资源禀赋，吸收本土文化，因地制宜，设计完成了54个场馆场地的现场踏勘工作，提出了"一馆一案"设计方案。整个场馆建筑彰显大江大湖大武汉、山水相依、文脉相承的城市特色，既体现了中国文化、大河文明，又展现了荆楚风韵、武汉特色，如东西湖五环体育中心，以体育场为核心，体育馆和游泳馆分居两翼，呈品字形分布，状如凤凰展翅，颇具荆楚风韵。众多场馆建成、维修改造后，城市国际知名度、美誉度、影响力快速增加，成为武汉一张张亮丽的新名片。

所有场馆都达到国际赛事水准，实现了质量一流、科技一流。在建设标准上，对标国际一流，满足国际单项赛事技术要求；在施工工艺上，采用国内外先进工艺，应用最前沿建筑科技；在建筑理念上，将绿色生态、节能环保贯穿场馆建设全过程，打造绿色建筑，创建特色化、智能化、人性化场馆。比赛场馆的高标准高质量建设和良好运行状态，远超预期。

2. 合理布局与城市和谐相融的场馆空间

科学选址，充分挖掘武汉城市自然资源和现有体育基础设施，将军运会35处（54个）场馆设施均衡布局在长江主轴两江四岸的后湖、沌口、光谷、黄家湖四大板块区域，遍布全市15个区和功能区，这样的空间布局既降低了场馆赛后利用的难度，又实现了与城市各个功能板块融合发展（见表4-2）。

第一，充分利用了军队院校现有场馆设施。军队新建1个、维修改造4个场馆，分别由武汉军械士官学校、海军工程大学、空军预警学院修建，保障军事五项、海军五项、空军五项比赛，赛后用于教学训练。第二，武汉众多高校场馆资源被充分利用，40%的场馆分布在武汉大学、华中科技大学等高校。第三，比赛场馆布局"长江主轴"两侧，和武汉亮点区块的规划建设相互结合，有利于提升和完善城市整体功能和品质。第四，新建体育场馆向蔡甸、东西湖、江夏等新城区倾斜，补短板、强功能后各区体育公共基础设施更加均衡。第五，游泳、马拉松、自行车、沙排等竞赛场馆和临时设施建设充分与江河湖山等自然载体紧密融合（见表4-3、图4-1）。

表 4-2　　　　　　　军运会场馆集中分布的四大板块

空间分布	场馆名称	比赛项目
后湖板块	共设有 5 个场馆，其中新建场馆为东西湖体育中心，维修改造的是武汉全民健身中心、空军预警学院体育场馆、汉口文体中心、武汉体育馆、海军工程大学木兰湖校区体育场馆及设施。采用临时搭建观众席及赛事配套功能用房的形式有阳逻机场飞行项目场地	用于海军五项、足球、乒乓球、游泳（水上救生）、空军五项、跆拳道等比赛项目
沌口板块	共有 10 处场馆设施项目，主要包括军运会媒体中心、武汉体育中心、武汉商学院马术场、武汉商学院游泳馆、武汉商学院体育馆、江汉大学体育馆、蔡甸国防园射击射箭场馆、武汉汉南通用航空机场跳伞场地、汉阳江滩沙滩排球中心、天外天高尔夫球场	用于开闭幕式、新闻发布、赛事转播及田径、排球、游泳、跳水、沙滩排球、射击、射箭、马术、现代五项、高尔夫球、跳伞等比赛项目。此外，沌口板块的军运会媒体中心还承担着赛事直播转播、新闻资讯发布、各国新闻媒体工作平台、国际文化交流和对外形象展示等重要任务
光谷板块	共有 14 个场馆，由于区域内大学高校数量众多，大部分场馆借用了高校体育馆作为配套，其中包括华中科技大学光谷体育馆、陆军工程大学军械士官学校体育场馆、武汉理工大学体育馆、武汉体育学院体育馆、武汉软件工程职业学院体育馆、武汉大学大学生体育活动中心，同时新建场馆有青山江滩沙滩排球中心、东湖帆船及公开水域场地、东湖新技术开发区军事五项场地，并且改造场馆有光谷国际网球中心、湖北省奥林匹克体育中心体育馆、驿山高尔夫球场、洪山体育馆、东湖绿道马拉松及公路自行车场地	用于沙滩排球、马拉松、公路自行车、游泳（公开水域）、帆船、篮球、羽毛球、拳击、柔道、军事五项、射击、高尔夫球、网球、体操、摔跤等比赛、表演项目
黄家湖板块	共有 4 个场馆，其中新建场馆为军运会运动员村，维修改造的是武汉城市职业学院体育馆、江夏八分山定向越野场地、江夏梁子湖铁人三项场地	用于运动员、教练员、保障团队食宿及击剑、定向越野、铁人三项等比赛项目

四 体育遗产 | 57

表4-3　　　　　武汉军运会场馆分行政区分布

序号	行政区	场馆数量
1	经开区（汉南区）	8
2	东湖开发区	6
3	洪山区	4
4	江夏区	3
5	江岸区	2
6	东湖风景区	2
7	武昌区	2
8	硚口区	1
9	江汉区	1
10	东西湖区	1
11	黄陂区	1
12	新洲区	1
13	汉阳区	1
14	蔡甸区	1
15	青山区	1

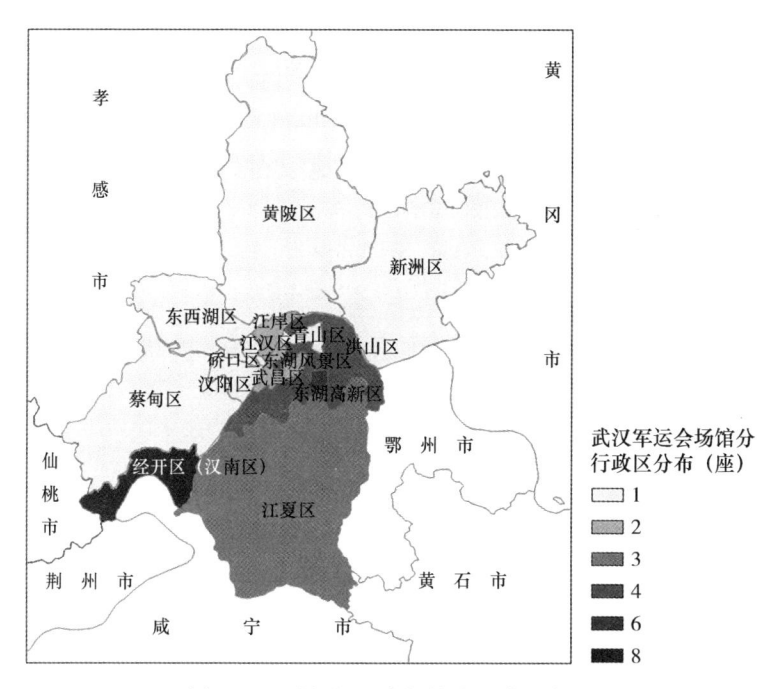

图4-1　武汉军运会场馆分行政区分布

3. 充分利用和改造提升现有场馆

武汉军运会在规划和建设之初,就按照节俭办赛和惠民理念,尽量充分利用现有场馆设施维修改造。本届军运会共用到35处场馆设施,其中,维修改造场馆17处,新建场馆13处,临时设施5处。本届军运会第一次集中建设军运村,军运村赛后商业出售。军运会是军民融合的盛会,在场馆设施方面也体现了军民共建。军队新建1个场馆、维修改造4个场馆,分别由武汉军械士官学校、海军工程大学、空军预警学院修建,保障军事五项、海军五项、空军五项比赛,赛后用于教学训练。其次,武汉众多高校场馆资源被充分利用,40%的场馆分布在武汉大学、华中科技大学等高校。

35个场馆中,现有可利用场馆(2个)、新建场馆项目(10个)、在现有场馆基础上维修改造项目(14个)、临时搭建项目(2个)、临时搭建观众席和配套功能用房项目(7个)。新建场馆不到28%,利用现有场馆和改造维修场馆占46%,临建项目占26%(见表4-4)。

表4-4　　　　　　　　军运会场馆分类建设类别

现有可利用场馆(2个)	军山天外天高尔夫球场、驿山高尔夫球场
新建场馆项目(10个)	军运村、东西湖体育中心、武汉全民健身中心足球场、海军工程大学木兰湖校区体育场馆、军运会媒体中心、武汉商学院马术场、武汉商学院游泳馆、蔡甸国防园射击射箭场馆、湖北省奥林匹克体育中心体育馆、武汉大学大学生体育活动中心
在现有场馆基础上维修改造项目(14个)	武汉体育馆、汉口文体中心、空军预警学院体育场馆、武汉体育中心、江汉大学体育馆、武汉商学院体育馆、华中科技大学光谷体育馆、光谷国际网球中心、武汉软件工程职业学院体育馆、陆军工程大学军械士官学校体育场馆、洪山体育馆、武汉体育学院体育馆、武汉理工大学体育馆、武汉城市职业学院体育馆
临时搭建项目(2个)	东湖新技术开发区军事五项场地、东湖帆船及公开水域场地
临时搭建观众席和配套功能用房项目(7个)	空军武汉机场飞行项目、武汉汉南通用航空机场跳伞场地、汉阳江滩沙滩排球中心、东湖绿道马拉松及公路自行车场、青山江滩沙滩排球中心、江夏梁子湖铁人三项场地、江夏八分山等定向越野场地

（四）办赛人才

军运会属于国际性、综合性军事体育盛会，武汉军运会的举办培养了综合类、服务类、市场类、赛事运营类等大量的本土体育赛事人才，创新了人才选拔培养模式，为国内大型赛事提供了专业化、国际化的人才资源，为打造武汉成为国际赛事之都奠定了基础。

1. 培养了各类办赛人才

武汉军运会充分借鉴国际上先进的人力资源管理经验，创新军运会人才工作理念，培养了大批人才。

一是培养了综合协调人才。执委会充分发挥集中力量办大事的体制优势和组织优势，根据筹办工作需要，从军队系统和湖北省、武汉市有关单位选调和借调了大批人员，选派了一批优秀干部到执委会挂职锻炼。军运会期间，共有来自中央国家机关、军委机关和湖北省、武汉市等160余家单位5500余名工作人员。

二是聚集了全国顶尖的专家人才。以特聘专家的形式，聘用了大量具有国际影响力的外事、策划、媒体、安保、大型活动、医疗卫生、食品安全、项目管理等方面的专业人才。面向全球招聘高中级专业技术人才工作。吸引来自国内外330名专业人员报名应聘，最终录用40名专业人才。

三是培养了大批志愿者服务人才。军运会期间，执委会以"国际视野、奥运标准、军队作风、工匠精神"，坚持"广泛招募、严格选拔、系统培训、有序调配、科学管理、规范考核"的工作原则，打造了一支组织化、规范化、专业化、国际化的志愿者队伍，总数超过了21万名。赛事运行期间，2.6万名赛会志愿者直接服务于开闭幕式、抵离服务、礼宾接待、语言服务、交通引导、医疗卫生、观众服务、竞赛组织、场馆运行、军运村运行、媒体服务、文化活动、特许商品推广等业务领域，全面参与军运会各项组织运行工作，成为军运会上最亮丽的风景线。

2. 创新了人才选拔培养模式

一是采取市场化手段选拔和使用专业人才。在专业人才选拔上，立足湖北，面向全国，放眼全球，广纳贤才。坚持"面向市场，双向选择"，根据筹办工作用人需求，制定中高级专业人才招聘方案。在使用管理上，逐步建立起了聘用、管理、服务、薪酬、晋升等相互配套的人事管理制度体系；规范聘用管理模式，合同管理与岗位管理相结合，实现人员聘用管理工作的规范化；构建人才评价机制，形成完善的考核体系和激励机制；建立结构合理、动态增长、岗位工资与绩效工资相结合的工资福利制度，用适当的待遇吸引和留住人才。

二是充分发挥体制内人才优势。执委会在发挥社会主义制度集中力量办大事的体制优势基础上，充分调动属地政府和业主单位参与军运筹办工作的积极性，积极发挥属地支持和保障作用，形成了条块结合的人才队伍结构。军运会后，大部分在执委会任职和挂职的干部职工都得到了较好的工作安排，促进了干部队伍干事创业的积极性和主动性（见表4－5）。

表4－5　　　　　　　　　　办赛人才一览

人才类型	综合协调、人力资源开发、竞赛人才、场馆建设、维护和协调人才、财务统筹人才、市场开发人才、对外联络人才、新闻宣传人才、大型活动组织人才、综合保障人才、信息技术人才、安保人才、志愿者服务人才、反兴奋剂人才、开闭幕式组织人才、文艺人才

（五）赛会运行组织

积极推进赛会运行组织工作模式创新，创造赛会运行组织国际标准与范例，为未来中国大型赛事和奥运会、亚运会筹办提供宝贵办赛经验。

1. 军地联合

2017年1月，经习近平主席批准成立第七届世界军人运动会组织委员会，由国务院1名副总理、中央军委1名副主席担任组委会主席，组委会下设执委会，负责武汉军运会筹办工作具体组织实施和组委会日常工作。武汉军运会采取军地联合承办的模式，充分发挥军民融合优势，整合军地力量资源，成立组委会、执委会两级日常办赛机构，组建1办11部1委的赛时运行指挥体系（见图4-2）。

一是成立军运会组委会。2017年1月5日，第七届世界军人运动会组织委员会成立大会在北京举行。主要领导有：军运会组委会主席、中共中央政治局委员、中央军委副主席许其亮，军运会组委会主席、中共中央政治局委员、国务院副总理孙春兰；军运会组委会副主席、湖北省委书记蒋超良，军运会组委会副主席、湖北省委副书记、省长王晓东，军运会组委会副主席、国家体育总局局长苟仲文，军运会组委会副主席、国务院副秘书长丁向阳。

二是成立军运会执委会。2019年7月5日成立第七届世界军人运动会执行委员会。执委会下设综合部、人力资源部、竞赛部、场馆部、财务部、市场开发部、对外联络部、新闻宣传部、大型活动部、综合保障部、信息技术部、安保部、志愿者部共13个工作部门，负责军运会筹备工作的具体组织实施和组委会日常工作。

三是成立军运会赛时运行联合指挥部。构建完善军地联合、力量融合、工作联合，统分结合、处置有效，灵活高效、响应及时的指挥运行机制。军运会组委会副主席、省委书记蒋超良，军运会组委会副主席兼秘书长、中央军委训练管理部部长黎火辉，军运会组委会副主席、省长王晓东担任赛时指挥长。

2. 竞赛运行

一是制定了顶层设计和竞赛指导规则。本届军运会参赛人数和竞赛项目为历届最多，可以说是世界军人的"奥运会"，是军体健儿的"群英会"，比赛竞争十分激烈。能够高标准、零失误完成军运会竞赛组织工作，与组委会、执委会重视顶层设计，强化指导分不开。前期成立38个项目竞赛委员会，设置"1室12处"和37个核心岗位，按70—100人配备工作人员。国家体育总局派出52人，军方派出33人担任各项目竞委会副主任、竞赛负责人，对竞赛筹备工作起到重要作用。编制了《第七届世

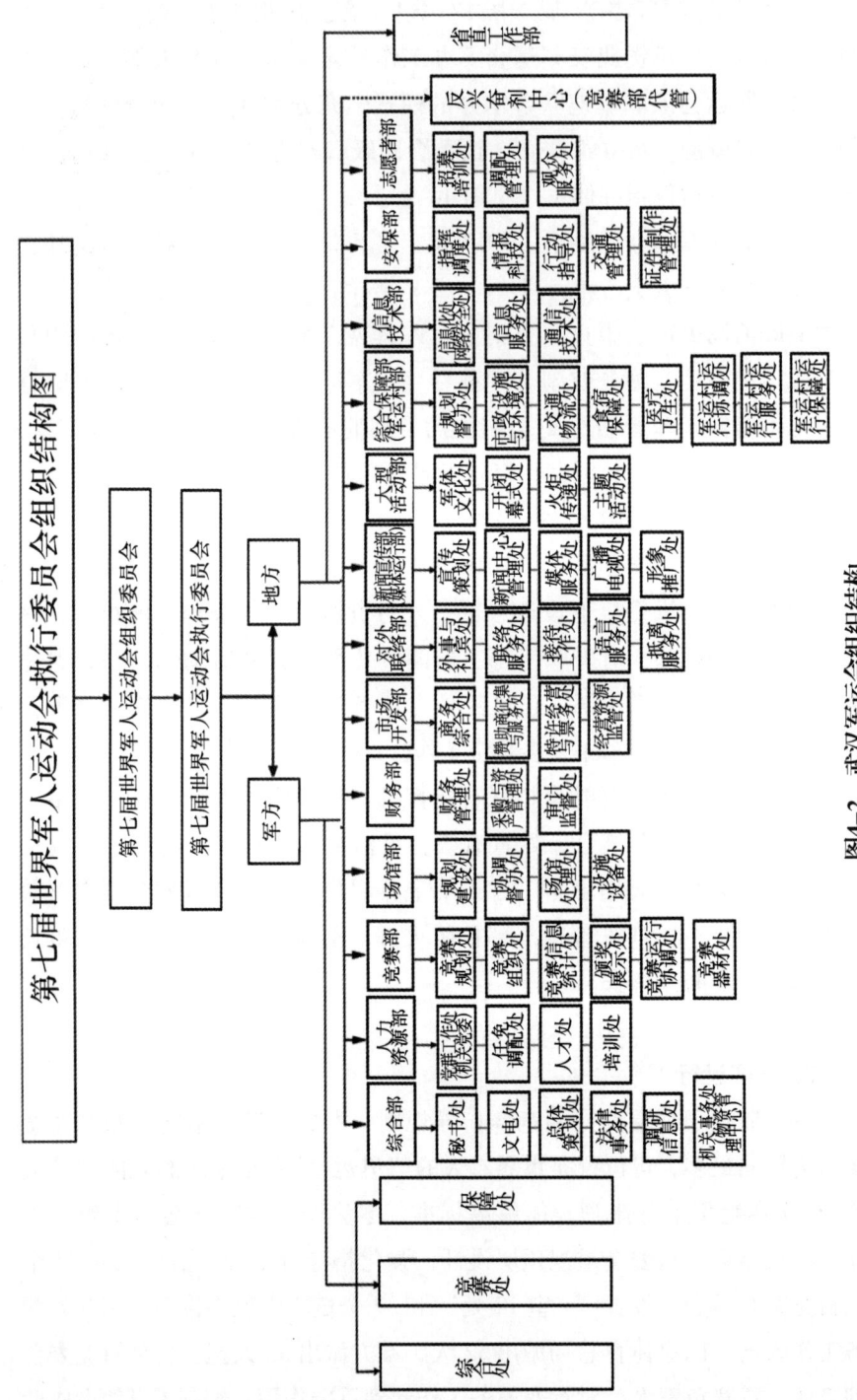

图4-2 武汉军运会组织结构

界军人运动会竞赛工作总体规划》，指导竞赛组织工作规范、有序运行。与国际军体就竞赛场馆、器材技术标准及竞赛组织等签订32个备忘录，指导各竞赛委员会运行计划编制工作。组织编写《竞赛部本业务领域职能通用政策和程序》《竞赛部本业务领域应急预案》。制订2019年竞赛组织计划和测试赛方案，完成38项测试赛，做到了"全覆盖、全方位、全流程"。

二是建立竞赛组织工作例会制度。成立执委会竞赛组织委员会，以解决问题为导向，坚持召开每周一次的竞赛组织委员会工作例会，协调解决竞赛筹备工作中特别是各项目竞赛委员会反映的跨军地、跨部门、跨竞委会亟须解决的突出问题，共召开二十次例会，研究了100余个议题，及时疏通竞赛组织工作中的"堵点"，破解竞赛组织工作中的难点。突出关键环节抓紧赛前督促检查。赛前组织10个检查工作组，10月10日至12日，进行为期3天的现场实地检查。检查完后汇总评价，形成检查报告，并督导各项目竞委会抓紧整改，问题归零。比赛期间，分管副市长每天除主持部内例会外，大部分时间都在赛场检查指导工作，督促协调各项竞赛工作的落实。坚持赛时早例会、晚例会、部长值班带班制度。通过所有项目信息报送、分组现场巡查、视频监督、应急预案实施，及时处置突发事件，全面掌控总结每天各项目训练比赛组织运行情况，对第二天的工作提出要求。

三是组织竞赛编排和编写技术官员工作指南。提出了"做工匠，巧编排，保驾赛事；钉钉子，撸袖子，勇创一流！"的口号。在完成报名报项接收工作后，结合报名报项情况和竞赛日程总体安排，抓紧组织竞赛编排。2019年9月17日，第七届世界军人运动会竞赛总日程3.0版和项目竞赛日程3.0版正式对外通报。共发放总竞赛指南1297册，各项目竞赛指南总计20459册。专门在军运村设立竞赛信息中心，主要为代表团提供训练日程、竞赛日程、竞赛编排、竞赛成绩的咨询、查询服务。热情接待、耐心解答，日接待代表团各竞赛项目人员1000多人次。成立国际军体联络组，收集参赛国信息和咨询，回复处理各国竞赛信息电子邮件80余封。积极组织技术官员到位到岗，共计有2740名技术官员参与了军运会执裁。其中国内技术官员2300人（国派1354人、地派308人、军派638人；其中国际级350人、国家级665人）；国际技术官员440人（其中国际军体委派技术官员 22 人，随队技术官员 328 人，项目委员会主任 22 人，委员 68 人）。拟定并下发了《技术官员指南》中英文模板，发放技术官员服装、装备 2740 套，组织了 1587 名国内外技术官员参加开幕式，139 名技术官员参加闭幕式活动。部分技术官员统一了服装，达到了转播的要求。正式比赛中，技术官员依据规则规程公正严格执裁，表现出高水平专业素养，受到国际军体总部体育处和各参赛代表团好评。

四是编制竞赛器材保障标准。对竞赛器材筹备统一规划、统一编制清单、统一购置租赁意见，顺利完成了武汉军运会 27 个项目、51 个场馆、38 个项目竞委会竞赛器材的筹备和保障工作。编制了武汉军运会竞赛器材清单，为军运会竞赛器材的规范配置提供了依据和"武汉标准"。协助军方完成了国际军体来汉考察，签订竞赛专用器材清单备忘录，有效促进了各项目竞委会与国际军体的工作联系，推动了军运会筹备工作。坚持器材采购赛后利用、项目共用、能租不买原则，实现竞赛器材七成国产。例如跳伞比赛的飞机、田径比赛的训练场器材、空军五项的击剑、射击项目竞赛器材、射击 300 米项目的计时计分系统、体操高台、公路自行车竞赛器材等，均采取租赁方式；射击 300 米项目和军事五项射击项目采取器材共用模式，沙滩排球项目全部专用器材获得了企业捐赠，这些举措大大节省了竞赛器材购置费用。重视竞赛器材赛前检查，指导各项目编制《正赛竞赛器材保障运行方案》，建立竞委会赛时一日三报工作机制，密切关注各项目器材保障工作动态，扎实做好赛时器材保障工作。

五是制定颁奖礼仪体育展示工作流程标准。赛事期间共举办 360 场颁奖仪式（含 12 场残疾人项目颁奖仪式），规范无误奏国歌升国旗 360 次。各项目竞委会共计 608 名颁奖展示工作人员，284 名升旗手，432 名礼仪人员，72 名官方记录人员，36 名升旗装置应急员，以昂扬向上的精神状态、精益求精的严谨作风、扎实有效的现场操作，高质量、零失误地圆满完成了颁奖展示各项工作任务。精心制作、规范管理颁奖物资。统一为各项目竞委会提供颁奖物资共计金牌（含挂带、奖牌盒）871 套、银牌（含挂带、奖牌盒）873 套、铜牌（含挂带、奖牌盒）1000 套；奖杯（含奖杯盒）50 座；颁奖吉祥物 2773 个等；把握重点、严格防范各类风险。"四个加强"做好国旗国歌保障工作。即加强对升旗装置的反复检查，加强旗帜主管专业水平提升，加强升旗手集中业务培训，加强主管、礼宾负责人、升旗手、音频播放等各岗位人员对各国国旗国歌的辨别培训和管理"三个统一"做好颁奖仪式组织工作。即统一颁奖流程、统一颁奖音乐、统一播报脚本。圆满达到颁奖展示工作"组织规范、实施有序、执行高水准、过程零失误"的目标。

六是强化运动枪弹入出境有关协调工作。成立了由部领导牵头、有关单位和项目竞委会参加的枪弹申报通关批文办理工作专班、枪弹入出境协助查验工作专班。在北京召开了国家体育总局、公安部等部门参加的军运会枪弹入出境工作协调会，国家体育总局制作了批文，并将批文和清单交给了公安部、海关总署、国家移民局、中国民航局和相关城市口岸，共同做好枪弹入出境相关工作。以市体育局为主体的枪弹入出境协助查验工作专班共23名工作人员，分赴武汉、北京、上海、广州、厦门、乌鲁木齐、成都7个口岸，查验人员克服重重困难，发扬连续作战、迎难而上的作风，通过全体枪弹协查小组20多天的鏖战，圆满完成五个单项竞委会全部的枪支弹药离境工作，截至2019年10月30日，共接待100多批次航班，及61个国家代表团，入境枪支928支、弹药299685发，离境枪支928支、弹药23724发，做到了"零差错、零失误"。

3. 赛事宣传

执委会高度重视赛事宣传工作。实施每周新闻发布机制，及时发布权威信息，高频次、多亮点地为各媒体提供更多更精彩的新闻素材。建立联合新闻发布机制，联合国防部新闻局、省政府新闻办等新闻发布部门，权威对外发布。武汉军运会执委会首场例行新闻发布会——"与军运同行"文体活动总体安排新闻发布会，网络点击量突破40万人次，好评率超过90%。2019年10月17日，在国防部新闻发布厅召开了军运会专题新闻发布会，境内外50余家主流媒体，俄罗斯新闻社、法新社、迪拜中阿卫视、印度时报等，高频次聚焦武汉军运会，频频使用"惊艳亮相""震撼发布"等词语，点赞武汉军运会筹备工作。

通过邀请侨报、欧洲时报、华夏时报、龙报、联合日报、欧联通讯社等26家海外华文媒体，走进军运会执委会座谈交流，全面介绍筹备进展与亮点，现场探访东西湖体育中心等比赛场馆，一些重头稿件将武汉军运会推介到境外主流人群。策划开展了"军营传军运"大型媒体采访宣讲活动，组织人民日报、新华社、解放军报、中央电视台等12家主流媒体出征朱日和训练基地、陆军特种作战学院等全国八大军营，报道军运会筹备动态，在军营内外掀起"军运"旋风。根据军运会宣传重点，围绕场馆竣工、军运会测试赛、倒计时100天、火炬传递、开闭幕式等，策划系列采访活动，同时向世界展示更加真实、立体、全面的新时代武汉城市形象。

4. 决策公开

军运会执委会充分利用民主方式，在事项决策过程中吸纳民众意见。执委会相信：公众更加明了中国需要一个怎样的军运会，一旦民众的热情被激发，他们的创造力和真知灼见令人吃惊。"不论是公共部门还是私人部门，没有一个个体行动者能够拥有解决综合、动态、多样化问题所需要的全部知识和信息，也没有一个个体行动者有足够的知识和能力去应用所有有效的工具"[①]，执委会举行的一系列征集活动正建立在这样的洞见之上。在军运会会徽、吉祥物、兵兵动漫创作和口号无一例外地通过公开征集创意方案。面向公众的军运会不仅保证了决策的质量，更重要的是，面向公众的要求提升了执委会开展工作的公开度和透明度。公众参与要求执委会必须及时、准确地披露筹备的进展和相关信息，并在倾听民意的基础上进行反馈，这势必强化了执委会的透明性。面向公众的政府还意味着它负有对质疑的说明责任和对后果的政治责任。如果说透明性将执委会置于众目睽睽的"阳光"下，从而保证执委会廉洁和恪守规则的话，则说明责任和政治责任的承担意味着"可归责性"——这一现代政府的重要原则——成为执委会的标准。

5. 风险防控

一是构建了全面的风险评估体系。搭建执委会风险管理组织架构，围绕执委会风险防范和控制，完成三轮风险识别与评估工作，全面排查

---

① 张明军、赵友华：《制度成熟与提升治理能力现代化的逻辑》，《学术月刊》2020年第8期。

识别赛前、赛时各领域、各机构风险点 5019 个（第三轮 4619 个）、高风险点 160 个。

二是构建了完备的风险防控制度。组织制订 17 个 I 级风险预案，35 个业务领域 512 个 II 级风险预案，以及 3476 个 III 级风险预案，赛前组织开展 16 场 I 级突发事件应急模拟演练，形成《当日突发事件情况快报》13 期、《当日突发事件情况报告》15 期、《突发事件汇总表》12 期，适时制发风险提示函 2 件、情况通报 3 期，实现赛时无 I 级突发事件发生、II 级事件极少的防控目标。

三是科学组织演练。组织制定《第七届世界军人运动会演练工作总体方案》，模拟 109 个突发事件场景，组织开展 28 场应急模拟演练，形成 38 份竞委会应急模拟演练评估报告，组织开展 2 场全要素、全流程综合演练，统筹推进各竞委会和综合演练工作，达到了"练指挥、练流程、练协同、练应急、练保障"目的。

6. 传播交流

武汉军运会执委会先后接待省外考察（观摩）团十余次（含成都大运会、新疆博乐市、晋江世中会、西安全运会、国家体育总局、北京冬奥会、南京市体育局、杭州亚运会、三亚市政府、三亚亚沙会、成都市政府、汕头市政府等），接待省内考察团十余次（含全国政协驻汉委员、省领导、省政协、省军区、省司法厅、市残联、市统计局等），共计 300 余人次。通过实地考察、座谈交流、讲解介绍等方式，实现武汉军运办赛经验有效地广为传播。

军运组织运行管理文件目录
（军运会主要政策、标准、规范、方案、计划）

《筹办工作总体规划》
《第七届世界军人运动会武汉方面筹办工作计划（2018—2019 年）》
《军运会重点里程碑项目清单》
《2019 年武汉军运会执委会工作任务清单》
《城市行动分指挥部工作任务清单》
《中央国家机关和军委机关部门指导军运会筹备工作任务清单》

《湖北省各地各有关部门筹办工作任务清单》

《武汉军运会职能通用政策和程序编制模板》

《第七届世界军人运动会赛时运行指挥体系运行规则》

《第七届世界军人运动会联合指挥部办公室组建方案》

《第七届世界军人运动会联合指挥部办公室运行机制》

《赛时各部委及业务领域联络运行示意图》

《联合指挥部办公室调度厅坐席图》

《赛时信息上报表单》

《关于授权省和设区的市、自治州人民政府为保障第七届世界军人运动会筹备和举办工作规定临时性行政措施的决定》

《第七届世界军人运动会演练工作总体方案》（军运执〔2019〕28号）

《第七届世界军人运动会第一次综合演练实施方案》

《第七届世界军人运动会武汉方面筹办工作计划监控管理办法》

《赛时指挥体系总结报告》

《军运会经验交流报告》

《综合部筹办工作总结报告》

《武汉军运会执委会代表团出席多米尼加国际军体大会和赴巴西考察学习情况报告》

《赴俄罗斯考察调研报告》

《赴深圳、南京、北京等地考察学习调研报告》

《第七届世界军人运动会邀请信及总规程》（中英文版）

《第七届世界军人运动会代表团手册》

《军运村指南》

《媒体服务手册》

《交通服务手册》

《保险手册》

《湖北省第七届世界军人运动会知识产权保护规定》

《执委会办公大楼管理暂行办法（试行）》

《执委会办公楼会议室使用管理制度（试行）》

《安防人员工作规范》

《联合指挥部办公室（综合运行管理中心）安保制度》
《联合指挥部办公室（综合运行管理中心）财务管理制度》
《联合指挥部办公室（综合运行管理中心）工作人员管理制度》
《联合指挥部办公室（综合运行管理中心）物资管理制度》
《第七届世界军人运动会执行委员会关于印发外事活动礼品管理规定的通知》（军运执〔2019〕30号）
《关于加强武汉军运会礼品及宣传品管理工作的通知》（军运执〔2019〕51号）
《关于对民用小型航空器和空飘物采取临时性行政措施的决定》（湖北省人民政府令第407号）
《关于在第七届世界军人运动会期间对武汉市部分区域实施无线电管制的通告》（鄂政函〔2019〕99号）
《关于第七届世界军人运动会开幕式期间长江武汉段实施水上交通管制的通告》
《关于第七届世界军人运动会筹备、举办期间大气环境质量管理临时性措施的决定》（武政规〔2019〕23号）
《关于在第七届世界军人运动会筹备、举办及延后期间实行治安等方面临时性行政措施的决定》（武政规〔2019〕24号）
《关于做好赛时法律事务工作的指导意见》（军运联指办〔2019〕20号）
《第七届世界军人运动会应急事件处理法律法规摘编》
《第七届世界军人运动会执行委员会合同管理暂行办法》
《第七届世界军人运动会执委会合同编号管理办法》
《武汉市贯彻落实湖北省第七届世界军人运动会知识产权保护规定实施方案》（武政办〔2019〕62号）
《第七届世界军人运动会执行委员会关于印发物资通关工作方案的通知》（军运执〔2019〕92号）
《竞赛用枪弹过境通关工作流程》
《武汉军运会VIK茶叶分配使用工作方案》

（六）赛事服务保障

1. 交通服务保障

一是成立军运会交通运行中心。中心统筹做好军运会期间交通运输组织保障及市民公共交通出行保障工作。交通运行中心由总调度中心和交通保障团队两个部分组成，军运会期间，军运会交通运行中心工作人员、志愿者以及湖北省公路客运集团、武汉地铁集团、出租车企业、场馆交通经理人等交通运输组织合同商为赛事提供全方位交通保障。

二是实现"对标奥运，国际水准"。此次军运会交通保障工作，严格按照国际军体联的要求，充分借鉴吸收历届军运会和北京奥运会、深圳大运会等国内外大型赛事交通保障经验，遵循国际惯例，对照国际标准，履行国际承诺。军运会交通保障工作从运行体系和工作机制的构建、服务标准、服务流程的确立、交通服务人员、驾驶员、车辆的投入、智能化的指挥调度、发送车辆、运行里程、运送服务准点率、安全率，均创历届军运会之最，达到或超过了大型赛事的国际化水准。

三是体现了"敬业专注，专业专工"。本次军运会以武汉市交通运输局为主体组建交通保障团队，形成了专业部门精专业、干专业的良好工作格局。交通服务供应商，都是从行业内实力雄厚、经验丰富、服务优质、信誉可靠的企业中遴选产生；交通保障驾驶员都是从行业技术过硬、素质较高、作风良好的优秀驾驶员中招募产生，场馆经理人都是由交通部门优秀的干部来担任，凸显了军运交通保障工作的专业特色和专业优势。围绕着赛事和开闭幕式，交通保障团队精心编制了"推进工作计划"，重点细化交通保障任务清单，明确责任分工和完成时间，做到任务一周一结，问题本周内结，大大提高了工作效率。

四是体现了"精益求精，追求卓越"。本届军运会始终把精心、精细、精准贯穿于交通保障工作的各环节、全过程。精心编制了50余份工作方案，6册交通指南和38个场馆的交通运行方案，把军运交通保障工作任务、工作要求、工作流程细化到每一个团队、每一个场馆、每一辆车、每一名人员，确保各项工作高效、有序、可控；精心开展测试演练，对车辆运行路线、场馆设施，反复实地勘察，不断优化细化工作方案，确保赛时运行天衣无缝、万无一失。正是由于这种精益求精、追求卓越的精神，军运交通保障未发生一宗安全责任事故，未发生一起注册群体乘车延误事件，未发生一起注册群体有效投诉事件，树立了大型赛事交通保障质量的新标杆。

五是体现了"以人为本，热情周到"。此次军运交通保障服务时间持续之长、服务群体规模之大、服务内容之广、服务需求之多、服务要求之高，在武汉历史上前所未有。工作中将武汉市交通行业"日行一善，德润江城"主题活动以人为本的宗旨贯穿保障工作全过程，始终坚持"积极稳妥、有求必应、有序高效、热情周到"的服务方针，变被动服务为主动服务，变承诺服务为需求服务，变共性服务为个性服务，各国运动员及随队官员、技术官员、媒体人员等各类人群一旦提出交通需求，就以最快速度、最短时间、最大限度响应和满足，让客户群享受最高水准的交通保障服务。全市出租车司机全体统一服装，采取严格措施，全面提升文明、专业、双语服务水平，受到广泛好评。

六是倡导了"绿色出行，低碳环保"。军运交通保障共投放新能源公交车、出租车945辆，其中纯电动公交大巴445辆，纯电动出租车500辆，有力推动了武汉市新能源客运车辆的发展。为所有参赛运动员和工作人员在军运会期间提供地铁、公交免费乘车服务，大大降低专用保障车辆的使用率。针对市民和游客的出行需求，地铁集团、公交集团主动作为，降低公共交通乘车费用，极大地缓解了军运会期间城市交通压力。倡导交通保障工作人员积极响应绿色出行号召，军运期间自觉停用、少用公务车和机动车，更多地乘坐公交、地铁出行和上下班，向市民传达绿色出行的理念。

七是体现了"团结协作，勇于担当"。军运会交通保障工作涉及广、跨度大，与竞赛、安保、志愿者等工作密不可分、环环相扣。各交通保障团队大力发扬敢于负责、团结协作的精神，在义不容辞、尽职尽责抓好自身工作任务的同时，跨前一步，主动对接，与军运村、安全保卫部、竞赛与场馆运行部、开闭幕式运行中心、媒体服务中心等部门之间协调联动，通力合作，建立了一套交通需求供给平衡机制，确保了各项工作的无缝衔接，确保了交通保障的顺利有序。

八是推行了"科技先行，精准高效"。建设了军运会交通调度指挥中心平台，搭建"1平台+3系统"，即交通服务监测与管理平台、综合交通运行监测系统、交通视频监测系统、综合报告管理系统，实现对交通服务车辆运行情况的可视化监测，对赛时武汉市对外交通和城市交通运行情况的实时监测与展示，对赛时重要场所，如场馆周边、保障通道、停车场、对外交通枢纽、场馆内等进行实时视频监测，对赛时监测统计指标进行滚动播报，动态刷新，并生成交通运行监测报告，为交通管理决策的制定提供数据支持。构建了1个总调度中心、8个车辆调度分中心、84个场馆酒店末端调度点的指挥调度体系，真正实现了信息同步共享、指令无缝对接。

九是实现了"节约节俭，便民惠民"。按照军运会"节俭办赛"的要求，交通保障团队建立了专项审计机制，首先，采取"专业审计把关、实时跟踪审核、先审核后支付"的模式，委托第三方评审机构对保障经费使用进行全程实时跟踪审核，通过严控专项保障支出、切实精简机构；其次，充分进行资源整合，利用现有系统和设备，调减交通运行中心调度指挥系统建设项目和建设规模；最后，切实精简机构，调减交通运行中心注册人员，通过优化工作机制，达到用最少的人高效完成军运会交通保障任务的目的。

十是展现了"行业风貌，交通风采"。按时完成35条军运会保障线路环境提升工程。天河机场完成174栋建筑的屋顶面、93栋建筑外立面整治，基本完成绿化亮化工程；城市公交修复问题公交站亭303处，安装1125个候车座椅，整改残破花车问题651项，刊播5939幅公益广告。

十一是创造了城市无障碍环境。第七届军运会共有48名残障运动员参加本届运动会，他们分别来自德国、巴西、法国、印度、意大利等国，其中参加田径项目的残障军人运动员27人、参加射箭项目的21人。武汉市主动作为，向相关项目竞委会提供残疾人项目颁奖台的样式、规格、标准；联系协调天津市残联方面，向军运会田径竞委会提供田径项目轮椅组坐姿投掷凳等。组织武汉市优秀残疾人运动员参加田径测试赛和颁奖仪式演练。组织32名残疾人参加军运村入住、进餐和欢迎仪式等实战演练，对60多名工作人员进行了军运会助残志愿者服务相关培训；在武汉五环体育中心对300多位"小水杉"（军运会志愿者）进行了专题培训。积极与世界知名辅具公司——德国奥托博克武汉公司联系协商，组建了由12名专家组成的志愿维修团队，在军运会田径训练中心设立轮椅假肢维修中心，为秘鲁、哥伦比亚、突尼斯、印度、新西兰等国的残障军人运动员维修轮椅5起、假肢6起。

2. 医疗卫生保障

军运会涉及的区域广泛、参与人员众多，保障和急救难度大，对医疗卫生保障团队提出了更高的要求。武汉军运会是军运会首次走出军营，由军地共同承办。在医疗卫生保障方面，也处处体现着军地协同。在医疗卫生团队的组织方面，首席医务官团队由同济医院、协和医院、武汉市中心医院、中部战区总医院的医生组成。在赛事保障的配合上，根据各家医院的专业特点、熟悉程度，也进行了适当分工。军运会建立了非常完备的医疗卫生保障团队。专家顾问组21名来自军地的国内顶尖医疗卫生专家，44家定点医院选拔出的2094名医疗保障人员，武汉市选拔出的144名公卫保障人员、137名卫监保障人员，征集的122名医疗志愿者和11名语言志愿者承担具体医疗卫生保障工作。针对赛事特点，军运会组织了120台救护车，2架医疗救援直升机，6艘水面医疗船，搭建起"水、陆、空"立体的医疗卫生保障体系，确保救援全覆盖，响应无延迟。医疗卫生保障团队收治的受伤运动员多为皮肤擦伤、韧带扭伤、下肢骨折。事实上，一般的伤情在场边医疗点医治，重伤伤员送往中部战区总医院、武汉同济医院等手术或检查。医疗卫生保障是成功举办第七届军运会的基础。为了超一流做好医疗卫生保障工作，本届军运会坚持高标准，制定了《武汉军运会医疗卫生保障工作总体方案》。同时，还集合全国、全军、武汉一百多位知名专家，其中不乏院士，夯实了保障力量。

3. 翻译服务保障

一是构建翻译中心工作团队。2019年6月，翻译中心集中办公，由原来执委会外联部的7人逐步扩展到47人。翻译中心调动各方资源打造了3个工作团队：组建英文审校专家团队，从武汉的高校抽调了一批骨干教师，加上3位特聘专家，组成了专家审校团队。组建专业译员核心团队，翻译中心从中标的各翻译公司译员库中通过简历筛选、现场测试的方式挑选合格译员组成军运会核心译员团队。语言服务主管团队，由机关企事业单位抽调有涉外工作经验人员和聘用人员组成，负责管理供应商译员为各业务口提供翻译保障。

二是明确赛时工作职责和语言保障原则。笔译方面，翻译中心通过供应商为军运会重要文稿提供专业笔译服务；通过专家团队为各部门英文文稿进行审校和把关。口译方面，翻译中心通过供应商译员在各重要涉外活动场所提供专业口译服务，同时指导各项目竞委会建立语言服务团队提供竞赛组织和场馆运行口译服务。根据武汉军运会总规程，确定武汉军运会官方语言为中文和英文，官方网站提供中、英、法三种语言的新闻信息。为了满足赛时多语言应急服务需求，翻译中心在军运村和主媒体中心设多语种语言服务团队，同时指导各业务口通过志愿者、翻译机、手机翻译软件等方式提供多语言辅助翻译服务。

三是完成军运会英文翻译与审核把关工作。翻译中心成立后累计通过供应商翻译稿件238件共计92.5万字。翻译中心专家组认真落实执委会关于加强英文审核把关的指示精神，累计审核英文稿件483件共计204万字，日均2万字（通常一个普通译员日平均翻译量是3000字）。审校重点内容包括：代表团手册、各竞赛指南39本、各技术官员指南39本、注册手册5本、交通指南6本、媒体指南、军运村指南、保险服务手册、竞赛场馆标识40套、体展视频字幕63份、通关指南11份、菜单12本、文化演出活动手册、竞赛日程30份、各类讲话致辞15份。专家组英文审核把关效果突出，赛时期间未出现大的英文语言错误，为军运会顺利举办提供了良好的语言环境。

四是完成赛时各业务口口译保障工作。根据需求精心制定并完善重大活动、竞赛场馆、军运村、主媒体中心、抵离、总部酒店、机动应急等各业务口赛时语言服务运行分方案。通过演练查漏补缺、优化各业务口翻译流程。精心安排口译译员具体分配，根据赛时需求共使用调配口译员2000余人次，处理100余次笔译订单，没有收到关于口译的投诉，高质量完成赛时口译保障工作。

五是确定语言规范，培训语言工作人员。为了统一稿件的审校标准，规范军运会机构名称、竞赛项目名称、场馆名称及岗位名称等专业术语，专家组投入大量时间和精力用于梳理专业术语，规范术语译文，创建军运会术语英汉平行术语库与语料库，编印了《军运会中英双语对照词汇手册》，作为专业参考工具书发送各业务口。专家们还审校了人力资源部编写的通用培训教材《军运会英语900句》，并组织了7场专业培训，培训了450名语言服务工作人员。

六是加强对各竞委会语言服务工作的指导。赴19场测试赛观摩并指导场馆运行语言服务工作，组织7次竞委会专场培训，内容涵盖语言服务团队组建与管理、场馆语言服务、新闻发布会翻译实训、模拟演练等。在男子篮球测试赛赛后新闻发布会后组织现场翻译点评、总结，在男子排球测试赛期间组织外国模拟代表队进行全要素全流程模拟演练。

七是完善应急预案。翻译中心编制了二级应急预案1个，三级应急预案7个。针对翻译出错引发舆情炒作的二级风险，中心制订详细应急预案，发生紧急情况时立即报告并会同新闻宣传部门采取相应措施。对口译员迟到、小语种语言服务不足、口译员身体不适等各类三级风险，中心也制订了相应的预案。

4. 接待任务保障

军运会期间，全市47家军运会接待酒店累计入住来自106个国家和地区的人员6.6万余人次，其中境外人员6000余人、各类技术官员2700余人，其他接待酒店接待观赛游客34万余人次。实现了"赛前筹备零隐患、抵离迎送零遗漏、接待酒店零投诉、重大活动零失误"，得到各类客户群的高度认可，引起了中央和省、市媒体的广泛关注和支持，新华社、人民日报、湖北日报和搜狐网等各大媒体累计报道20余篇（次）。累计收到包括国际军体联主席在内的感谢信、锦旗725封（件）。

一是接待政策顶层设计。制定接待工作规范。会同军方制定出台《第七届世界军人运动会各类宾客接待服务通用政策》《第七届世界军人运动会接待通用流程》《第七届世界军人运动会注册客户群接待抵离信息服务工作方案》和分类客户群酒店工作运行方案，明确了接待工作的总体框架、详细标准，确保赛前有条不紊、赛时紧张有序。做好重要宾客接待。通过军地联合踏勘、共同商议，对国内外重要贵宾接待工作作出重点安排。组织国际政要、国内贵宾、反兴奋剂工作人员、技术官员接待酒店、应急接待酒店分批签订协议，督促各对口接待部门与各接待酒店签订用房合同，及时沟通调整部分接待酒店分配方案。指导各竞委会制定本项目技术官员接待工作实施方案，加强与所在区对接，顺利完成接待任务。学习借鉴先进经验。接待中心先后赴北京、青岛、杭州等地参观考察，在北京多次组织召开专家咨询会征求意见和建议，邀请北京冬奥组委对外联系部负责同志来汉培训指导，深入学习抵离服务、宾客联络、信息流转、酒店保障等方面经验，不断提升大型国际综合性赛事接待工作水平。

二是接待酒店服务保障。制定酒店服务标准。编制《武汉军运会官方接待酒店服务工作标准》《武汉军运会接待酒店分配方案》《第七届世界军人运动会酒店服务通用政策和程序》等规范，对接待酒店的环境布置、贵宾迎送、重要贵宾接待、客房服务、会议服务、安全保障等提出详细的标准要求，指导酒店做好服务保障工作。完成对98家军运会官方接待酒店的优质服务标准化评估验收工作，其中37家单位达到示范单位标准。编制《武汉军运会接待酒店中英文菜单》，更好满足各国友人餐饮需求。开展酒店服务培训。组织全市酒店行业开展"迎军运2019年服务技能大赛""迎军运安全生产月"等迎军运系列活动，先后组织11期"大培训、大练兵，服务军运会"军运会接待酒店专题培训班，98家接待酒店、33家星级旅游饭店2000余名从业人员参加培训。建立军运会酒店服务投诉快速处置机制，设立专门席位，公布监督投诉专线电话，督促提高服务质量。建立服务保障机制。在各接待酒店成立工作站，建立联席会商机制，畅通各区、客户群接待单位和接待酒店之间联系，协调各区和公安、消防、市场监管等部门做好酒店水电气保障、食品卫生安全、特种设备及消防安全和周边环境整治等工作，协助做好礼宾服务、交通服务、会议宴请等工作，强化酒店服务保障。

三是应急管理隐患排查。制定接待工作应急预案。制发《第七届世界军人运动会外事与接待部接待工作应急手册》，全面梳理排查食、住、行各环节，交通、酒店、信息、天气领域各类风险点，编制完成总部酒店发生恐怖袭击、重大火灾、贵宾死亡或严重伤害3个一级突发事件应急预案、12个二级预案和32个三级预案，对赛时应急管理工作作出部署，指导突发事件应急处置。开展多层次应急演练。深入研究酒店演练政策规范，联合编制《第七届世界军人运动会接待酒店应急演练工作方案》,突出五类人群、五个场景,全流程、全覆盖演练,先后组织举办了3次市级安全应急综合演练和多场市直部门专项培训演练,指导各区开展区级演练,指导酒店开展正常服务演练、测试赛演练和应急演练。开展酒店隐患问题排查。统筹38个项目竞委会责任清单和风险点清单,汇总市直相关单位和各区政府报送的军运会酒店服务筹备工作问题清单,对清单中相关问题逐一明确责任,实时跟进、逐个销号。编制《武汉军运会接待酒店安全生产指导手册》,全力消除接待酒店安全隐患。先后有98家酒店完成供水改造,98家酒店完成用气改造,28家酒店完成供电改造。

四是信息服务协调联动。建立信息管理系统。推进外事与接待部四个中心信息组集中办公,集成赛事管理信息注册与报名、抵离、礼宾、交通和赛事等系统,打造军运会抵离管理系统,形成信息服务工作闭环运行,保障各接待环节信息及时准确、无遗漏。除涉密信息线下传递外,抵离管理系统总使用率超过90%,较好满足接待工作需要,为国内大型赛会接待信息化工作提供了成功范例。畅通军地信息沟通渠道。会同军方从信息源头和平台抓起,制发《第七届世界军人运动会注册客户群接待抵离信息服务工作方案》,统一信息来源和线上线下传递渠道,督促注册主责单位和对口接待单位做好信息收集和确认工作,并积极争取交通、民航、旅游等行业部门支持,确保抵离基础信息定期推送、及时更新。先后完成27场接待相关赛事管理系统培训,压实各方工作责任。完善赛时信息报送机制。接待中心和各酒店工作站坚持24小时值班备勤,全面落实信息日查日报和"零报告"制度,做到电话畅通、信息畅通、政令畅通。赛时实行"每日双报",梳理客户群入住及离店动态信息、酒店客房每日使用情况、每日会议活动情况等,编印接待信息快报,及时分析研判,妥善处置突发情况。

5. 法律服务保障

为武汉军运会保驾护航,湖北省人大常委会出台《关于授权省和设区的市、自治州人民政府为保障第七届世界军人运动会筹备和举办工作规定临时性行政措施的决定》,湖北省政府出台《湖北省第七届世界军人运动会知识产权保护规定》,颁布实施了军运会期间相关临时性行政措施

6 项涉及 9 个领域：《关于对民用小型航空器和空飘物采取临时性行政措施的决定》（湖北省人民政府令第 407 号）、《关于在第七届世界军人运动会期间对武汉市部分区域实施无线电管制的通告》（鄂政函〔2019〕99 号）、《关于第七届世界军人运动会开幕式期间长江武汉段实施水上交通管制的通告》、《关于第七届世界军人运动会筹备、举办期间大气环境质量管理临时性措施的决定》（武政规〔2019〕23 号）、《关于在第七届世界军人运动会筹备、举办及延后期间实行治安等方面临时性行政措施的决定》（武政规〔2019〕24 号）等。审查各类合同 842 份，标的额 18 亿余元，出具法律意见、资信调查报告 75 份，参与重大合同谈判 31 场，申请特殊标志登记 585 件、版权登记 12 件、吉祥物外观专利 1 件，取得奖牌奖杯专利查新报告 6 件，完成与国际军体市场开发问题谈判，依法妥善处置赞助企业赞助协议及外包服务有关问题，组建赛时法律服务队伍，法务服务全覆盖，没有出现重大负面影响法律纠纷和舆情事故。

6. 知识产权保护

做好军运会知识产权保护有助于树立我国良好的知识产权保护国际形象。为切实加强军运会知识产权保护工作，在军运会举办前，国家知识产权局对军运会名称、会徽、吉祥物等 720 件特殊标志登记申请予以核准，并在《2019 年全国知识产权系统执法保护专项行动方案》中部署了军运会知识产权保护和宣传工作；同时，武汉市知识产权局在全市范围内开展了为期半年的军运会知识产权保护专项行动，积极营造依法、规范运用和自觉维护武汉军运会知识产权的良好社会氛围，为军运会举办保驾护航。

注重统筹协调，畅通保护渠道。2019 年 4 月 1 日，《湖北省第七届世界军人运动会知识产权保护规定》正式实施，明确规定了军运会特殊标志、商标、专利、著作权等知识产权保护的工作机制和相关部门职责，对军运会知识产权提供具有针对性的保护。将军运会知识产权保护工作纳入全市知识产权执法"铁拳"行动和武汉市知识产权违法百日执法行动中，并出台了《武汉市知识产权局第七届世界军人运动会知识产权保护工作方案》。武汉市知识产权局成立了工作领导小组，市局分管局领导任组长，知识产权保护处、执法稽查处等多个部门参与，领导小组负责加强与武汉军运会执委会及武汉军运会知识产权保护工作领导小组各成员单位的协调联动,建立健全"协调、投诉、巡查、执法"四项工作机制,统筹组织全市市场监督系统武汉军运会知识产权保护工作,增强信息共享和联动管理能力。

7. 反兴奋剂服务

遵循"拿干净金牌"公平公正的原则,提倡公平竞赛与诚实道德体育精神。按照世界反兴奋剂机构和国际军体理事会的要求,制定和实施兴奋剂检查、检测以及反兴奋剂拓展教育活动总体方案。遵守《世界反兴奋剂条例》《检查国际标准》《实验室国际标准法》《2019年禁用清单》等规定和法则开展反兴奋剂一系列工作运行机制。

一是建立赛事反兴奋剂组织,建设兴奋剂检查站。建立了由执委会办公室(军队)、执委会反兴奋剂中心和中国反兴奋剂中心三方共同组建的"第七届世界军人运动会反兴奋剂中心"。下设综合处、运行管理处、检查处、教育处、检测实验室。共同完成赛时期间各类人员的注册工作、抵离接待服务、开闭幕式组织观看、车辆后勤服务保障以及运动员兴奋剂检查计划,包括从武汉至北京的样本传送、检测结果报送,以及在军人运动员村设立的拓展教育宣传站工作。根据竞赛项目、运动员参赛数和场馆建设分布等重要特点、结合检查计划数量,共设置了39个兴奋剂检查站和1个拓展教育站,其中A类检查站35个、C类检查站4个。严格把控39个兴奋剂检查站的建设标准及功能区域的划分,通用物资配备及摆放清单。统一按建站标准达标,合理布置、功能区域划分,如:候检室、操作间、卫生间、办公室、储物间等。并对每个兴奋剂检查站统一下拨经费用于购买通用物资配备。

二是加强各类人员的理论知识和专业技术的岗位培训和赛前演练。请中国反兴奋剂中心的专家两次到武汉军运会为属地副站长、工作人员进行理论培训和实地教学。从2019年4月10日启动摔跤项目第一个测试赛开始,反兴奋剂中心不间断对39个兴奋剂检查站进行工作人员、志愿者的培训教学及实战演练,让每一个工作在反兴奋剂工作岗位上的人都十分熟悉工作流程及专业纪律,同时要求大家抓紧时间学习和掌握基本英语对话,尽量使每个检查站多数工作人员达到与外国受检运动员交流时无语言障碍。中国反兴奋剂中心在北京召开"军运会反兴奋剂工作动员大会暨兴奋剂检查业务培训会"。对站长、检查官进行培训及严格选派。对230名志愿者的兴奋剂陪护员岗位进行了专业化培训和现场演练以及英语口语能力的考试。

三是建立一支强有力反兴奋剂工作的保障团队。为了保障武汉军运会反兴奋剂工作各项工作的顺利完成，赛时期间，各类保障人员达600人，其中：技术官员53名、检查官86名、交通保障人员50名车辆45台（7座40台、5座5台）。为了保障兴奋剂检查计划实施和传送样本及赛时各类事务的处理，执委会指定专门酒店为反兴奋剂中心指定酒店，并建立赛时运行反兴奋剂工作指挥中心。成立了由江岸区相关部门组成的酒店工作站，使事务性的工作得到有效地协调保障。赛时期间按照武汉军运会兴奋剂检查方案，以全覆盖、无死角的检查方式，全面实施并完成兴奋剂检查计划。以一名P类干部带队组成以男志愿者为主体的工作组，保障血样、尿样不离手，不离身的方式，力求当日送样当日往返的方式，完成武汉到北京样本传送任务。赛时期间派出两名P类干部带队组织四名女志愿者担任样本接收、登记、保管同时完成24小时夜班任务，确保了样本的安全性和准确性。

四是加强食源性、药源性、医源性兴奋剂有效防范和综合治理。按照《反兴奋剂工作条例》规定，在40个兴奋剂检查站统一配置了无兴奋剂成分的矿泉水、果汁和碳酸饮料，免费提供受检运动员饮用。在各检查站统一印刷了300本国际军体编辑的《反兴奋剂手册》供各国参赛运动员阅览，更好地宣传反兴奋剂知识。

8. 食品安全服务

第七届世界军人运动会是自2008年北京奥运会以来，中国承办的规模最大、级别最高、影响最广的国际体育盛会，赛会食品安全是成功举办武汉军运会的重要前提与基础。在军地双方领导的指导下，食品供应与安全保障中心组织食品安全保障各相关市直部门、各区政府，群策群力、协同配合，保障食品安全重点部位超过200个，共保障了168.16万人次安全就餐，供应茶歇1.2万人次，餐包供应15.98万份，现场售卖食品15.9万人次；开展各项检验检测12279个品种，23665批次，成功实现了"三个零"的目标（即食品投诉零发生，食品安全事故零发生，食源性兴奋剂事件零发生），食品安全保障工作的"武汉模式"惊艳世界。

一是建立了严格的食品安全和食源性兴奋剂管控标准。研究制定方案。按照科学严谨的原则，组织以6名博士为骨干的专业团队，在国家反兴奋剂中心专家指导下，对国内、国际尚无检验方法和标准的13项食源性兴奋剂物质进行了分析和研究。经过7次专家评审论证，制发了《第七届世界军人运动会食品安全检验工作方案》和《第七届世界军人运动会食源性兴奋剂检验工作方案》，涵盖了54项物质的食源性兴奋剂检验方案，使武汉军运会成为历史上管控最严的一届军人运动会，得到国家反兴奋剂工作领导小组的高度评价。加强检测能力建设。针对新的食源性兴奋剂检测标准，组织武汉食品化妆品检验所、武汉海关技术中心等10家检测机构进行人员培训、设备购置、资质扩项认证，满足了军运会检验工作需求。加大资金投入。为了加强军运会食材食品安全和食源性兴奋剂管控工作，安排了1480万元专项资金，组建了强有力的检测团队，在生产源头和总仓入库两个环节开展检验工作，确保了合格食材入仓，安全餐食上桌。

二是军运村食材实行了从农田到餐桌的全程监管。落实源头管理。对运动员餐厅所需550种、1227批次2006吨食材，实行了总仓封闭式管理；按照"穷尽源头"的原则，对所有食材涉及的169家生产经营企业，全部落实了监管部门和监管人员，将3批次食源性兴奋剂超标的食材坚决挡在运动员餐厅之外；落实了属地监管。提请国家市场监管总局在武汉召开了134家食品生产企业所在14个省、4个地市的市场监管部门参加的任务交办会；武汉市农业农村局、武汉海关分别报请国家相关部委，落实了外省市企业属地的管理。

三是全面推进军运村食品安全保障工作。军运村食品安全实行"食品总仓+餐厅+商业街"全封闭管理模式，从"三个保障"方面确保了运动员食品及食源性兴奋剂的安全。全面落实对食品供应总仓的保障。明确了食材进入总仓的各项管理要求和步骤，组建了市场监管、农业、民政等八个部门组成的300余人的保障团队，开发了总仓食材管理软件，细化了食材的储存、配送、检验、保管等各项工作流程，实行了24小时保障机制，确保入仓食材符合军运会食品安全和食源性兴奋剂要求。全面落实对军运村运动员餐厅和工作人员餐厅的保障。按照"一餐厅、一工作团队"从餐厅建设开始保障工作,帮助餐厅运营商落实食品安全各项管理制度,规范了食品安全操作流程,建立了查验、留样等管理措施,制定了"军运村餐厅"监管手册,开展了从业人员培训;在运动员餐厅操作间安装监控设施,实施"明厨亮灶"工程;对运动员外出比赛时就餐食品、餐包制作、加工、分装及运输、配送进行全程管控;在军运村设立食品快检室,开展食品致病菌、环境诺如病毒检验工作,保证军运村餐厅供餐安全。全面落实军运村商业街的监管保障工作。按照"安全和丰富"的原则,与相关部门一道,将商业街的布点、业态和食品安全、食源性兴奋剂的管控工作有机融合,对商业街80多种食品实行品种监管、现场保障,统一检验合格后对外销售。国家市场监管总局在实地调研军运村后,对军运会食品安全保障工作给予了"有力、有序、有效"的高度肯定。

四是全面落实关键点位的食品安全保障。在做好军运村食品安全保障工作的同时,统筹推进了开闭幕式中心、媒体中心、35处比赛场馆(场所)、98个接待酒店食品安全保障工作。全力推进开闭幕式及媒体中心食品安全保障。按照"定点监管、过程管理、现场保障"的思路,组织多个工作团队,对17家餐包、盒饭、贵宾茶歇、食品售卖点等供餐和食品生产企业派驻保障团队进行抽检和监管,及时将2个批次致病菌超标的供闭幕式盒饭排除在外;对分装和配送过程进行全程管理;对餐食发放实行现场保障。帮助媒体中心遴选餐厅运营商,指导制定了食品菜单,推进了餐厅食品安全管理设施、制度的建立和落实。全力推进了接待酒店的整治。对已确定的98家接待酒店,进行了三轮食品安全风险评估;针对评估所发现的问题,按照"一店一策一团队"的原则,督促酒店整改422个风险点。全力推进比赛场馆食品安全保障。下沉到一线,对35处比赛场馆(场所)的食品安全保障情况进行全面测试和检查,全面落实比赛场馆运动员就餐区和工作人员就餐点食品安全管控,提升各场馆食品安全保障能力。

五是全面提升保障人员素质和应急能力。开展全方位的食品安全技能培训。按照"一个点位、一个方案、一个监管规范、一个操作手册"的思路,对市区两级共同组建的1334余人的食品安全保障工作团队进行了全员、分层、分类培训；对接待酒店、媒体餐厅、定点生产企业、场馆从业人员开展了 20 余场、1800 余人次的培训，使军运会所有重点点位保障人员的食品安全意识得以有效提升。开展多层次食品安全应急演练。市级层面分别开展了 I 级和 II 级食品安全突发事件应急演练和桌面推演；全市 15 个行政区（开发区）结合各自辖区赛场和接待酒店情况，有针对性地进行了食品安全突发事件应急演练。通过演练检验了应急预案的实效性，检查了应急处置物资、设备、装备的准备情况，市区两级应急队伍及相关企业的能力素质有了明显提升。组建了赛时食品安全保障指挥体系。按照"快速、高效"的原则，建立了市区两级扁平化的快速反应指挥体系，明确了联络方式和工作机制，组建了应急处置备勤队伍，做到了有备无患，万无一失！

六是开展社会面食品安全整治行动。组织全市开展军运会食品安全大排查大整治行动，对军运村、比赛场馆、食品供应总仓、接待酒店等"五个周边"进行大排查，对学校、生产企业、商圈、景区、餐饮服务企业"五个重点"开展了大整治；持续推进了小作坊、小餐饮的提升工程，持续开展放心肉菜超市建设活动，有力地净化了社会面的食品安全市场环境。

9. 气象服务

在综合性运动会气象服务标准基础上，不断收集完善军运会气象保障服务需求、对接服务方式。根据开幕式及军事项目、户外赛事的不同特点，提供从气候背景分析、月趋势预测、延伸期预报、10 天预报、逐 6 小时、3 小时和 1 小时全套滚动跟进式定点精细化天气预报和个性化特殊气象要素定制服务。在开幕式运行中心、军运村及 9 个竞赛场馆设置 11 个现场服务组，贴身提供实时气象服务。赛时阶段军运会气象台发布中英文气象服务产品 2005 期，现场提供预报及实况服务产品 2852 次。气象服务问卷调查结果表明，军运会气象服务满意度 98%，其中非常满意度达 92%。武汉市政府赛时期间向全市通报表扬武汉市气象局在保障军运、防灾减灾、服务民生等工作中切实践行初心使命，取得了明显成绩。

一是及早研判气象风险，参与制定应急预案。及早研判气象风险。统计分析近 30 年历史气候资料，2018 年 4 月向执委会提交《武汉军运会气象风险评估报告》《武汉军运会期间空气污染气象条件分析》，给出军运会期间极端天气风险及主要影响。参与应急预案编制。针对军运会开（闭）幕式期间可能出现的高影响天气，制定了四级气象预警信息和三级应急防范建议。参与执委会制定风险登记表，确定气象风险点、风险等级，协助大型活动部及各竞委会编制高影响天气风险应对及控制预案。

二是针对个性化需求，提供滚动定制气象服务。滚动跟踪做好开幕式气象服务。从2019年5月14日开始分4个场地为开幕式排练滚动提供天气预报214期。10月9日提前10天发布"开幕式期间天气晴好，有利于开幕式活动"的预报结论。开幕式期间，现场服务组向导演组贴身提供逐小时精细化天气预报，通报5米间隔的分层精细化风向风速实况48次，有力保障了节目演出效果。开幕式圆满成功后，导演团队办公室专门致谢武汉市气象局。针对性做好户外赛事定制服务。针对跳伞和低空飞行比赛提供能见度、云底高度、云量、高空水平风预报；针对沙滩排球比赛提供沙温预报；针对铁人三项、公开水域游泳提供水温预报；针对马术比赛提供暑热压力指数预报等服务产品；针对帆船比赛提供湖面风预报。鉴于帆船开赛后两日均不能满足开赛最低风速标准的情况开展专题分析，提出"22日前均为弱风，不利于帆船比赛正常举行"的影响分析结论，帆船竞委会及时调整竞赛方案，确保赛程顺利完成。满足低空飞行竞赛需求，部署并提供8部雷达观测数据。跳伞飞行主管表示"气象保障服务很好，我们与气象部门合作很愉快，我们要依据云底高度的数据决定当日的比赛科目，层风数据为运动员比赛提供了参考"。参加射击比赛的沙特阿拉伯代表团领队评价"我们来到武汉之后就一直得到贴心的气象服务，在各个场所，都能看到十分详细的气象条件预报，这对我们安排比赛十分重要，我给气象服务打100分"。赛后帆船、空军五项、海军五项、射击射箭竞委会分别向武汉市气象局发来感谢信。

三是开展人工影响天气作业，力求气象锦上添花。调集10架空军飞机和8架民用飞机，234部火箭，启用3个起降机场，利用10月4—23日天气条件，开展5次大规模空地立体作业，实现增雨效益最大化，明显缓解全市旱情、有效改善空气质量和涉赛水质、降低了森林火险等级和不利天气对开幕式影响概率。

四是密切配合应急保障部门，提供城市运行气象服务。军运会期间，密切配合应急、交通、旅游、环保、外事接待等部门，制作发布城区及周边主要景点和"一场三站"精细化气象预报预警产品，保障旅游观光、交通顺畅；配合做好环境空气质量保障工作，协调湖北省气象局技术专家参加环境空气质量监测预报会商，提供天气形势分析和气象预报产品。

（七）筹办和举办知识转移

筹办和举办知识转移核心是将军运会形成的知识和能力进行传承。一是做好军运会的档案整理工作，二是筹备建设军运博物馆，研究设立武汉体育产业研究院（会）。培养和造就一批办赛人才队伍，形成一批办赛规范和模式。

体育研究队伍是武汉市能够长期发展好体育产业和体育事业的理论保障。在筹办军运会过程中，武汉市政府就提出要以武汉市社会科学院为基地，打造武汉乃至湖北最高水平的体育研究平台，培养本地化的体育研究专家和学者，研究设立体育产业学会，做好知识转移与传承。目前，针对武汉军运遗产研究，武汉市初步形成了一批研究体育产业的专家队伍。

五 经济遗产

在当今全球化和商业化的社会，大型体育赛事以其巨大的影响力和观赏性吸引了全世界的注目。举办大型赛事活动，能够为地方带来巨大的经济影响。国际体育科学与技术研究院执行主任克劳德·斯特里克认为，从经济角度看，一场大型赛事对城市的影响可以包括很多方面，除了赛事本身的电视转播、赞助等收入和因赛事而产生的旅游收入外，赛事也可以为城市的后续发展带来许多潜移默化的影响。[①] 因此，大型赛事举办已成为地方经济发展战略的重要部分。大型体育赛事的举办对举办城市产生的经济影响分为直接经济影响和间接经济影响。直接经济影响包括提升地区生产总值、改善投资环境、带动相关产业高速发展等，间接经济影响包括促进产业结构提升、发展区域经济、赛后体育设施利用、公共投资存在"挤出效应"等。

（一）经济发展

经济发展主要是通过以下几方面实现的：参加军运会的各种人员的参观与商业活动；通信、电子媒介等方面的投入；赞助者的广告；文化项目、展览等活动；军运会前的体育活动；军运场馆和军运村的运营；外来观光者的开支；当地居民与军运会有关的开支；军运纪念品与发售；政府收入；对当地社区长期的益处等。军运会还创造了大量的就业机会。在筹办军运会的五年过程中，各种体育、交通、通信、服务等设施的营

[①] 《赛事遗产利用需规划在前——专家热议大型运动会的经济价值与社会价值》，新华网，https://baijiahao.baidu.com/s? id =1627427102880780325&wfr = spider&for = pc。

建，需要投入大量人力和物力。因此，军运会在一定程度上增加了举办城市的就业机会。军运会对旅游业有推动作用。促进举办国的游客量激增，在一定程度上扩大了客源；增强城市的旅游品牌；增加了旅游业的外汇收入。

但是，根据武汉GDP增长的短期数据观察，从宏观来看，军运会短期对武汉经济发展的直接影响并不显著，促进作用不一定能立即见效，长期对经济增长的质量和规模可能会产生正面效应；从微观来看，军运会对武汉发展的影响主要体现在对旅游业的促进和公共体育设施方面，但是具有较强的阶段性特征（见表5–1、表5–2）。

表5–1　　　　　　　　2015—2019年武汉GDP的变化

年份	GDP（亿元）	增速（％）
2015	10905.06	8.8
2016	11912.61	7.8
2017	13410.34	8
2018	14928.72	8
2019	16223.21	7.4

表5–2　　　　　　　2015—2019年武汉固定投资额的变化

年份	固定投资额（亿元）	增速（％）
2015	7725.26	10.31
2016	7093.17	-2.61
2017	7871.66	11.01
2018	—	10.6
2019	—	9.8

1. 增加了城市经济发展机遇

军运会的成功举办使得中国迅速提升了国际影响力，大量国内外投资涌入与市场发展的机遇相邂逅，必然带来武汉经济的迅猛发展。在体育产业领域，将会与文化创意相结合，特别是通过开展主题旅游运作，将标志性场馆作为旅游景点来打造开展演艺、比赛及特许商品经营。此外，武汉在改善环境、治理污染、新建军运场馆、增设交通基础设施的同时引发了巨大的市场需求，从而促进了武汉房地产、环保、交通、通信等产业的发展。

军运会的举办优化了武汉产业结构特别是提升了体育产业、旅游产业、现代服务业的占比，武汉提升了服务业发展的水平和产业的国际化。

2. 促进了旅游业的发展

武汉军运会充分体现了惠民原则，军运会比赛票价分为9档，最低票价10元，最高票价200元，80元以下的门票占可售坐席的90%，平均票价为50元，许多家庭来2019武汉军运会近距离感受军人特有的气势、魅力和国家的强大。

这次军运会带"火"了武汉的众多景点，丰富了武汉的旅游资源，包装了武汉的新老景点。第一是带"火"的是武汉的长江主轴。奔腾的大江穿城而过，两江四岸高楼林立，长江巨频灯光秀璀璨夺目，美轮美奂，吸引了世界的目光，令人难忘。第二是带"火"了中国第二大城中湖东湖。这次军运会东湖承担帆船等水上运动比赛，马拉松和公路自行车比赛。这里大湖辽阔，青山环绕，鸟语花香，美不胜收。置身于这样的环境里比赛，各国军体健儿喜不自禁，情绪饱满，盛赞东湖是最美的赛场。第三是带"火"了武汉的楼阁寺观。其中黄鹤楼是武汉的地标建筑之一，这次军运会电视转播的标志性画面。该楼坐拥蛇山，通过雄伟壮观的长江大桥与汉阳龟山相连，登楼远眺，浩浩大江与巍巍大城尽收眼底。除了黄鹤楼，还有汉阳的归元寺、晴川阁、古琴台，武昌的宝通寺、长春观，汉口的古德寺等名胜古迹，都通过军运会得到充分展示，名扬四海。第四是带"火"了武汉的很多街巷。其中户部巷的特色小吃，吉庆街的娱乐餐饮，成为各国运动员喜爱的地方，吉庆街的画面还在军运会闭幕式上展演。另外是武汉的新文化地标楚河汉街，有万国建筑博物馆之称的百年老街江汉路，具有异国风情的时尚商圈光谷步行街，都是各国运动员喜欢游玩的旅游打卡地。

2019年国庆假期，适逢新中国成立70周年大庆、第七届世界军人运动会在武汉举办前夕以及重阳佳节，武汉旅游市场繁荣活跃，四面八方游客汇聚武汉。央视曾多次报道武汉灯光秀，在抖音微博等平台的曝光度大大提高。武汉市共接待游客2262.24万人次,同比增长10.89%。其中,市外来汉游客1159万人次,市民在汉游1103.24万人次。实现旅游收入125.99亿元,同比增长15.43%。均高于常年同期水平。①(见表5-3)

表5-3　　　　　　2019年国庆黄金周前七大旅游城市

城市	游客人数(万人次)	旅游收入(亿元)	人均创收(元)
重庆	3859.61	187.62	486
武汉	2262.24	125.99	557
成都	2017.13	286.46	1420
杭州	1895.37	160.81	848
西安	1736.74	151.87	874
广州	1623.83	129.12	795
北京	920.7	111.7	—

蜂窝旅游网大数据显示,因2019年举办世界军人运动会,武汉2019年10月15日至21日的旅游热度同比去年上涨近20%。②每年"十一"黄金周后至10月底期间,大部分人都处于刚刚出游归来,暂时没有出游计划的状态中,国内多数目的地的整体旅游热度均处于低值。武汉得益于世界军人运动会的举办,旅游热度的涨幅表现在全国目的地中非常亮眼。从马蜂窝目的地热度排行榜中可以看出,武汉的热度排名从2019年"十一"期间的第15位快速上升至第9位。黄鹤楼、东湖、户部巷等知名景点、景区的热度也随之上涨。近年来,随着大众对于旅游认知的拓展,旅游动因越发多元化,体育旅游逐渐成为一股不可忽视的潮流。2019年以来,男篮世界杯、世界警察和消防员运动会、中国网球公开赛等体育赛事都为举办地带来旅游热度增长,本次武汉举办世界军人运动会,不仅展现出武汉不断提升的城市综合实力和对外影响力,更向全世

---

① 《武汉市2019十一小长假数据及综述》,武汉市文化和旅游局,http://wlj.wuhan.gov.cn/zfxxgk/fdzdgknr/tjxx/202008/t20200827_1437371.shtml。

② 《大数据:军运会拉动武汉旅游热度上涨　展现城市新名片》,经济日报,https://baijiahao.baidu.com/s?id=1648271861344855957&wfr=spider&for=pc。

界展示了武汉全新的城市旅游名片。武汉一直是华中地区热度最高的旅游目的地之一,其九省通衢的地理位置、深厚的历史底蕴、地道的美食和独具魅力的民俗风情,不断吸引外地游客造访。马蜂窝大数据显示,最关注武汉的游客省份分布中,占比最高的是广东、湖南、陕西三个省份,比例分别为 8.2%、6.9% 和 6.2%①。与武汉相关的旅游高频词汇有"热干面""黄鹤楼""长江""昙华林"……从美食、人文、自然景观再到网红景点,游客关注点覆盖面之广,体现出武汉丰富多元的旅游资源。武汉本身拥有得天独厚的旅游资源,且尚有众多特色旅游体验尚未被大众知晓,此次军运会更成为武汉城市知名度提升的强大助力。

2019 年武汉出入境人数位居内陆口岸第三,共有 336 万人次从武汉航空口岸出入境,比 2018 年同期增长 14.9%,全年流量再创新高,在中部 6 省航空口岸中稳居首位,在内陆航空口岸中仅次于成都与重庆,排在第三位。据统计,2019 年共有 2 万余架次航班从武汉航空口岸出入境,航班数量比 2018 年同期增长 12.8%。②军运会相关人员进出境达到 7783 人次。③（见表 5-4）

表 5-4　　　　　　　　　武汉市近年来出入境情况

年份	出入境人数（人次）	增长率（%）
2017	283	—
2018	294	11.8
2019	345	16.4

3. 促进了城市就业增长

美国经济研究协会运用投入产出模型对 1984 年洛杉矶奥运会进行研究,结果显示本届奥运会的举办为举办所在地美国加利福尼亚州提供了

---

① 《大数据：军运会拉动武汉旅游热度上涨　展现城市新名片》,经济日报,https://baijiahao.baidu.com/s?id=1648271861344855957&wfr=spider&for=pc。
② 《武汉又创一个中部第一,去年 336 万人次从武汉机场出入境》,长江日报,https://baijiahao.baidu.com/s?id=1654689890331865053&wfr=spider&for=pc。
③ 《武汉海关 2019 年年度工作总结》,中华人民共和国武汉海关,http://wuhan.customs.gov.cn/wuhan_customs/506390/fdzdgknr540/ghjh519/506383/2848249/index.html。

73357个工作岗位，带来了23亿美元的经济收入。专家们运用双重差分模型研究1996年亚特兰大奥运会的举办对就业和工资水平的影响，通过将收集的样本数据分为赛区、近赛区和非赛区，并构建标准DID（Difference in Difference模型）用于衡量就业率和工资水平在两群体之间是否就某事件发生前后有显著区别，以及构建调整后的DID模型，解释就业率变化率的区别。结果表明相较于非赛区每季度0.002%的就业增长率，赛区的就业增长率达到了17%，这表明奥运会这种大型体育赛事创造了大量的就业岗位，在一定程度上缓解了劳动力供需不平衡，对当地的就业产生了积极的正面影响，但在关于工资水平的影响研究上，干扰因素较多使得并未得出准确的结论。①

同样，武汉军运会从筹办之日起，就开始了大量场馆新建、维修改造、城市交通基础设施、生态环保等项目的建设，据统计，直接投资就超过了千亿元，这些项目提供的就业达到了十几万个，军运会举办期间，服务军运会的政府人员和志愿者有20万—30万人。

4. 带动了其他相关产业发展

从对外贸易的角度，专家们建立贸易引力模型和信号传导模型，贸易引力模型表明奥运会的举办有利于提高贸易量；信号传导模型表明通过奥运会的举办向世界传导出自由、开放的积极信号，能够为举办国带来贸易正效应，有利于一国贸易的长远发展。

促进体育旅游产业发展，体育旅游是体育和旅游两大产业交叉渗透的一种新型综合性经济产业。根据美国著名经济学家里昂列夫的矩阵分析显示，体育与旅游两者的产业关联系数高达0.21。自1984年奥运会以来，体育旅游产业对举办城市经济增长的作用越来越大。如：北京从申办奥运会成功到举办完成，短短7年间旅游收入就翻了两番，这其中仅2008年当年的旅游收入就达到45亿美元。2014年南京青奥会期间比赛持续12天，世界各地运动员、官员、记者等齐聚一堂，需要"食、住、行、游、娱、购"。根据南报网了解，中山陵、明孝陵等经典景点客流都

---

① 陈璐瑶：《中国马拉松赛事对城市经济影响的实证研究》，硕士学位论文，河南财经政法大学，2019年。

翻倍，日均两万人登临明城墙，进入8月以来，南京地区的景点口票和酒店的预订量相对前一周的增长幅度分别是63%和41%。

通过研究赛事的影响，大型体育赛事不仅对体育用品制造业、观光旅游业、税收以及就业等方面有直接的促进作用，更是对于人才的引进、资本的引进、环境改善、科技创新等方面也产生积极影响，同时，对城市形象、经济转型、休闲消费、多中心大型城市的建设和城市安全设防等都有极大的促进作用。大型赛事具有较高的收视率和收视群众，通过媒体传播提升了城市的经济影响力，带来了潜在的经济增长。

（二）体育产业

体育产业是社会公众提供体育服务和产品的活动，以及与这些活动有关联的活动的集合。体育产业，不仅包括第三产业的体育服务，还包括体育用品、体育器材、体育服饰等制造业。从体育产业的本质来讲，体育服务是其主体部分，其余的是体育服务的衍生品，不能从根本上影响体育产业的属性。体育产业作为绿色产业、朝阳产业，成为我国国民经济新的增长点，成为推动经济社会持续发展的重要力量。

1. 体育产业成为新的经济增长点

从世界范围看，近年来体育赛事产业发展极其迅速，美国、加拿大、澳大利亚和英国等西方发达国家出现了很多国际知名的体育赛事之都，例如美国的纽约和印第安纳州的波利斯、英国的伦敦和曼彻斯特、澳大利亚的悉尼和墨尔本等。2008年的北京奥运会和2010年南非足球世界杯赛就是发展中国家体育赛事产业发展的一个缩影。

大型赛事的举办都会极大地促进举办地体育产业的发展。每一次大型赛事，都带动了周边酒店、商业、娱乐等服务业发展，也留下了优质的场馆和城市基础设施以及成熟的赛事人才和组织管理，这些更好的体育场馆设施又吸引更多体育相关机构的落户，从而推进体育产业的发展，促进城市经济的增长。首届"世界飞行者大会"吸引了50万观众，首届中国汽车摩托车运动大会吸引约10万人次观众到场观看。赛车运动是当今世界上最受欢迎的体育运动之一，F1与奥运会、世界杯并称世界三大赛事。数据显示，2020年，全球赛车运动市场有望达到56亿美元，其衍生市场达到数千亿美元。同时，汽车厂商也可以通过赛事，试验最新技术，提升车辆性能，推动汽车产业向前发展。英国北安普敦郡、法国勒芒、美国纳斯卡等地，均以赛车蜚声世界。其中，英国北安普敦曾举办世界第一场F1大奖赛。目前其聚集了全球11支F1车队中8支的总部，每年举办上百场赛事，吸引35万名以上游客，聚集了4500家赛车相关企业，年营业总额达90亿英镑。[①]

2014年10月，国务院印发了《关于加快发展体育产业，促进体育消费的若干意见》，要求各地要将发展体育产业、促进体育消费纳入国民经济和社会发展规划，纳入政府重要议事日程，建立多部门工作协调机制。

目前，北京、上海、广州、深圳已经成为我国体育赛事产业发展较为迅速的地区，这些地区的体育赛事活动日趋活跃，数量、规模大幅上升，高水平、有影响的国际赛事日益频繁，北京奥运会、亚运会、F1中国大奖赛、女足世界杯赛、网球大师杯赛、中国网球公开赛等一批有影响的国际体育赛事纷纷进入中国，为中国体育赛事产业注入强大发展动力。体育赛事产业作为生产极大进步和社会高度发展的产物，与社会经济关联甚密。自1984年美国洛杉矶通过举办洛杉矶奥运会赚得了举办大型赛事的第一桶金后，在当今全球化和商业化的社会，大型体育赛事以其巨大的影响力和观赏性吸引了全世界的瞩目，赛事的举办与城市经济发展之间的关系日渐成为人们关注的焦点，使得世界各地纷纷争相申请赛事的举办权。如何抓住机遇，让城市大型体育赛事在吸收大量资金发展自身的同时，通过融合资金起到促进其他产业的联动发展，是目前学术界面临的一个新的课题。

2. 武汉体育产业发展进入快车道

近年来武汉体育产业蓬勃发展，武汉网球公开赛、"汉马"武汉马拉松、"水马"武汉水上马拉松、"赛马"武汉国际赛马节、"天马"世界飞行者大会、"铁马"中国汽摩运动大会，这"五马奔腾"，让武汉体育

---

① 《掘金第三产业打造万亿产业集群，武汉跻身体育产业"国家队"》，长江日报，https：//baijiahao. baidu. com/s？ id = 1651814426288930282&wfr = spider&for = pc。

赛事近年来渐成品牌。武汉每年申办和承办15次以上国际性、洲际性、全国性体育大赛；体育健身场地2.2万个，形成身边的"15分钟健身圈"；全年各种全民健身活动1000余项次……①

2018年国家体育产业基地评选结果显示，武汉是湖北唯一入选体育产业"国家队"的城市，也是中部地区入选体育产业"国家队"项目最多的城市。全国总共有9个项目入选国家体育产业示范基地，其中武汉经济技术开发区（汉南区）被命名为武汉经开区国家体育产业示范基地。

在全国获评的18个国家体育产业示范单位中，武汉昊康健身器材有限公司被评为体育用品与销售类国家体育产业示范单位，位于武汉的湖北省文化旅游投资集团有限公司被评为体育旅游类国家体育产业示范单位。在全国入选的25个国家体育产业示范项目中，武汉马拉松是唯一入选的马拉松比赛。据武汉市体育局体育经济处介绍，武汉已经有6个项目入选体育产业"国家队"，这也说明武汉体育产业正在快速发展中。

体育产业已经成为现代服务业的重要组成部分，是武汉加速建设新一线城市新的经济增长点和促进社会就业的重要载体。数据显示，2016年武汉市体育产业总产出（总规模）263.66亿元，比上年增长了26.14%。其中，体育服务业总产出为191.31亿元，实现增加值120.75亿元，占当年武汉市体育产业总增加值的86.58%。② 尤其是第七届世界军人运动会在武汉的成功举办，也再一次显示了武汉发展体育事业的潜力，这为武汉发展体育产业提供了新机遇。

3. 武汉体育产业迎来发展机遇

发展体育产业，核心的需要是场馆资源、赛事运营人才、志愿者队伍、市场化要素、资本等，军运会的成功举办为武汉市体育产业的发展打下来良好的基础，不仅对武汉市今后体育产业全方位、多层面和宽领域的发展有着非常积极的影响，极大地改善了行业内部各层次发展不平

---

① 《"体育之城"武汉，与时间"赛跑"》，中国青年网，https://baijiahao.baidu.com/s?id=1657720026l1825509&wfr=spider&for=pc。

② 《掘金第三产业打造万亿产业集群，武汉跻身体育产业"国家队"》，长江日报，https://baijiahao.baidu.com/s?id=1651814426288930282&wfr=spider&for=pc。

衡现状，同时为武汉市体育产业化、市场化进程提供了强有力的契机。

一是新建和改造了大量的体育场馆设施，武汉体育场馆设施有了质的提升。军运会共设置27个大项、329个小项的比赛，比赛项目有羽毛球、摔跤、海军五项、乒乓球、马术、射箭、高尔夫球、自行车、帆船、柔道、跆拳道、篮球、现代五项、足球、射击、拳击、铁人三项、击剑、排球、田径、游泳、定向越野、跳伞、军事五项、空军五项共计25＋2个比赛项目，共用到35处场馆设施，其中，维修改造场馆17处，新建场馆13处，临时设施5处。从场馆的数量和质量上看，已经完全可以满足一般国际大型体育赛事。对标奥运会，虽然军运会的比赛项目与奥运会基本类似，但是其中一些项目与奥运会有较大的不同，最大的不同在于"硝烟味"，如跳伞和军事五项，这些项目只有现役军人才能完成，比赛游泳项目中，泳道中间还有障碍，参赛队员必须选择从下面钻过去或是起身爬过去，这些都是奥运会游泳比赛中没有的元素。但是从场馆建设上看，按照军运会执委会的要求，大部分新建和改建场馆均是依照举办奥运会的要求来建设的，武汉军运会的举办为武汉承担更大型的体育赛事奠定了坚实的基础。

二是培养了一大批熟悉大型赛事运营的人才。武汉军运会期间，为了完成好军运会的筹办和举办工作，武汉市通过邀请国内顶尖体育专家为武汉培养了大量的体育组织人才，包括政府管理、赛事组织、赛事运营和志愿服务等方面，既有军运会执委会机关各部门工作人员，也有各项目竞赛委员会、军运村代表团服务中心工作人员。这些人才积累了国际赛事的组织服务经验，在军运会结束后受到了全国其他赛事举办城市的热烈欢迎，包括杭州、成都、三亚都来武汉揽才。

三是军运会促进了武汉体育的市场化发展。举办军运会投资大周期长，全靠政府投资无法完成，因此，军运会在市场化方面做出了很多尝试，培养了武汉体育市场。军运会特许经营商品、赞助商、军运会各方面服务的市场化，都取得很好的经验。

四是培育了参与体育发展的各类企业。它们作为项目建设主体单位和运营单位，与政府一起完成了军运会举办的相关工作。包括体育组织运行和体育产管建设企业。主要包括湖北省体育局水上运动管理中心、洪山体育中心、万体育馆、武汉全民健身中心、武汉保利金夏房地产开发有限公司、武汉体育中心发展有限公司、湖北省奥林匹克体育中心、武汉旅游发展投资集团有限公司、武汉碧水集团有限公司、武汉光谷建设投资有限公司、武汉临空港投资集团有限公司、武汉蔡甸生态发展集团有限公司、湖北现代华中商贸集团有限公司、湖北联合发展投资集团有限公司、武汉经开通航产业投资有限公司、武汉江夏经济发展投资集团、武汉体育发展投资有限公司等。

（三）科技军运

武汉军运会给我们创造了一个科技与城市发展在重大事件上完美契合的范本，充分利用先进、成熟、可靠的科学技术全方位介入军运建设，为军运建设提供了强大的科技保障，军运科技分别集中在交通、洁净能源、环境保护、军运场馆、信息通信、军运安全、运动科技、军运会开闭幕式、科学普及等方面，特别是首次使用5G+8K、5G+VR信息传输电视传播技术。35处场馆设施融合先进理念、前沿科技、本土文化、人性设计，一系列智能科技让屋顶"会呼吸"、照明"会切换"、风速"会调节"。占地面积848.7亩的军运村，配套了智慧运行管理平台。

1. 5G技术等高科技应用

布设在体育场馆的高清摄像头通过5G网络，将现场画面实时回传，同时应用VR技术，观众不在现场，也能身临其境观看比赛。当地已经建成并开通了3700多个5G基站。基于这样的硬件条件，军运会的选手参赛、观众观赛的体验均大为提升。军运村的5G营业厅、AR沙盘、5G360度全景直播，5GVR互动游戏等，均吸引了运动员们前来体验。本次军运会的比赛场馆共有40多个，遍布武汉全市，其中海军五项比赛位于木兰湖区域，距市区近100公里。为了更好地服务本次军运会，中国联通对所有比赛场馆进行了5G覆盖，并协助中央人民广播电视总台对乒乓球、跳水游泳、羽毛球、击剑、军事五项、海军五项共六个赛场比赛进行了5G+平面超高清、5G+VR全景视频直播。其中海军五项比赛涉及环形场地中运动条件下多基站切换的5G超高清视频直播技术，是继长安街国庆阅兵直线场地后的又一次运动环境下联通5G超高清视频直播能力的展现，除此之外，直播信号也首次通过5G网络直接进入央视云端播控编辑系统。六个场馆直播测试环节持续一个多月。经过近半年努力，中国联通成功将5G网络运用在第七届军人运动会的视频直播中，整个直播过程平稳高效，得到了中央广播电视总台在内的广大媒体单位的一致认可，这次体育盛会也验证了中国联通5G网络服务大型体育赛事直播报道的能力，对2022年北京冬奥会起了很好的示范作用。

2019年9月，随着T3航站楼5G信号正式开通，天河机场成为华中首个5G全覆盖机场。T3航站楼的5G数字化室分覆盖采用华为公司的Lampsite解决方案，移动、联通、电信三家运营商分别进行5G覆盖升级，实现了5G信号全覆盖，成了全国第一家最大单体建筑5G信号全覆盖和多种复杂场景下5G信号全覆盖的示范区域。在机场展厅内除了有逼真的VR体验，聪明的智能机器人互动外，主要展示5G网络在机场物联网、机场自动化调度、人工智能服务、旅客服务、行李跟踪等方面发挥巨大的作用，为天河机场全面打造"智慧机场"提供重要的技术支持。

2. 智慧场馆建设

35处场馆设施融合先进理念、前沿科技、本土文化、人性设计，一系列智能科技让屋顶"会呼吸"、照明"会切换"、风速"会调节"。占地面积848.7亩的军运村，配套了智慧运行管理平台。如武汉商学院游泳馆，它也是承担武汉军运会现代五项游泳项目比赛的地方，这座新型水波状的场馆，空间混响的时间较小，让场馆处于一个比较安静的环境当中。空旷的游泳馆"呐喊无回声"的秘密就在于，游泳馆的顶部铺设的2400多块空间平板吸声体，它与馆内墙面上的干挂陶铝板材料共同组成吸声系统，从而把声音混响时间控制在2.5秒以内。武汉商学院的国际马术赛场，马场里的地面织物与纤维都是从荷兰进口，结合武汉当地气候等条件，按比例混合专业石英砂后精心铺设，确保马蹄入砂深度在10—40毫米。

3. 智慧安保系统

智慧安保的核心是预防、预警和处置突发事件，对人、车等目标状态进行全方位监控，做到及时预警、提前干预，实现安防系统的应急联动和辅助分析决策，主要通过以下几个子系统：前端感知子系统、传输网络子系统、基础设施子系统、智慧安保全息立体实景防控子系统、图像解析子系统、智慧安保综合实战平台六个方面，对整个场馆的安全态势立体感知、统一分析、可视化、指挥调度、及时预警、提前干预。当赛事和活动举行时，体育场将聚集大量人员，人群杂、流量大，本次军运会的安保工作，直接关系到各国之间的友谊和世界和平，在场馆建设时，必须将安全保障部分纳入场馆整体规划中。军运会主场馆总体安保要求为"五个坚决防止"和"三个确保"，"五个坚决防止"是防止暴力恐怖、防止严重影响社会政治稳定的重大事件，防止大规模群体性事件，防止个人极端事件和重大网络安全事件，防止重特大公共安全事件；"三个确保"为确保与会外国政要及赛事官员、运动员绝对安全，确保各项赛事活动顺利进行，确保武汉市社会大局安全稳定。智慧安保核心：预防、预警和处置突发事件。智慧安保总体建设方案中，系统总体结构参照物联网的架构来设计，主要分为"感、传、知、用"四层。前段感知的多维数据通过传输专网接入后传输智慧安保平台，传输至公安网中的公安云、八大库、警综等平台，给各类公安网应用终端提供服务。

（四）市场开发

大型赛事比如奥运会的举办从经济投入和产出的角度看，有的亏损有的盈利。因此军运会的成功有着两个重要议题：一是如何实现军运会高质量的组织；二是如何筹集军运会举办所需的巨额投资。从1995年到2015年的前六届军运会，基本没有市场开发的经历，也没有形成市场开发的系统规则。武汉军运会凭借高度市场化的运作，妥善解决了上述问题，军运会市场开发成效显著。武汉军运会市场开发实现总收入11.44亿元，其中现金7.73亿元。军运会官方票务网站注册用户达348806人，体育门票面向公众销售261个场次60多万张门票，销售门票约54.5万张。赞助和捐赠企业18家，赞助和捐赠产品价值约3.6亿元。实现了武汉军运会执委会运行经费全部由市场开发和各级补助，不需本级财政支出（见表5-5）。

表 5-5　　　　　　　　　　举办大型赛事的成本收益

类型	内容
成本	申请举办权的费用、大量场馆的建造、翻新（高标准的体育设施场馆、运动员村，以及举办开幕式/闭幕式的巨大场所、运动员和游客接待等）、运营成本、大量的基础建设（房屋和交通改造等）、隐形成本（公共支出的机会成本等）
收益	电视转播费、赞助商收入、门票和赛事衍生品、许可证等

1. 创新市场开发工作模式

坚持用市场规律开发市场，积极引进外力，实行专业人做专业事的原则，与国家体育总局下属中奥体育合作，发展其为武汉军运会市场开发独家运营商，积极推进赞助企业签约。制订了顶级合作伙伴 1 亿元、赞助商 3000 万元、供应商 1000 万元的最低标准，在武汉市委、市政府坚强领导和强力支持下，经过 8 个月的艰苦谈判，签约了第一笔 2 亿元的赞助企业。在第一家赞助企业签约后的一年内，共签约 18 家企业，其中亿元级的合作伙伴就有 7 家。积极与国际军体理事会谈判，达成将武汉军运会市场开发权益以较低的补偿全部让渡给武汉军运会执委会的协议。争取国家财政部的支持，出台了武汉军运会市场开发定向采购的文件。与四家企业签订捐赠协议，捐赠金额近 400 万元。同时注重最大限度落实赞助企业的合法权益，对各场馆的赞助企业形象呈现"一企一馆一策"，按约服务好赞助企业。

2. 票务工作成效显著

武汉军运会票务工作实现了门票销售比例超过 90% 的佳绩，得到国家体育总局的高度肯定。除少数冷门比赛的小组赛外，所有门票（包括表演赛）在闭幕前 3 天销售一空，真正实现了一票难求。一是创新票务运行模式。开创性地设计提出了票务工作采取"赞助+票务运营经费'零投入'+票务独家运营商承担全部运营成本+双方参与门票销售收入分成"的运营模式。二是科学制定门票价格。为进一步提升公众参与武汉军运会的热情，在综合考虑湖北省、武汉市总体经济形势和居民平均收入水平的基础上，经过广泛的市场调研，制订了武汉军运会门票的"亲民价"：开幕式门票最高价为 2019 元，体育比赛 80 元以下的门票占可销售坐席的 90%，平均票价为 50 元，充分体现了惠民原则。同时还针对学生群体、军人群体以及场馆属地观众等，制订了价格为 10 元的教育计划、团结互助计划以及满场计划的门票政策。积极争取湖北省财政厅、省总工会支持，出台工会经费可以为工会会员购买武汉军运会门票的政策。武汉军运会严格遵循国际惯例，严格市场化运作，真正实现了不设一张赠票。三是认真做好开幕式票务及观众组织工作。按照相关工作要求，最终确定 15427 名购票人"安全、干净"，确保开幕式可售门票实名制落到实处。开幕式当日采取"分批错峰、地铁到达"方式入场，定向组织观众全员准点到位，精神饱满，秩序井然，开幕式票务工作"万无一失、座无虚席"。

3. 特许经营工作成效显著

共遴选了 10 家特许生产商（零售商）和 1 家防伪标签生产商，面市包括军事题材商品，贵金属，徽章等特许商品共计 14 大品类、225 款特许商品。在北京、武汉、西安等地开设官方特许零售商店 19 家，在京东开设网上官方特许零售商店 1 家。通过中百罗森便利店、Today 便利店、永旺梦乐城与宜家荟聚商场、湖北省内新华书店、全国银行邮政保险内部网络等销售渠道打通全国销售网络。赛时场馆内共开设特许零售商店 13 家，特许商品销售供不应求，有力宣传推广武汉军运会。遴选了两家专业的品牌保护代理机构，采取"分区管理、专业保护"模式解决知识产权保护的发现问题、固定证据等工作，打击了假冒伪劣商品经营商，制止了侵权行为。如期发行纪念金币和纪念邮票。积极争取中国人民银行和国家邮政总局的支持，主动对接中国金币总公司、中国邮政集团公司，共同推进并完成武汉军运会纪念币与纪念邮票申报、研讨、设计、发行等有关工作。中国人民银行和中国邮政集团公司于 2019 年 7 月 10 日分别发行了武汉军运会纪念币（金质纪念币 1 枚，银质纪念币 5 枚）和纪念邮票（1 套 4 枚）。

4. 注重对赞助企业权益回报的落实

武汉军运会的合作伙伴也是武汉市的城市合作伙伴。武汉军运会还大力向全球推广宣传赞助企业，在军运会筹备期间让赞助企业深度参与火炬传递以及"与军运同行"系列活动；对于部分企业的某些个性化权益，武汉军运会执委会市场开发部也可以按照企业的需求量身定制。此外，按照赞助企业对武汉军运会和执委会贡献的价值不同，不同赞助层级的赞助企业将享有不同的权益回报，执委会给予赞助企业的主要回报方式包括：使用武汉军运会"合作伙伴""赞助商""独家供应商""供应商"的称谓；在国内使用武汉军运会名称、会徽、吉祥物等特定称谓、特殊标志进行市场营销活动；提供特定产品或者服务类别的排他权；武汉军运会电视转播、网络、报刊等媒体以及武汉军运会各类印刷品刊登广告，协助取得城市公共场所户外广告设施的优先使用权；在武汉军运会场馆（含运动员村）或重大活动现场展示产品或服务、售卖等资格；享有武汉军运会提供的招待机会的权利，包括门票分配、酒店预订、制证等；享有参加并优先赞助武汉军运会相关赞助活动的权利。

（五）财务管理

1. 落实节俭办赛理念

一是贯彻落实习近平总书记提出的"绿色、共享、开放、廉洁"办赛理念。按照"政府主导、各方支持、社会参与、市场化运作"的办赛模式以及"节俭办赛、节约办会"的指示要求，通过"理念引领、预算控制、需求导向、制度约束"，管理各部门单位压缩不必要的经费开支，实现节约办赛。

二是武汉军运会是级别仅次于奥运会的国际综合体育赛事，和国内其他城市承办的国际综合赛会比较，以最小预算规模，实现了"办赛水平一流、参赛成绩一流"的目标。

三是打造了一整套既符合武汉军运实际，又能实现节俭办赛的财务制度设计，将"节俭办赛"贯彻落实到执委会筹办工作的各方面和全过程，精打细算，节约财政资金，支持军运会成功举办。将厉行节约与预算管理相结合，健全刚性预算管理机制，以财权定事权，从严从紧控制执行预算；充分考虑办赛需求与赛后利用相结合，调动发挥各方参与赛事筹办的积极性，优化支出结构，推进资金统筹安排；提高社会综合效益，高起点、高质量、高标准、高效益地做好了军运会筹办工作。

四是充分利用现有资源。挖掘部门单位内部资源和资金潜力，在安保、交通、医疗、环保监控、食品监测等方面，将部门单位的存量资源和资金调整重点安排军运会支出，节约预算资金。整合资源充分利用，"能借不租、能租不买"，严控不必要的支出，使有限的资金达到效用最大化。开闭幕式压减开支讲求实用，部分办公场所租用活动板房。票务全流程都由社会专业票务平台赞助完成，实现票务工作的"零投入"。军运会央视直播经费最为节俭，转播时长最长，实现了最好的宣传效果。充分发挥军运会资源开发优势进行市场化运作，实现 VIK 赞助和捐赠收入超额大幅增长，节约财政资金。军运会用水、服装、其他物资以及金融、保险等服务，均采用 VIK 赞助方式予以保障实现。比赛场馆建设和军运村建设中充分考虑赛后利用，赛后面向社会开放，用于全民健身或市场开发，发挥长远效益，提升资源综合利用效率，将有限资源、资金，重点投入在惠民、利民项目上。

2. 构建特色预算财务体系

武汉军运特色的预算管理与执行政策：一是以"节约办赛、保障需求"为原则的执委会赛事运营经费预算；二是以"赛时配套，赛后利用"为原则的市直部门承担的配合项目预算；三是以"市级补贴、区级兜底"为原则的单项竞赛委委员会等区级责任主体预算。

执委会 19.98 亿元赛事运营经费预算，经组委会研究上报，得到习近平总书记签批同意。按照合法合规性要求，武汉市财政局对执委会申报的各类支出项目严格按政策依据、标准及定额管理体系进行了审核，经武汉市政府同意，市人大会议审查批准，市财政局对执委会赛事运营经费预算予以了批复。

在执委会赛事运营经费预算以外，为统筹考虑办赛需求、财力可能、赛后资产利用和处置、部门事业建设与发展，对由市直部门承担的配合项目，由市直部门和单位负责实施。财务部对全市各市直部门上报的涉军运会配合项目进行了汇总、分析、审核后，提出初步意见报市财政局，市财政局按照部门预算的审核程序和管理要求，在各市直部门单位的部门预算中安排。

单项竞赛委委员会等区级责任主体预算，按照"一级政府一级财政，

"一级财政一级预算"的原则,军运会场馆设施项目投资及专项竞赛委员会赛事运营经费,由区级责任主体(包括一些在汉院校单位)负责其经费预算安排,严格按照政府预算管理规定,组织、实施、执行预算。对于单竞委运营经费中能够标准化的项目,由执委会安排补贴资金;其他不能标准化的项目,由区级负责筹措并兜底。

总之上述三个层面的预算管理和预算执行政策,事权与财权相匹配,充分发挥了市直部门单位和各有关区(包括在汉院校单位)参与赛事筹办的积极性,军运会各预算主体执行责任明确、清晰。财务部贯彻实行了"部门化、项目化、市场化、责任化"的预算管理模式,构建的武汉军运特色的预算财务体系,成功有效地保障了军运会预算财务运转顺畅、规范、安全,发挥了军运会成功举办幕后的强力支撑作用。

3. 科学匹配财权事权

一是当好预算编制与执行的程序员,设计构建了横向纵向贯通的"大十字"军运会预算财务管理体系,贯彻实行了"三层四化"(执委会、市直部门单位、单竞委三个层级;部门化、项目化、市场化、责任化)的预算管理模式,科学匹配财权事权,有效实现节约办赛。

预算编制:推进资金统筹安排、节约使用,优化收支结构,认真组织开展预算编制工作。经过三上三下程序,执委会赛事运营经费预算(19.98亿元)报请市财政局、审计局审核,市人大主任会审议通过。积极与市直各部门沟通协调,汇总初审市直部门承担的军运会配套项目投入(14亿元)。执委会赛事运营经费预算及市场开发收支计划报经市财政局审核同意。为适应军运会赛时期间运行机制的转变,保障军运会执委会各部门及赛时专项工作中心实际支出需要,对执委会预算进行了进一步的细化调整,将赛事运营预算调整情况报市财政局备案。新增了"开闭幕式演职人员及运行中心后勤保障"10000万元、"陆军勤务学院维修改造工程费用"1155万元、"主媒体中心运营补助"5000万元等项目经费;调增了安保部预算4000万元,"各类宣传工作经费"3446万元等项目;调减了"火炬传递经费"3236万元、"赛时直播转播经费"5530万元等项目。

预算执行及支出:每月研究下达月度资金计划,各部门根据下达的预算及月度资金计划执行。为满足赛时运行财务管理需要，成立了赛时运行财务管理领导小组办公室，建立财务专管员制度，明确职责、分工及工作流程。下达竞赛组织经费（例如基本公用、器材配备、竞赛组织、外聘人员劳务等费用）3.6亿元，满足了38个单项竞委会资金需求。截至2019年10月30日，执委会赛事运营经费累计支出12.89亿元，全部预算执行率累计达65%。

二是当好后勤粮草官，多方筹集，统筹调度，实现了军运会多条战线资金保障。

争取政策支持：自2017年组建以来，积极研究争取军运会预算政策及资金支持，组织有效落实。执委会多次向中央、省、市领导，向组委会汇报军运会预算政策、预算安排情况、执委会财务政策和财务管理情况。执委会《关于筹办武汉军运会相关投入投资情况汇报》《关于武汉军运会节俭办赛措施意见的汇报》《关于军运会相关财务政策情况和意见的汇报》等一系列汇报得到中央、省市领导签批。

全力谋划落实赛事经费：积极筹措各级财政性资金，有效保障军运会筹办工作需要。做好申请军方补助经费（4.07亿元）和省财政补助经费（2亿元）工作，中央、省级和市级资金全部得到落实。

成功争取税收政策落实优惠：成功争取到国家对军运会的税收支持政策，经国务院常务会通过，财政部联合国家税务总局、海关总署制发了《关于第七届世界军人运动会税收政策的通知》。汇聚税收力量助力军运，对接税务部门发布税收助力军运会"十条措施"提供优质服务。研究军运会涉税相关事宜，协助落实减税降费政策红利，为全市参建企事业单位的军运会项目减免各类税收1.35亿元。

4. 完善财务制度

财务管理制度建设：谋划了执委会财政财务管理一系列规章制度，保障规范运行。起草通过了军运会执委会《财务管理制度》《预算管理办法》《月度资金使用计划管理办法》《内部审计工作制度》和《内部审计监督工作暂行办法》等30多项管理制度。制定了《差旅费管理办法》《公务开支制度汇编》《项目竞赛委员会竞赛组织补助资金管理办法》等一系列的经费管理办法、补贴办法，明确了执委会支出依据、标准及定额、办理程序。建立了执委会内部控制制度，重点排查资金管理、物资采购、合同管理等环节可能存在的制度性风险，规范资金使用。建立了通关物资海关担保及追偿机制，确保外国代表团入关出关平稳顺畅。成功构建的执委会预算和资金管理一系列规章制度体系，健全完善了财务收支和会计核算基础工作，经过两年多的运行，符合军运会实际，切实有效、合规安全地保障了执委会财务运行。

会计核算和合同管理：完善财务基础工作，实现了政府会计制度的转换，以确保会计核算工作正常开展。建立健全合同审核制度和内部凭证审批报销制度，完成执委会合同及重大预算项目审核367项，审核凭证审核1500多笔，账务处理1200多笔。编报资金执行情况分析报告，规范资金的安排和使用，确保资金有序调配和预算严格执行。严格的收支管理制度体系，扎实的财务基础工作，确保了赛事经费使用的规范性、有效性、合法性和安全性。

对单竞委财务指导服务：为了使各单项竞委会（专项工作中心）充分熟悉了解军运会财务预算体系和财务管理要求，5次组织财政财务培训，讲解预算体系、财务政策、采购政策及流程、单项竞委会资金补助政策，指导各区搭建财务核算架构。就政府采购法律、法规和采购管理制度作了全面细致的指导和讲解。赴各单竞委进行财务指导服务调研，与各单竞委签订了资金管理协议，解答单竞委提出的财务相关问题500余次。对单竞委财务指导和服务，有效促进了各项竞赛项目（专项工作）筹办工作任务完满完成。

5. 做好采购服务

制定了更加严格的《军运会采购管理办法》及一系列采购管理流程，既从制度上规范了执委会各部门的采购行为，加强了采购管理，提高了采购资金的使用效益；又为各部门提供了详尽的采购咨询服务，在制度上和服务上双重保障确保了招标程序的合规高效。为应对赛事紧急及涉密采购需求，创新工作方法，研究出台了应急采购办法和涉密采购办法，为各部门和单竞委提供了赛时紧急服务，保障了采购工作合规高效运行。

积极组织进行采购活动，助推各项筹办工作的正常开展，没有接到一例采购投诉，也没有发现一起对采购结果的质疑，采购工作运行良好，规范有序。

6. 创新管理服务

金融服务：协调外汇局湖北省分局、中国工商银行、中国建设银行等金融部门，提供优质金融服务保障。联合举办"军运会指定接待酒店外汇业务专项培训会"，对 56 家军运会指定接待酒店 200 余人开展外汇服务的培训。对天河机场、军运村、媒体中心的军运会合作银行网点，进行现场指导、督察，规范金融服务行为。

军运保险：从军运会保险需求征集到各保单落地，各个工作流程均按时有效完成，确保了保险工作的整体顺利推进。建立保险工作联络沟通机制，发放《保险服务手册》，开通人保公司军运会保险服务及理赔电话专线，组织理赔人员专题集中培训，安排赛时保险人员驻场，提供全天候服务。累计提供保险保障达 530 亿元，保险期限贯穿赛事筹备期、测试比赛、正式比赛、开闭幕式，对涉及赛事的有关人员约 15 万人、有关财产约 169 亿元均提供充分保障。各场馆累计报案 209 笔，报损金额 32 万余元。至 2019 年 10 月 30 日结案率达到 50%。保险工作流畅运转、理赔及时迅速，实现了军运会保险全覆盖，确保了军运会人员及财产风险。

VIK 及资产管理：为规范资产处置行为，防止资产流失和浪费，完善资产管理，印发了资产处置管理办法，有效保障了执委会资产的安全完整和赛后有效利用。完成了卡尔美、伊利集团、人保公司、华润怡宝、旅发投等 17 家赞助和捐赠企业赞助和捐赠产品的约 3.6 亿元价格认定工作，核减各类虚报价值 2000 万元。同时对接各部门及场馆，及时调拨和分配各类 VIK 物资资产及服务 2.22 亿元，为军运会成功举办提供了有力后勤保障。

7. 创新协调服务

涉税协调服务：做好与税务局之间的协调沟通，防范税收风险，积极协调解决了 7 个军运会涉税疑难问题。就涉及军运会增值税优惠问题，明确免税主体免税范围，确保优惠落到实处、应享尽享。协调规范了技术官员酬金、外聘人员劳务费形成的个人所得税事项。完成比赛用进口消耗品申请免税相关工作。深入一线，广泛调研，搜集各单竞委筹备工作中的涉税问题，现场答疑解惑并进行专题研究。

市场开发收支管理：市场开发收入是军运会的事业性收入，国内其他综合性国际赛事的市场开发收支均纳入财政管理。为落实市领导对执委会财务收支按最严格、最规范管理执行的要求，多次协调向市财政局申报将市场开发收支进行规范管理，办理相关手续，以推进工作。多次协调市财政局、市体育局，对市场开发成本支出管理方式进行研究，确定了成本部分直接拨付给委托代办单位武汉体育国际赛事公司的具体操作方式。

代表团收费：代表团收费工作涉及国家多，敏感度高，收费难度大，为落实主场外交展示国际友好的要求，防止引发负面影响，财务部从大局出发，积极主动担当，根据实际情况，及时报告和调整收费政策，理顺了政策，明晰并协调落实了相关方责任任务。委派专员前往军运村驻点，沟通协调代表团收费相关事宜，经过不懈努力，及时完成了收费任务，保证收费工作平稳有序。

（六）物流管理

1. 建章立制、科学管理

执委会物资中心借鉴奥运会、冬奥会、青奥会等国际大型综合运动会物资管理成功经验，结合军运会实际需要，及时出台《军运会物资管理办法》《资产处置办法》等管理办法对物资采购、仓储保管、出库、物流、处置等全流程进行了规范。针对服装等仓储、配送规模大、任务重的物资，专门制定了具体操作指南。厘清军运会物资中心和执委会机关物资管理工作，实行无缝衔接。定期召开中心主任办公会，对存在的问题进行分析研判。

2. 梳理流程、明确职责

物资中心根据管理办法编制流程，反复进行桌面推演，修订完善，实现科学管理，规范操作。明确各部门、各单位及中心内部各岗位职责权限，责任到人，形成物资分配使用部门负责物资取得、计划分配，物资中心负责管理及发放，使用单位负责对领用物资管理等三级管理体系，并按时完成岗位注册工作。

3. 确保物资及时到位

紧抓服务力争各方满意。一是与赞助企业反复沟通,会同市场开发部、财务部,多次召开专题会议,协调解决企业赞助过程中存在的困难,确保赞助权益得到充分保障。二是为提高工作效率,为非执委会内部领用单位提供办理报批手续"一条龙"代办服务,共计457批次。三是完成物资直达使用单位物流服务和出入库管理,减轻使用单位负担,节约了仓储物资成本。在军运会期间,累计为执委会机关、一办一委十一部、18个专项工作中心、38个单项竞委以及部分参与的其他单位配送饮品1450.32万元,配送点位450多个,安排车辆配送700余次。配送乳制品1055.62万元,配送点位193个,安排车辆配送877次。四是紧抓仓储物流外包对接。为确保物资及时入库、保管、配送,解决好执委会自身无仓储和物流等诸多问题,本着"能借不租、能租不买"的节俭办赛理念,通过政府采购,确定中国邮政为军运会提供物流配送服务及3000平方米的常温仓。军运会期间,邮政累计分拣、入库服装69.6万件,出库配送50.62万件,办理服装尺码调换、补货12272件,配送点位309个,安排配送车辆208次。碳酸饮料入库76000瓶,配送点位130个,安排配送车辆169次。

4. 确保紧急事故管控能力

物资中心根据联合指挥部统一部署和要求,于7月16日会同仓储物流供应商中国邮政武汉公司,在执委会603会议室组织实施了桌面推演。第一次演练现场推演以8种事故现场进行模拟推演,主要采取流程演示、保护现场、应急响应、救援行动、信息报告、部门联动六个部分,多个场景。模拟了车辆运输过程中事故发生现场以及处置全过程,充分检验《第七届世界军人运动会物流仓储工作调试测试演练工作方案》,重点演练事故发生后应急处理。经过反复推演,编辑完成《演练方案》,并于9月21日及10月5日参与全要素综合演练预演工作,提升了军运会赛时紧急事故管控能力。

5. 确保紧急物资物流需求

物资中心主动担当，分别于赛前两周和赛前一周两次全覆盖对接物资使用单位，询问赛前配送物资使用情况，赛时物资库存情况，针对物资不够的单位，采取先红头请示物资使用分配部门同意后，办理配送物资，后完善手续的方式，紧急为16个单竞委配送矿泉水5576箱，11个单竞委配送乳制品5775箱。赛时协同军运村将运动员饮用的矿泉水转运至38个单竞委指定车辆，协同竞赛部，赛时每天提供2辆货车供竞赛场馆紧急配送奖牌、奖杯、国旗等物资。

6. 确保入库物资资产不流失

一是深入调研掌握现状。军运会物资中心成立后，立即投入物资管理工作，会同综合部、财务部、市场开发部等部门，对军运会VIK赞助物资、机关购置固定资产等进行了摸底排查。军运会期间，在物资中心办理入库的各类有效VIK赞助捐赠物资（服务）14种，赞助捐赠现金等价物金额2.98亿元，购置各类固定资产1688件464.15万元（不含VIK赞助家具）。二是多次开展机关物资清查。综合部于2018年7月、2019年1月、9月联合财务部、市场开发部开展资产清查工作。资产清查范围为执委会所有固定资产、低值易耗品及列入物资管理系统的市场开发VIK物资。清查的主要方式为对财务部、市场开发部与机关物资中心进行账账核对，账实核对。截至2019年6月30日，固定资产账面价值478.62万元，上半年低值易耗品使用账面价值120万元。强化日常管理措施。完善机关物资管理信息系统，对所有固定资产均粘贴二维码，做到"一物一码"，责任明确到处室到人。三是物资中心入库物资使用发放情况。实物类赞助物资（服装、饮品、乳制品、器材、茶叶、家具等）已申领发放14173.66万元，剩余可安排2726.34万元；服务类赞助（旅发投、双纯、移动）已申领使用2456.07万元，剩余可安排10243.93万元；捐赠类物资已申领发放23.25万元，剩余可安排179.35万元。四是重点物资重点管理。按照审计监察意见，对执委会各部门取得的重点、特殊物资均纳入机关物资管理范畴，对外事宣传品（礼品）、机关VIK物资采取专账管理。

六　社会遗产

　　大型赛会为举办城市带来了丰富的社会遗产。对于大型体育盛会，举办城市往往把它作为向世界展示城市独特的民族风貌和现代化建设伟大成就的窗口，并把办赛会作为塑造国家形象的好机会。汉城在1986年和1988年分别举办了亚运会和奥运会，为了办好这两次大型体育盛会，政府投入了50亿美元的巨资，对汉城的市政基础设施和场馆进行全面改造，把汉城装扮成一座美丽的现代化城市，让世界重新认识了汉城，认识了韩国。悉尼是一座美丽的海滨城市，为了办好2000年奥运会，澳大利亚通过电视在220个国家和地区播出有关悉尼的各种图像，使悉尼这座城市的形象得到了美化，全世界的人为能在奥运期间亲临悉尼感到荣幸。悉尼人提出要把这届奥运会办成一届"绿色的奥运会"，"绿色的奥运会"让世界各地的人对悉尼留下了深刻、美好的印象。大型赛事的举办有助于激发市民强烈的爱国热情，若某座城市有幸被遴选为举办奥运会的城市，对这座城市的市民而言将是一个极大的荣誉，会激发起全体市民乃至全国人民强烈的爱国热情。市民们知道作为东道主对待客人应该主动热情、彬彬有礼、注意修养、讲究文明，每个市民的一言一行都代表着主办城市的道德修养水平，无形中对市民起到了教育和约束的作用，促使城市精神文明建设上一个台阶。举办奥运会还是一个国家、一个城市展示新形象，振奋民族精神的好机会。1964年奥运会在日本东京举行，当时在日本人心中还残留着战败国的阴影，日本政府想利用举办这届奥运会的机会，重塑日本国形象。当时他们提出的口号是："用1千万人的手美化东京""振奋全日本民族精神"。全日本上下为办好奥运会都动员起来，结果奥运会办得很成功，日本人恢复了民族自信，从而为以后日本经济飞速发展打下了良好的思想基础。

（一）社会文明

城市文明是指现代城市的一种和谐发展的状态。它既表现出城市具备较高的现代化水平，也凸显城市具有良好的人文素养以及优良的社会风气。城市文明的内涵比较宽泛，包括软硬环境的文明。城市的政治文明、物质文明、精神文明、社会文明都涵盖其中。举办2019军运会促进了武汉城市文明的发展，它是武汉城市文明发展史的一个里程碑。

军运会净化了社会风气，促进市民思想道德水平的提高及社会公德意识、遵纪守法意识的增强，使日常行为由"他律"转向"自律"，武汉城市居民的生活方式也变得更加积极向上；促进了武汉城市卫生环境的进一步改善，优美、干净、整洁、卫生、绿色成为军运会后武汉城市的特色之一；提升了武汉市政府部门的形象，提高了武汉城市社会服务整体的水平，使武汉城市窗口行业的服务意识和服务质量得到进一步提高。在筹办军运会的过程中，通过大力推动全市全域环境整治提升工作，组织"清洁家园迎军运"活动，开展"迎军运、讲文明、树新风"活动。在这些活动中，坚持"近迎军运、长期惠民"的理念，不断完善城市功能设施，提升城市的管理水平，引导全体市民牢固树立"绿色生态"的生活理念，养成文明健康的生活方式。通过这些工作的开展和活动的组织，大大提升了武汉市城市文明程度和全体市民的文明素养。

"教科书式"散场是城市文明对军运会召开的文明回应。一场暴风雨般的视听盛宴之后，5万多现场观众、1万多演职人员，几乎带走了全部场内垃圾；退场步行区内600个垃圾桶，看不到"垃圾山"；6万多人同时离场，却如流水般迅速疏散……，如此散场，堪称教科书式。相比辉煌绚烂的军运会开幕式舞台，一次"教科书式"散场，更能清晰触摸这座城市的脉搏。垃圾、厕所、出场、坐地铁……这些都是细节，小到不能再小。正因是细节，没有集中训练，反复彩排，也因为是"细"节，容易被忽略。它们很难在事前成为人们讨论和预期的热点，但恰恰要由绝大多数人亲身经历，所以又常在"口碑界"代言一场盛会，甚至一座城市。随手带走垃圾，举手之劳。但6万余人带走几乎全部垃圾，堪称壮观，简直浓缩了一个漫长的文明养成过程。在世界各地的大型赛会中，赛后主动带走垃圾的球迷观众，总能为自己的国家长脸，让世界为之点赞。因为这样的小细节，只是下意识的习惯，而一个国家、一个地方文明习惯之养成，又何止一时之功、一人之力。

（二）志愿服务

随着社会的发展，越来越多的社会性事务被志愿者所承担。1997 年 12 月 20 日，联合国大会第 52 次会议通过决议，宣布 21 世纪的第一年为"国际志愿者年"。志愿者得到了普遍的认可和尊重。1992 年巴塞罗那奥运会第一次明确界定了奥运会志愿者的概念，奥运会志愿者是指在奥运会举办过程中，个人积极参与，尽职尽力，互助协作，完成分配的工作，而不接受报酬或其他任何利益的人。2001 年 11 月，在美国纽约召开的世界奥林匹克主义与体育志愿主义研讨会上，通过了《纽约宣言》，指出志愿者是不以金钱或物质回报为前提，自愿奉献精力、技能、时间、服务、经验的人。

1. 打造志愿者之城

军运会志愿者是指在军运会的筹备及举办过程中，不期待任何物质的回报，自愿奉献出自己的时间、技能、精力，努力完成执委会分配下来的各项任务的人。志愿者数量是衡量一座城市文明程度的重要指标，军运会志愿者招募再次吹响了全员展开志愿服务的集结号。2019 年武汉注册志愿者已超过 145 万，几乎每 8 个人中就有一个是志愿者。武汉，正在向着"志愿之城"进发。

人人都是投资环境，个个代表武汉形象。多年来，武汉市坚持不懈擘画系统工程，于 2015 年跻身全国文明城市之列，此次承办军运会，更成为武汉进一步提升城市文明程度和市民素质的重要契机。自 2019 年 3 月起，武汉开展了百万市民讲礼仪、百万家庭洁家园、百万志愿者展风采、百万职工做贡献等"四个百万"行动，市民踊跃投入，响应热烈。"武汉军运会，文明我先行；观赛守秩序，助威显水平……"网上线下、街头巷尾，100 字的军运会东道主文明公约，成为每个武汉人实实在在的诺言、点点滴滴的言行。招募 21 万军运会城市志愿者仅用时两个月、每

7人中就有1人注册了志愿者、有的家庭祖孙三代28人齐上阵……第七届世界军人运动会,向世界打开了一扇全面展示中国城市文明建设的窗口。

军运会志愿者分为志愿者形象大使、骨干志愿者、赛会志愿者、城市志愿者四大类。2018年9月评选出了程诚、官东、高东垒等10名军队志愿者形象大使和韩乔生、杨威、鞠彬彬等10名地方志愿者形象大使。志愿者形象大使们发挥着军运会志愿文化引领者的作用,吸引更多志愿者投身军运,营造人人关注军运会、奉献军运会的社会氛围。武汉军运会招募5万名赛会志愿者,在抵离服务、礼宾接待、语言服务、交通引导服务、安全保卫、医疗卫生、观众服务、竞赛组织支持、场馆运行支持、军运村运行支持、新闻运行支持、文化活动支持、特许商品推广支持13大类别志愿服务岗位提供服务。赛会期间招募20万名城市志愿者。武汉市文明办推出了《军运会文明公约》已成为大家共识,"让志愿服务成为一种时尚"的理念广泛深入人心;全社会志愿奉献的良好氛围,逐渐形成。

军运会志愿者服务

近年来,武汉市广泛发动群众开展"寻找身边武汉精神践行者"等活动,涌现出一大批在全国叫得响、立得住、传得开的先模典型。武汉还有时代楷模先进群体和个人各1人、全国文明家庭2户、中国好人94人、感动中国人物14人,以及一大批省、市级先进典型,涵盖各行各业、各个领域,形成群星璀璨的生动局面。目前,武汉市共有全国道德模范18人,全国道德模范提名奖17人。一大批精神文明建设的优秀人物和先进典型,引领带动形成"当好东道主、做文明有礼武汉人"的亮丽城市风景。

"文明"之城,全民"军运"。本届军运会是首次在同一城市举办所有赛事。参赛人数近万,创历史之最。办好军运会,离不开社会的支持。军运会期间,武汉市21万军运会城市志愿者深入到4000多个服务点位,参与到文明礼仪、清洁家园、文明交通等各种活动中。"大家眼前的这套编钟,由65件大小不一的钟组成。它们发声各异,就像世界军人运动会100多个参赛国家有大有小、有不同的声音和信仰。但只要和平的基调一样,凑在一起就能奏响时代强音……"在湖北省博物馆,现年72岁的军运会城市志愿者培训讲师、湖北省博物馆"金牌"讲解员胡昇,把博物馆当成宣传"创军人荣耀 筑世界和平"军运会主题的大讲堂。一件件文物,在他旁征博引、融汇古今的生动讲解下,被赋予了新的生命和内涵。

在武汉市青山区,军运会城市志愿者、残疾人杜诚诚参与军运会志愿者公益活动,用一言一行,践行志愿服务精神。2010年,武汉市青山区残联在蒋家墩社区设立盲人电影院,杜诚诚成了"盲人电影专场"的讲解员。她利用业余时间为青山区和武汉市的盲人讲解电影。军运会期间,她又为盲人讲述现场直播,让他们也能"看到"军运会精彩时刻。在中南民族大学读书的景颇族青年张红春是军运会赛会志愿者。2019年暑假,她到广西壮族自治区河池市巴马瑶族自治县支教,向当地孩子宣传军运会。张红春也是中南民族大学"石榴籽"军运会志愿服务队队员。得知第七届世界军人运动会在武汉举办,中南民族大学师生争相报名志愿者,2400余学生入选。他们给军运志愿服务队取名"石榴籽",希望不同民族的学生通过参与军运会志愿服务,传播民族文化,展现民族团结。

"志愿"之城,彰显文明。武汉是全国文明城市。军运会期间,在武汉大街小巷,总能看到一群戴着红袖章或者穿着红马甲的城市志愿者。他们以东道主姿态,在军运会期间提供文明交通、信息咨询、应急救护等各类志愿服务。在军运会女子沙滩排球比赛举办地武汉市汉阳区,赛场内外,一群佩戴党徽的军运会城市志愿者,成为亮丽风景线。汉阳区晴川街龙灯社区老党员莫昭琼是"月湖小红帽志愿服务队"的队长。作为军运会城市志愿者的带头人,她带领党员志愿者,每月到月湖及周边水域开展环境保护志愿活动。

武汉市文明办数据显示,2019年,武汉市在全国志愿信息系统注册志愿者总人数已超155万人,占全市常住人口的14%,相当于7个人中就有1名志愿者。志愿文化已成为武汉城市文明的底色。享誉全国的"吴天祥小组"目前已发展到1万多个,10万多名小组成员常年活跃在街道、社区,为人民群众办好事做实事,成为湖北武汉精神文明建设的重要品牌。长江救援志愿服务队已由当初的22支队增加到38支队，人员增加到1871人，共成功营救溺水群众700余人，被誉为"长江岸边的守护神"；信义兄弟志愿服务队现有登记在册志愿者总人数1778人，已开展近150场公益活动，累计支出公益款1300余万元，受益人数达3.5万余人……

在军运会这个国际舞台上，武汉先模典型的社会效应和影响更加广泛。志愿服务已成为新时代武汉市民追求的一种生活方式。

2. 发扬志愿精神

军运会志愿者可以为军运会提供大量的人力资源、高质量的服务，降低了举办军运会的成本，可以发展和提高军运会的人文价值，拉近军运会与大众的距离，促进国家之间的了解和沟通，对社会而言，志愿者可提高国民素质，增强民族凝聚力，树立社会新风。对志愿者自身而言，可以开阔眼界，净化灵魂，展示自我，增长才干。志愿者是社会成熟的标志。同时无数青少年在参与志愿活动中，领悟到大型国家赛事的真谛，他们会像火种一样，把军运会志愿精神带到社会的各个领域，影响和带动几代人。由那些身心和谐发展、有爱心、肯奉献的人们组成的武汉军运会志愿者队伍，将为建设一个更加和谐的社会作出贡献，为中国、为武汉军运会留下一份伟大遗产。

（三）国际交流

通过军运会，促进了国家文化交流。一次大型的国际赛事活动就是一场高水平的主场外交。通过举办本届军运会，可以全方位展示武汉的发展成就、城市形象和文化底蕴，提高城市知名度和影响力，让武汉更好地走向世界，也让世界更好地了解武汉。军运会是为纪念和平而创立的，本届赛会的主题就是"共享友谊，同筑和平"。通过这次和平盛会，我们将多渠道、立体化地推介中国和平发展的理念，拓展国际合作空间，为构建人类命运共同体贡献武汉的力量。

（四）国内外影响

体育具备政治功能已为体育理论界所公认，大型体育竞赛的举办不仅有助于政治的稳定，有助于促进各国人民之间相互了解，特定情况下还可以提供灵活的外交场合和机遇，此外重大体育比赛中的成绩更影响着国家的声望及威信。新中国成立以来，体育外交就是我国外交领域的一个非常重要的组成部分。何振梁夫人梁丽娟被誉为"中国体育外交第一人"。国内外著名的体育外交事件有：1972年中美乒乓外交、1971年中国参加日本世乒赛等。国际性体育赛事成为许多国家元首会面的重要平台，如上海合作组织青岛峰会期间，中国国家主席习近平和普京共乘高铁自北京前往天津，共同观看中俄青少年冰球友谊比赛。

国际性赛事活动是相对比较开放的政治表达的舞台。与国家领导人会晤、多边政治会谈等相对封闭的政治活动不同，奥运会是一个开放的和"易于接近"的国际活动，奥运会倡导最大程度的参与性和开放性，各种非政府行为体都容易接近奥运会这个"平台"，来表达自己的政治诉求。对于长期处于国际政治舞台聚光灯外的非国家行为体而言，奥运会为他们提供了难得的参与跨国政治互动的机会，它们不会放弃这样一个绝佳的机会。一位都灵冬季奥运会抗议活动的组织者坦言："政府将奥运会作为展示自己的舞台，为什么我们不能利用同样的舞台进行抗议活动？"正如这位非政府组织人士所言，事实上，几乎每一届奥运会都活跃着各类非政府组织的身影。① 最后，奥运会本身具有一定的政治符号意义，因此国际政治行为体有机会将自己特殊的政治诉求嵌入奥运会这类现成的国际机制框架之中。根据奥林匹克宗旨："使体育运动为人类的和谐发展服务，以提高人类尊严；以友谊、团结和公平竞赛的精神，促进青年之间的相互理解，从而有助于建立一个更加美好的和平的世界；使世界运动员在每4年一次的盛大的体育节日——奥林匹克运动会中凝聚在一起。"在这一神圣的宗旨下，借助奥运会表达普世性与人道主义等政

---

① 程晓勇：《国际政治视阈中的体育：基于奥运会的考察与分析》，《体育与科学》2017年第5期。

治目标的诉求便具有了某种程度上的"正当性"与"合法性"。

1. 打造了展示中国形象的平台

第七届世界军人运动会共有除中国以外108个国家参加，共派出近万名外国运动员、教练员和随行官员参加，包括近200名驻华武官、国外代表团全程感受了中国和武汉的军运盛会。中国国家主席习近平于2019年10月18日下午在武汉集体会见出席第七届世界军人运动会开幕式的各国防务部门和军队领导人及国际军事体育理事会主要官员，并发表了重要讲话："我们在武汉举办第七届世界军人运动会，100多个国家近万名军人齐聚江城，共同书写交流互鉴的新篇章。体育是社会发展和人类进步的重要标志，是人文交流的重要组成部分。军人与体育有着天然联系，射击、马拉松等许多体育项目都起源于军事。军事体育能够强健官兵体魄、凝聚军心士气、展示军人形象、促进军队交往，受到世界各国普遍重视。"①

2. 彰显了中国制度优势

每一个重大事项的决策，都体现着习近平主席高超的政治智慧、深远的战略考量，每一次重大任务的部署，都凝聚着习近平主席厚重的民族情怀、强烈的历史担当。习近平主席对军运会高度重视、全程把关定向，先后多次作出重要指示批示，为军运会成功举办提供了根本遵循。在军运会开幕式上，习近平主席亲自宣布军运会开幕。

坚持党的领导，迸发出了前所未有的伟力。集中力量办大事，是我们的政治优势和重要法宝。本届军运会赛场在户外、在水上、在空中，器材涉枪弹、动飞机、用马匹，既有奥运项目又有军事特色项目，既有健全人比赛也有残疾人比赛，且军运会没有资格赛，参赛的各国军人既有世界冠军，也有体坛新秀，这些无疑提高了赛事筹备和组织的难度系数。

军运会是一项跨领域、跨体系、跨部门的系统工程，用不到3年时

---

① 《习近平：把本届军运会打造成各国军事文化交流互鉴的国际盛会》，人民日报，https：//baijiahao. baidu. com/s? id =1647773774145798115&wfr = spider&for = pc。

间成功兑现"给世界一个最赞的军运会",这得益于"国家支持、军地联合、军队主导、地方承办、社会参与"的办赛模式,最大限度调动了国家、军队优质资源力量。

组委会领导多次赴武汉调研指导,有力推动重大事项落实、重大问题解决,中央国家机关和军委机关部门主动担当作为、积极协调落实,湖北省武汉市举全省全市之力,精心组织、精益求精。据统计,先后有160多个筹办主体、5000多个大小单位、8万余人参与其中,体现了党总揽全局、协调各方的强大。

军运会成功举办后,中共中央总书记、国家主席、中央军委主席习近平给予了高度的评价,第七届世界军人运动会成功举办,是在党中央和中央军委领导下,组委会、军地各有关方面共同努力的结果。湖北省及武汉市以高度的政治责任感精心组织、精益求精,广大市民以主人翁姿态热情参与、积极奉献,为军运会圆满成功作出了重要贡献。

军运会组委会主席、中共中央政治局委员、中央军委副主席许其亮指出,这是一届开创历史新篇的军运会,成功是全方位的,效益是综合性的,诠释和平理念,凝聚和平力量,用精彩、卓越、非凡,向国际社会兑现了庄严承诺,向党和人民交出了满意答卷。军运会的巨大成功,根本在于以习近平同志为核心的党中央的坚强领导,在于习近平新时代中国特色社会主义思想的科学指导。军运会创造"国家支持、军地联合、军队主导、地方承办、社会参与"的办赛模式,实现"两个一流"目标,有力彰显中国特色社会主义的显著优势。经验启示我们,必须坚持党的领导、必须以人民为中心、必须坚守初心使命、必须不断改革创新、必须军政军民团结。[①] 要深入搞好军运成果的总结梳理和转化运用,实现军事体育事业的新跨越、拓展军事外交的新空间、增添强国强军的新动力,最大限度发挥其时代效应。

3. 增进了各国人民的交往和理解

通过军运会,世界更加了解中国的文化、中国的人民,了解中国人

[①] 《第七届军运会组委会第四次全体会议暨总结大会举行 许其亮孙春兰出席并讲话》,人民网,https://baijiahao.baidu.com/s?id=1650676652749490065&wfr=spider&for=pc。

民向往、渴望和平，渴望发展自己，渴望与世界人民友好相处的美好愿望。军运会是109个国家9308名军人、42国的防长和军队领导人、上千名外国武官和随行记者的盛会，他们就成了宣传武汉、宣传湖北和宣传中国的最好的使者。事实证明，通过这些外国友人，中国的国家形象得到了很好的宣传。在海外华文媒体武汉行、全球百家媒体武汉行系列采访活动中，今日俄罗斯通讯社等多家海外媒体100余名记者来汉，集中报道600多篇次，向世界讲好武汉故事、讲好军运故事、讲好中国故事。

组委会利用各种机会展示中国形象。如2017年，国际军体理事会在汉召开2017年第三次执委会，为了让国际友人进一步认识中国武汉，武汉市组织了中国味、汉味十足的国际军体参观知音号活动；国防部在汉召开第七届世界军人运动会专题新闻发布会，发布会徽、吉祥物、口号及官方网站，吸引了全球关注。编制《武汉军运会接待酒店中英文菜单》，满足各国友人餐饮需求，宣传推介武汉餐饮特色。在外宾接待方面，赛会礼宾接待工作充分展现了礼仪之邦的大国风范和敢为人先的武汉精神，给贵宾们留下了深刻印象。国际友人通过留言等方式感谢武汉的精心、精细、精准接待，外军高官在黄鹤楼题词致谢并表达对武汉的赞美之情；中央军委军合办以军方名义发函湖北省，对外军高官群体接待工作表示感谢；多名组委会成员单位对精心接待表示感谢。

国际友人对军运会的成功举办，对武汉、湖北和中国人民的热情接待都表达了溢美之辞。如国际军体主席及官员们盛赞，"礼宾中心为国际军体工作人员提供了世界一流的保障服务"；国际军体主席赫尔维·皮奇里洛在采访中多次表达对武汉这座城市的赞扬，"我们必须向武汉市致敬，他们的组织动员工作非常出色，武汉的场馆修建和翻新正是高水平比赛的基础"。"细致的接待，真诚的笑容，武汉军运会联络、陪同、接待工作非常到位"[①]。这既是一份认可和肯定，也是一份激励和鞭策，武汉军运会的成功举办，必将成为推动城市发展的强大动力。

---

① 《"这是世界一流的服务"国际军体主席点赞军运会礼宾工作》，人民网，https：//baijiahao. baidu. com/s？ id =1648480677176044863&wfr = spider&for = pc。

4. 助力实现中国梦

军运会在武汉举办的意义远远超过了体育、经济和社会等领域。举办军运会的目的就是要传递"体育传友谊"的宗旨。国际军体理事会主席赫尔维·皮奇里洛认为，本届军运会充分展现了"中国人民对和平的理解，还有团结、友谊这些理念，都通过军运会的成功举办传递给了全世界"。"本届军运会所传递的这些理念，使各国参赛代表团都对中国产生很好的印象，这都是无形的遗产。"① 军运会中国代表团副团长曹保民大校说："（军运会）能把世界各国军人召集在一起，不是为了打仗也不是为了军演，而是为了促进交流、增进友谊，这就是'体育传友谊'的力量。"通过成功举办第七届世界军人运动会，中国不仅向世界展现了和平崛起、勇于在国际舞台上承担责任的大国形象，彰显了中国政府、军队和人民爱好和平、追求和平、捍卫和平的坚定决心和意志，更展示了我军威武之师、文明之师、胜利之师的良好形象，军事体育外交的大有作为，为推动国际军体事业发展、推动世界和平、构建人类命运共同体发挥了积极作用。②

5. 给武汉带来了广泛荣耀

军运会堪称"世界军人奥运会"，这次运动会在武汉召开，是迄今为止武汉承办的最高规格体育盛会，也是2008年北京奥运会之后，中国主办又一次大型体育运动会。武汉能够成功举办这次盛会，这是武汉的荣誉，同样是中国的荣誉。这次军运会成功举办，扩大了武汉的知名度，增加了武汉的美誉度。通过这次军运会，全世界从电视上知道中国中部有个武汉，知道武汉是一座了不起的城市。

在军运会举办前后，国内外媒体给予武汉高度的关注。《人民日报》头版头条、新华社重磅电讯、央视新闻联播和焦点访谈集中聚焦武汉、

---

① 《武汉军运会是历史性的、和平的盛会——专访国际军体主席皮奇里洛》，新华社，http://www.xinhuanet.com/webSkipping.htm。

② 《共享军体荣光　凝聚和平力量（军运大视野）》，环球网，https://baijiahao.baidu.com/s?id=1648594292953427646&wfr=spider&for=pc。

聚集军运会。中央媒体围绕军运村开村、解放军代表团成立、军运门票开售、倒计时100天、倒计时20天、火炬传递、新中国成立70周年、开幕式、闭幕式等重要时间节点，加强选题策划，集中推出系列重头报道。《人民日报》在显著版面刊发《"换面"也"换里"，办赛亦惠民——武汉因军运会更美丽》《武汉军运会厉行节俭办赛》等报道；新华社刊播《同筑和平　共襄盛会——第七届世界军人运动会倒计时100天》《办公场所用板房　半数场馆系改造——第七届世界军人运动会筹备观察》等重磅报道。"学习强国"平台把军运会知识纳入答题范围，刊发军运会稿件333篇。从军运会开幕到2019年10月28日上午11时，军运会相关信息1244689条，其中央视、新华社、人民日报三家媒体报道数量达到10341篇次。新华社所属新华每日电讯、半月谈、参考消息持续发布专题报道。中新社平均每日发稿30余篇，并翻译成多种语言在不同平台、不同渠道传播，产生热烈反响。

6. 获得了国家有关部委和湖北省委省政府的大力支持

通过向中宣部、外交部、国家体育总局、财政部、海关总署、民航总局等中央和国家机关及湖北省委省政府请示，在军运会税收优惠、定向采购、大气环境区域联防联控、军运会通关手续办理等方面取得了政策优惠和便利，为军运会的圆满顺利举行提供了重要支撑和保障。

同时为有效保障军运会筹办工作需要，武汉军运会全力谋划落实赛事经费，共申请军方补助经费4.07亿元，湖北省财政补助经费2亿元，这些投入有力地支持了武汉后军运会时代经济社会的可持续发展。

7. 展现了世界各国对军事体育的重视

军事体育活动被世界广泛认为有十大益处：培养士兵的信心和凝聚力，创建适合军事的士兵，提高兵役吸引力，培养、训练、激励人才，通过国际竞争提供经验，提高跨文化+国际竞争力，利用体育作为有效的外交推动因素，加强各国间的团结，利用运动消除冲突/建设和平，支持全球人权的传播等。国际军体理事会有140个成员国，本届军运会参加国家达到了109个，这两个数字说明，越来越多的国家正在逐渐重视军事体育、发展军事体育、积极参与国际军事体育。本届军运会共有66个国家登上了奖牌榜,许多国家较以往均有不同突破,充分表明各国军事体育训练水平正在上升。

8. 支持了国际军体理事会的工作

对国际奥委会来讲,在世界上人口最多的国家举办奥运会,对它来说是最好的机遇,没有比在中国举办奥运会更能传播奥林匹克的精神和理想的了。

同样,武汉举办的军运会,在世界军运会历史上无论是组织能力、参加人数、比赛项目、竞赛成绩等都达到了新的历史巅峰,为世界军运会增添了光彩。

2019年10月28日,正值武汉军运会成功举办之际,国际军体理事会主席赫尔维·皮奇里洛一行到访武汉军运会执委会,向参与筹备举办军运会的中方人员表示感谢。国际军体理事会主席赫尔维·皮奇里洛、国际军体理事会秘书长多拉·曼比·科伊塔、国际军体理事会武汉军运会事务主管奥利维尔·维埃里、国际军体理事会武汉军运会事务副主管约瑟夫·巴卡利一行四人在武汉军运会赛时联合指挥部办公室(MOC),与武汉军运会执委会副主任兼秘书长、军运会执委会办公室(军队)主任郭建中大校,军运会执委会副主任、武汉市人大常委会副主任丁雨进行亲切会谈,对中国军方和武汉市再次表示祝贺和感谢(见表6-1)。

表6-1　　　　　　　历届世界军事运动会基本情况

届次	年份	举办地	参与国家(个)	参与人数(个)	项目(项)
第一届	1995年9月	罗马	93	4000	17
第二届	1999年8月	克罗地亚萨格勒布	82	7000	20
第三届	2003年12月	意大利卡塔尼亚	83	2800	11
第四届	2007年10月	印度海得拉巴	107	6000	14
第五届	2011年7月	巴西里约热内卢	109	6000	20
第六届	2015年10月	韩国闻庆市	105	8000	24
第七届	2019年10月	中国武汉	109	9308	27

数据来源:中国大百科全书军事卷编审室:《中国大百科全书·军事》,中国大百科全书出版社2007年版。

（五）包容性社会

伴随着《红旗飘飘》大合唱，"和平友谊纽带"熠熠生辉，"和平鸽"展翅飞翔，穿越前六届军运会承办地意大利罗马、克罗地亚萨格勒布、意大利卡塔尼亚、印度海德拉巴、巴西里约热内卢、韩国闻庆，进入武汉开幕式现场，一张张各国军人的笑脸赢得现场阵阵喝彩。体育传友谊，薪火耀和平，开幕式文艺表演从茫茫九派到滔滔黄河，从张骞凿空到路路相连，从"止戈为武"到"一带一路"，此画如梦如幻，此景亦梦亦真。由万余名军民共同演绎的"和平的薪火"文艺表演，深刻诠释了"止戈为武"的和平理念，描绘了"美美与共"的和平愿景，传播了"共享共赢"的和平主张，凝聚了"推动构建人类命运共同体"的和平力量。

（六）权益保护与法律事务

1. 保障法律咨询服务需要

配备专职律师团队，为军运村运管会、竞委会、专项工作中心等机构提供法律咨询指导或服务。针对当日重大活动和赛事可能发生的突发事件做好法务应急准备。开展赛时现场巡查指导，针对比较激烈、观赛人数较多的足球、篮球、乒乓球、自行车等比赛项目和军运村开展赛时巡查，以便为各场馆可能发生的突发事件及时提供现场法律业务指导。

2. 保障各项合同的有效履行

针对赛时的实际情况，法律事务团队严格按照《第七届世界军人运动会执行委员会关于进一步加强合同管理工作的通知》（军运执〔2019〕81号）、《第七届世界军人运动会执行委员会关于修订合同管理办法的通知》（军运执〔2019〕103号）、《第七届世界军人运动会执行委员会关于做好赛时会议决策等工作的通知》（军运执〔2019〕104号），审核《第七届世界军人运动会酒店接待服务合同（丹枫白露）》等合同14份，合同盖章269份。

3. 加强知识产权保护

提高全社会对军运会知识产权保护的法律意识，根据军运会知识产权相关工作部署，同时为配合新闻宣传部门的形象管理和市场开发部门赞助商品牌保护工作，法律事务团队组织开展系列军运会知识产权保护活动。在市、区普法部门的支持下，武汉全市 1379 个社区张贴宣传海报，在市区政务中心、主要交通窗口、旅游景点和商圈等人流密集区域开展现场宣传。在此基础上与市市场监督管理局、公安局、海关、法院、检察院建立联络保障工作机制，及时依法处理打击侵犯军运会知识产权的违法行为。

（七）廉洁军运

第七届世界军人运动会是我国第一次承办综合性国际军事体育赛事，也是继北京奥运会后我国举办的又一次国际体育盛会。为进一步做好军运会赛时运行阶段监督工作，确保"廉洁办会、节俭办赛"目标实现，按照军运会赛时联合指挥部的统一部署，执委会军地双方迅速行动，整合资源，成立联合监督监察组，聚焦服务保证军运会圆满成功举办这个大局，把执行号令、完成任务、担当履责作为军运会赛时监督工作重心突出出来，大力加强监督、把关、服务，聚力推动各项任务落细、落实、落地，以强有力的作风纪律建设为实现"两个一流"目标提供坚强的纪律保障。

1. 整合监督力量，优化工作机制

强化责任担当，按照军运会执委会和赛时联合指挥部的要求，针对赛时运行阶段任务特点，军委纪委监委和执委会监督委员会密切配合，坚持挺纪在前、全程介入、压实责任、军地联动的原则，由军委纪委监委第二派驻纪检监察组、军委训练管理部二纪委监委、武汉市纪委监委领导牵头，抽调军委纪委派驻纪检监察组、武汉市作风巡查第九组和执委会监督委员会办公室力量，组成联合监督监察组。区分岗位特点、任务类型、工作地域分成 4 个督察小组，每组 4—6 人，突出重点、各有侧

重,深入军运会筹办工作相关领域,采取专项检查、跟进督察、重点抽查、问题核查等方式,深入到各竞委会、军运村、城市运行保障体系、竞赛组织与场馆运行体系以及赛会服务体系、网络舆情管控体系等赛事筹办工作重点领域,开展监督监察,及时了解发现矛盾问题,并加以解决。在前期全面抓好政治监督、财经审查、履责督察、廉洁检查、作风巡查的基础上,根据赛事任务推进工作需要,及时调整工作重心,赛前突出执行号令、完成任务、担当履责,赛中突出到岗尽责、严守纪律、作风形象,赛后突出厉行节俭、落实制度、廉洁自律,聚焦中心工作,大力加强监督、把关、服务,促进军地工作人员廉洁、担当、尽责。为进一步健全完善监督监察工作体系,明确赛时运行阶段各项目竞委会、专项工作中心、任务部队监督监察力量的工作责任和任务重点,联合监督监察组向赛时运行指挥体系各有关单位、执委会各部门下发了《第七届世界军人运动会赛时监督监察工作方案》(军运联指〔2019〕6号),要求各项目竞赛委员会、各专项工作中心、军运村运管会进一步健全完善监督监察工作体系,压紧压实责任链条,形成上下联动的工作格局。认真组织开展自查,填报《军运会监督监察项目自查情况表》,突出岗位责任、计划方案、协作配合、风险防控、作风纪律五个方面,深入查找风险隐患,为做好赛时监督工作打下了坚实基础。

2. 加强监督监察,确保政令畅通

针对联合指挥部组织开展军运会开幕式当天和正式比赛综合演练的情况,在督导巡查工作的基础上,联合监督监察组针对赛时的关键环节,划分了三个主要阶段,即军运会开幕式前、军运会开幕式当天、开始比赛后,明确各个时期监督监察的工作重点和部署安排,重点抓好工作人员立足岗位、履行职责情况的监督;重点督促落实风险预案的制定和应急处置相关工作;重点督促执委会指挥层、执行层各部门的上下联动、沟通协调,提高军运会的整体组织运行和指挥协调能力。围绕开闭幕式、军运会火炬传递等重大活动,督察组积极参与开幕式桌面推演5次、场地演练3次,并先后会同开闭幕式中心督导组、人力资源部专家组对开幕式演练期间和运行当日开展"督战式"督察3次,发现反馈问题40多个,并督促整改落实。积极参与火炬传递站点物资处置专题会议,提出明晰处置物资的品种和数量,并督促物资中心做好对接工作;对军运村的交通运行中心、食品供应与安全保障中心、食品物流仓储及时进行现场督导,要求完善有关手续、强化规范管理。在军运会赛时运行阶段,围绕社会稳定和安全管控中存在的隐患风险以及外事接待、舆情管控、票务管理等方面可能出现的问题,各督察组深入各竞委会、相关主责部门开展跟踪监督,采取联席研判、深度研商的方式,督促制定风险隐患排查和应急处置的方案预案。针对舆情管控中心存在的管理不到位和管控能力不够的问题,督察组积极协调、畅通其与军方的沟通渠道,建立舆情互通机制,有效增强了舆情管控力度;针对志愿者补贴发放不及时不到位问题,及时对志愿者管理中心相关人员进行约谈,督促问题整改;针对运动员抵离工作,尤其是比赛枪弹入境和埃博拉疫情管控工作,督察组对抵离中心进行重点跟踪,在军运会开幕前每天与抵离中心乌鲁木齐、成都和厦门工作站进行工作联系,协调解决巴西和乌拉圭运动员枪弹行李漏发、错发等问题,并及时跟进埃博拉疫情国家刚果(金)运动员的入境情况,加强对埃博拉疫情管控的巡查工作,督促市卫健委派出专门工作人员赴成都进行工作保障,确保疫情管控平稳有序;对梁子湖赛事区域水质加强日常管控督导,使其水质持续保持二类,保证赛事正常进行;针对赛事期间,有些比赛项目一边是场内上座率不足50%,观众不足,一边是场外比赛门票销售告罄,观众无票可买的矛盾,及时上报联合指挥部办公室,协调票务中心,妥善解决。同时,在军运会正式比赛期间,各督察组纷纷深入到各场馆,重点围绕赛会组织工作运行保障,突出监察军地工作人员到岗尽责、严守纪律、作风形象、协调运作、公平办赛等情况,及时梳理分析发现问题情况,提出加强和改进意见。

3. 严格纪律要求,严肃追责问责

在赛时运行阶段,联合监督监察组紧密联系工作实际,把做好赛时监督监察工作与抓好全市"迎大庆、保军运"平安稳定工作结合起来,与搞好驻鄂部队"迎军运、树形象、作贡献"工作结合起来,整体研究部署,加强与上级监督职能部门的沟通对接,加强部门之间的协调配合、工作联动,确保齐抓共管、各负其责。建立了每日报告制度。从2019年9月25日起至赛会结束,各单位每日报告监督工作情况,有事报信息,无事报平安，遇重大问题、突发情况立即报告。9月25日至10月29日期间，各单位每日报告监督工作情况共计1995次，未收到重大问题、突发情况报告。严格执行《第七届世界军人运动会赛时运行阶段工作人员纪律规定和责任追究办法》，落实主体责任，认真履行"一岗双责"，加强内控管理和风险防范。对赛时阶段执行号令不力、工作落实不到位，违反纪律规定造成严重后果的，从严从速追责问责，坚决维护纪律规矩的严肃性。各督察组坚持聚焦中心、关口前移、紧盯作风、挺纪在前，将监督监察中发现、掌握的问题，分类梳理，及时向联合指挥部办公室报送《监督监察工作建议函》，与相关责任部门的领导和具体责任人开展提醒谈话40余次。

七 文化遗产

（一）文化活动

1. 开、闭幕式文化

2019年10月18日晚，中共中央总书记、国家主席、中央军委主席习近平出席武汉第七届世界军人运动会开幕式并宣布开幕，国际军体理事会主席、42个国家的防长和军队领导人、109个参赛国家运动员应邀参加开幕式，全场近6万名观众、数10亿电视观众共同见证这一历史时刻，开幕式演出创意新颖、科技感十足，气势恢宏、精彩绝伦，向世界人民展示了博大精深的中国文化，展示了创新发展、开放包容的中国形象，可以说是惊艳全球、扬我国威，开创了军人体育运动会的新篇章。10月27日晚，中共中央政治局委员、组委会主席、中央军委副主席许其亮出席闭幕式并宣布闭幕，中共中央政治局委员、组委会主席、国务院副总理孙春兰致辞，国际军体理事会主席、103个参赛国家运动员参加，闭幕式以"友谊的纽带"为主题，延续"止戈为武"的理念，将荆楚文化与世界文化相融合，彰显友谊、和平的主题。

2. 军运标识文化

注重标识，展示形象，挖掘文化，创新设计具有荆楚风韵的运动制服。邀请中国社会科学院考古研究所研究员王亚蓉、军事科学院系统工程研究院教授级高工赖军担任制服设计工作联合专家组组长，挖掘武汉盘龙城遗址文化内涵，创造性形成以田猎纹、国运迷彩等作为核心图案的运动装制服体系，对工作人员、技术官员、赛会志愿者等不同人群，采取"同款不同色"的方式配置，分别以长城灰、江潮蓝、砖玉红和水杉绿等颜色予以区分，充分展示了中华文化的深厚底蕴。

多种形象宣传产品百花齐放。《和平的薪火》《美丽江城欢迎你》等20首军运会主题歌曲广为传唱。推出吉祥物兵兵，深受各国运动员、媒体记者和广大市民的喜爱。在全市窗口地段布置兵兵形象展示，在北京天安门广场举行的庆祝中华人民共和国成立70周年群众游行活动中，兵兵亮相湖北彩车，引发广泛关注。对54个场馆实行"一馆一案"景观布局，在城市主次干道设置军运会旗、会徽和中英文口号，军运会主题景观扮靓武汉。武汉广播电视台制作播出倒计时100天宣传片、五集军运会纪录片《和平荣耀》、宣传片《和平薪火》《和平笑脸》《吹响集结号》《和平薪火，生生不息》、赛事回顾、志愿者风采等各类宣传片20余部，令广大观众大饱眼福。

3. 非遗文化

举办非遗活动展，展示中华优秀传统文化。每日在主媒体中心开展以布艺堆绣、京剧脸谱、武汉折纸、泥塑、汉绣、中国剪纸等十余个非物质文化遗产项目体验活动，送出600余份非遗推广小礼品，累计接待咨询近2000人次，受到了广大媒体尤其外国媒体的追捧，20余家媒体对相关活动报道40余次。

4. 书画作品

面向全国征稿，与中国美术家协会联合举办军运会全国美术作品展，与湖北省文联联合举办军运会全国书法作品展。在武汉全市举行迎军运万人军体拳挑战赛，有力地宣传了军运会，扩大了军运会的知晓率、影响力。在五一、中秋、国庆期间，将军运会元素巧妙融入"长江灯光秀"等活动，海内外媒体纷纷聚焦。在全市组织深入开展迎军运"四个百万"（百万市民讲礼仪、百万家庭洁家园、百万志愿者展风采、百万职工做贡献）活动，举办"当好东道主，热情迎军运"系列百姓宣讲，形成人人关心、支持、参与军运会的浓厚氛围。

（二）宣传推广

1. 提升了城市形象

全球城市崛起有规律可循：一般都由国际性大事件驱动。武汉军运会、上海世博会、广州亚运会、深圳大运会、南京青奥会、杭州 G20 峰会、厦门金砖会议，无不促进上述城市"脱胎换骨"，走向世界。作为中部崛起重要战略支点的大武汉，需要这样的窗口。一次大型赛事往往具有广泛的国际影响。一届军运会一般会有多个城市提出申办，而最终只能有一个城市申报成功。这种资源的稀缺性使这些大型赛事的主办城市很容易就获得良好的国际声誉，从而在世界上树立良好的城市形象。军运会期间，大量游客到访武汉，全球众多国家和地区的几十亿人通过电视了解这座城市，极大地提升了武汉市的知名度。武汉军运会，是武汉承办的规模最大、级别最高、影响最广的国际盛会，是复兴大武汉征程中具有里程碑意义的大事件，必将加速"现代化、国际化、生态化"大武汉建设，助力武汉惊艳亮相世界舞台。2019 年，恰逢新中国成立 70 周年，70 年风雨兼程，中国正前所未有地走近世界舞台的中央。举办军运会，是中央赋予湖北和武汉的重大政治任务，是以习近平同志为核心的党中央、中央军委作出的重要决策，是党中央、国务院、中央军委对武汉的信任和重托，是提升武汉国际影响力的重大历史机遇，意义深远。国内外政要、军体健儿和四海宾朋，聚集在"武汉时间"，触摸和感受一个生态、创新、活力、热情、拼搏的大城武汉。

《2018 亚洲 50 强城市综合排名》对比分析前一年的数据，武汉位次得到提升，这与军运会关系密不可分。① 在 2018 年中国百强城市排行榜，武汉的软指标已经排全国第三了，仅次于北京、上海，2017 年，武汉的软指标还排第六，说明军运会在这一年起了很大作用。② 如果多承办一些

---

① 《2018 亚洲城市 50 强排名发布：中国五座城市上榜前十》，凤凰网，https：//finance.ifeng.com/c/7i1rp1KvFbs。

② 《骄傲！2018 中国百强城市排行榜发布，湖北三城上榜！》，荆楚网，https：//baijiahao.baidu.com/s？id=1606977138944784709&wfr=spider&for=pc。

有国际影响力的会议和活动，有助于武汉建设好国家中心城市和新一线城市。

为武汉带来光彩的不仅是城市风光，还有生活在这里的人们。军运会开幕式后，近6万现场观众基本没有留下垃圾，大家把垃圾放进事先为观众准备好的帆布袋里带走了。赛场上热情的观众感染着各国运动员，"这里的气氛就像奥运会一样热烈"，意大利击剑选手佩尔吉尼说，"很多人为我们加油"。友谊不仅连接着参赛的各国运动员，也连接起运动员和观众的情感。

在"和平的薪火"中塑造武汉新形象。"大武汉，很美丽！"从城在景中，到堤在林中；从公交优先，到绿色出行；从游得开心，到住得舒心；从市民的极大支持参与，到志愿者辛勤忙碌的身影……"办好一次会，搞活一座城"。遵循习近平总书记指示，按照湖北省委、省政府工作要求，武汉坚持"办赛事"与"建城市"相统一，在城市发展中践行辩证思维，以办好军运会为契机，全域提升城市功能品质，激发城市发展活力，让全体市民长久得享"军运会福利"。如果说军运会为武汉在城市面貌、绿色发展、市民素养等方面赋能，那么以军运会为新的起点，必将塑造精致武汉新形象。正如德国明斯特电视台中国部总监周俊说："借助军运会，武汉实现了外在颜值与内在气质兼修。"

武汉的办赛工作和城市建设获得了国内外一致的称赞。阿曼代表团团长费萨尔表示："一切都很完备，不只是好，而是非常、非常、非常好！"匈牙利杰尔市市长博凯说："作为一名退役军人和前奥运会冠军，我明白，要准备这种级别的赛事，一座城市需要付出多少努力。"泰国曼谷市长阿萨温警上将寄语武汉："我相信第七届世界军人运动会将取得成功，并会推动武汉成为国际体育赛事中心以及充满活力的文化中心。"国际军体理事会主席皮奇里洛评价说："本届军运会充分展现了'体育传友谊'的军体精神。中国人民对和平的理解，还有团结、友谊这些理念，都通过军运会的成功举办传递给了全世界。"[1] 埃及武装部队体育局局长哈齐姆准将表示："本届世界军人运动会是埃及历史上参赛人员最多的一

---

[1] 《从长江之滨走向世界舞台——江城武汉尽显国际范》，新华社，https：//baijiahao.baidu.com/s？id＝1648549632427930351&wfr＝spider&for＝pc。

次。中方在赛事组织和筹备方面展现出世界一流水平，给埃方留下深刻印象。军运会是军事体育和文化交流的重要平台，我们期待通过此次军运会增进友谊、深化合作。"巴西中国问题研究中心主任罗尼·林斯表示："世界军人运动会有着促进各国军事文化交流互鉴的作用。巴西本次派出了众多优秀的军人运动员，其中不乏为国出征奥运会的运动健儿。本届武汉军运会的硬件设施及后勤保障赢得世界瞩目。"法国巴黎第八大学教授、中国问题专家皮埃尔·皮卡尔说："世界军人运动会使我们再次意识到团结在一起的重要性和必要性，国际体育和竞技运动使不同国家和民族的人们汇聚一堂。这次军运会再次展示了中国在提高人民健康水平、积极发展体育运动方面的努力，以及通过体育传播友谊、促进和平的坚定意愿。"第七届世界军人运动会德国代表团团长克里斯蒂安·吕茨肯多夫说，希望看到一届伟大的军人运动会，"世界军运会对全球各个国家的军人运动员都非常重要，举办军运会本身就是在践行国际军事体育理事会'体育传友谊'的理念"。俄罗斯《共青团真理报》军事评论员巴拉涅茨表示："体育就是和平这一精神完全适用于世界军人运动会。军运会有助于拉近各国军人之间的联系，促进相互理解，加强不同国家武装力量之间的交流。"肯尼亚国际问题专家爱德赫雷·卡文斯评论道："本届体育盛会彰显了中国维护世界和平的决心，提醒世界各国军队应创造更多友好交流的平台，共同应对世界和平、人类共同繁荣所面临的挑战。中国通过主办运动会为世界各国军队提供了文明交流的机会。"①

国内的评价也是非常之高。全国人大代表雷军表示："相信随着武汉军运会的举办，武汉这座城市一定会越来越有生机与活力，相信武汉的明天一定会更加美好！"全国人大代表霍震寰说："第七届世界军人运动会确实是一件年度大事，今年10月，有时间我一定会到武汉，到比赛现场去感受下。"全国政协委员周鸿祎表示："通过这次军运会，世界上一定会有更多的人了解武汉，武汉在国内外的知名度和城市形象一定会大大提升，这样也会给我们湖北各方面带来更多的机遇。"全国人大代表廖昌永说："办好一次会，搞好一座城。相信第七届世界军人运动会的举

---

① 《第七届世界军运会举行　获得国际社会热议》，环球网，https://baijiahao.baidu.com/s?id=1647878961922376273&wfr=spider&for=pc。

办,一定会给武汉带来可喜的变化。就类似上海世博会一样,武汉军运会一定会让武汉这座城市的建设进一步提档升级,更是会让整个城市的文明形象、市民文明素养得到更大的提升……"全国政协委员丁磊表示:"一座城市,每办一次大型赛会,就是经受一次大考。一个城市如果能够承办世界级的运动会,一方面说明自身有了相当的实力和水准,另一方面,运动会的成功举办也会反过来推动城市的水平上新台阶。"① 武汉的知名度、美誉度迅速提升。2019年年底,知名城市评级机构 GaWC(全球化与世界城市研究网络)将武汉评定为世界 Beta 级城市,和德国柏林、巴西里约热内卢等城市同一级别。②

2019 年国庆假期,武汉市接待国内外游客 2262 万余人次,实现旅游收入 125.99 亿元人民币,不仅两项指标均跻身中国城市十强之列,而且游客对城市面貌焕然一新的武汉旅游总体印象满意率高达 99.41%。

2. 宣传了城市价值

举办大型综合性国际体育赛事是一座城市综合实力的体现。换一个角度讲,没有相当的综合实力,是难以举办国际性综合运动会的。综合实力体现在两个方面,一个是经济实力,另一个是城市建设的实力和承载能力。2015 年,武汉申办军运会的时候,全市 GDP 达到 1.1 万亿元,进入万亿元俱乐部,财政收入达到 1200 亿元。另外,武汉的机场、轨道交通等便利的基础交通设施也为承办大型的综合体育赛事打下了坚实的基础。而武汉拥有众多高校,学校的体育场馆为申办大型体育赛事提供了便利的条件。可以说,武汉发展到这个阶段,有能力、有底气来承办大型综合性的国际体育赛事。武汉市承办第七届世界军人运动会,也是一个历史的选择。

3. 宣扬了城市精神

一是通过军运会,提高了武汉的知名度。这次军运会,向世界展示

---

① 《振奋!刚刚,总理提到了这件大事,一定会让全世界爱上武汉》,光明网,https://m.gmw.cn/baijia/2019-03/06/32609240.html。

② 《武汉:从现在起,请叫我"世界城市"!》,荆楚网,https://baijiahao.baidu.com/s?id=1606693786067055883&wfr=spider&for=pc。

了武汉的活力，让人们比较深入地了解到武汉城市发展、经济繁荣、科技进步的潜力与魅力。

二是通过军运会，提升了武汉的幸福度。军运会让武汉的城市舒适度得到充分展示，人们更加喜欢美丽大武汉，羡慕生活在这座城市的武汉人，喜欢武汉的大江大湖，喜欢黄鹤楼、楚河汉街、户部巷、吉庆街……

三是通过军运会，提振了武汉的精气神。军运会除了给武汉留下一大批硬件设施，更重要的是留给武汉拼搏进取的军运精神，这是一笔宝贵的精神财富；留给武汉和平的期冀，与各国友好人士友谊长存。

四是提升全民的国防意识。武汉是个驻军大市，也是个拥军大市。本届军运会的一个鲜明特点就是军地合作、军地共办。军地共同办赛，将有力地弘扬武汉市军爱民、民拥军的光荣传统，巩固和发展坚如磐石的军政、军民关系，加强全民的国防教育，使关心国防、热爱国防、建设国防成为全社会的思想共识和行动自觉。

（三）媒体与转播

1. 完善保障措施

制定了《媒体服务手册》，建设了主媒体中心，军运会云计算中心、各场馆竞赛专网、互联网运行平稳，未发生临时性断网等突发应急事件。主媒体中心一楼媒体工作区专项网络服务运行正常，为外国媒体记者提供了安全优质的网络服务。

2. 组织各类宣传活动

组织城市采风行，为国（境）内外媒体呈现武汉特色。美国、俄罗斯、法国等14个国家随团媒体人员，以及新华社、人民日报、中央电视台、解放军报等89家媒体的400多名新闻记者走进江岸、硚口、汉阳、武昌等8个城区，对武汉的风景名胜、民俗魅力、风土美食等有更深刻的体验。各媒体共刊发城市采风主题报道100多篇次；单场网络直播在线人数平均保持在30万人/场次，累计总播放量接近300万条/次。

3. 启用了奥运会转播标准

中央广播电视总台按照奥运会转播标准派出 2400 多人规模的转播和宣传团队，采用 4K/8K、5G、VR 等新技术，集中 10 多个央视频道、央广频率和央视网等新媒体全媒体全球直播军运会开闭幕式，全程直播火炬传递。央视体育 CCTV-5、新闻直播间、24 小时（CCTV-13）、中国国际电视台等直播转播赛事场次 150 余场，其中央视 5 套体育频道及 7 套国防军事频道平均每天直播军运会相关节目近 10 小时。全国共计 4.52 亿人次观众通过电视直播观看了军运会相关电视节目。开幕式央视 7 个频道直播观众规模达 1.77 亿人次。军运会相关短视频总播放次数超 20 亿次。军运会电视观众规模等各项传播数据均创历史纪录，向全世界呈现了一场精彩、非凡、卓越的体育盛会、视听盛宴。

（四）档案管理

档案遗产也称为文献遗产。2002 年国际奥组委在瑞士洛桑"奥运会遗产"研讨会上把奥运遗产归纳为以下几类：城市及环境遗产、运动遗产、经济及旅游遗产、政策遗产、文化及社会交往遗产、教育和档案遗产。奥运档案已被国际奥委会提升到奥运无形遗产的高度。军运档案定义为：指国家机关、社会组织以及个人从事与军运会相关的体育、政治、经济、社会、文化、环境、旅游、通信和城市规划等活动直接形成的对国家和社会有保存价值的各种文字、图标、声像等不同形式的历史记录。军运档案记录了军运会申办、筹备及召开过程中执委会内各部门、竞赛场馆、非竞赛场馆、开闭幕式、运营中心等全部工作，是我国历史乃至世界军运史上的宝贵财富。为了宣传、纪念武汉军运会，武汉军运会执委会、档案管理机构及社会各方都用各种记忆保存技术将这一届军运会完整地保存下来，其文献、视频、录音、图片等材料将是子孙后代们重温这一届军运会情怀的重要史料。军运文献档案遗产作为军运遗产的一部分，不仅能在前后期大型运动会起到承上启下、提供借鉴、保证水平的作用，同时还能更好地服务其他遗产，发扬军运精神，通过梳理军运文献遗产现有研究成果，探析其内涵、特点、价值与进展等，以期为武汉乃至全国未来大型运动会文献遗产的保护与传承提供可资借鉴的内容。

1. 档案遗产具有特殊的史料价值

（1）军运档案遗产发挥凭证和参考作用，为体育工作提供凭证和参考依据

档案的本质属性——原始记录性为其奠定了两大最重要的作用，即凭证作用和参考作用。军运档案这两大作用的发挥颇为显著，尤其是现代化技术条件下的图片档案、音像档案是既直观又客观的档案资料，其真实性、可靠性不言而喻。作为最令人信服的真凭实据，军运档案对于改善训练方式，提高运动员成绩，制定比赛战术等具有巨大的参考作用。

（2）军运档案遗产为再次申办大型国际体育赛事提供借鉴

军运档案真实全面地记录了军运历程，既有反映迎军运、办军运的宏大场面、热烈气氛、精彩竞赛的图片、新闻报道，也有关于军运工作的计划方略、实施细节、工作经验方面的文件、稿本，还汇集了大量的数据、图表，这些资料具有原始性和权威性，将军运的点点滴滴全面加以固定，不但能为不能亲临军运的人们逼真地还原军运会的面貌，而且能够满足人们回味军运、思念军运的需求。同时也是非常有价值的军运会研究资料，还能为举办国再次申办大型国际体育赛事及类似活动提供借鉴。

（3）军运档案遗产传承中华文化

国际奥组委把档案作为与经济、文化并列的遗产之一，可见奥运档案遗产是奥运会无形遗产发挥作用不可或缺的载体，是联系奥运会有形遗产和无形遗产的纽带，是沟通奥运会昨天、今天和明天的桥梁。收集、保存和整理、挖掘军运会文献遗产，就是保存武汉军运会历史、再现武汉军运会历史，就是珍藏中华民族记忆、重温中华民族记忆，就是积累军运会知识、传播军运会知识，就是保护中华文化、传承中华文化。

2. 做好档案资料的整理

（1）档案遗产的收集和整理

档案遗产的收集和整理基本与军运会的筹办同时进行。执委会印发的《第七届世界军人运动会执行委员会综合部工作职责及流程》中包含

了档案管理的工作标准、工作流程，从制度规定上较好地规范了军运档案工作。为了做好档案工作，积极争取湖北省、武汉市档案行政管理部门支持，每月定期汇报执委会档案工作进展情况，邀请武汉市机要保密和档案局专家授课，先后组织两批次160余人培训讲解档案管理业务知识。通过"及收及整"的方式开展档案收集整理工作，2017年底武汉市档案馆已派工作人员入驻军运会执委会，该馆先后与执委会联合制定了十几项针对性较强的文件，以规范军运会档案工作。该馆还为军运会执委会各机构160名专兼职档案员开展专项培训，抽调4名档案业务骨干入驻执委会各机构，配合执委会开展日常档案管理和收集移交工作。

(2) 涉军运会档案类型丰富

武汉市档案馆已收集军运会各类纸质档案资料2万余件，音视频档案资料50T，实物档案300余件，制作清理执委会发文汇集、专题汇集93盒2097余件。目前已收集的300余件实物档案，包括军运会火炬，各类奖杯、奖牌、奖证，用于火炬传递的圣火盆、采火盆、火种灯，各参赛国国旗，志愿者、礼仪人员等的服装，军运会邮票、首日封和部分特许商品，主媒体中心贵宾厅里的《黄鹤归来》油画等。同时，还收集了大量因军运会创造出的文化、艺术遗产，如军运会摄影作品、绘画作品和诗歌文学作品等。

八　军民融合遗产

军地融合，以"1+1>2"的合力推进筹办工作。"国家支持、军地联合、军方主导、地方承办、社会参与"是武汉军运会办赛原则，也是本届军运会筹办工作的特色。办好一场"走出军营"的军运会，是武汉军运会筹备的特点之一。相对于以军方为主、相对封闭办赛的往届军运会，第七届军运会承办主体从军队变成军地共同承办，更大地发挥城市作用；更多比赛场地设在军营之外，向公众近距离展示军人的血性与个性；赛事影响将从各国军营扩大到全世界，彰显"传递友谊、共筑和平"的宗旨。

（一）改革强军

"改革强军的思想和成效在本届军运会上体现得非常明显。部队的训练成果、先进经验、训练尖子、军体骨干等，都在军运会这个大舞台上得到了应用和展现。"中国人民解放军体育代表团副团长、新闻发言人曹保民在总结中国军团的出色表现时说。① 在本届军运会上，中国人民解放军体育代表团在一些项目上涌现了一批夺金"大户"。军事五项竞赛被视为"捍卫军旗之战"，是衡量各国单兵战斗力的一种标志。中国队一举夺得全部6枚金牌中的5枚，并且打破男子障碍、女子障碍世界纪录，追平男子障碍游泳世界纪录，在男子团体、女子团体和女子个人全能3个项目上也打破世界纪录。在空军五项、海军五项、乒乓球和网球等项目上，

---

① 《共享军体荣光　凝聚和平力量》，人民网，https：//baijiahao.baidu.com/s？id=1648600304614555648&wfr=spider&for=pc。

中国军团展现了强大的实力,包揽全部金牌。游泳队共摘得27枚金牌,打破19项赛会纪录。水上救生队在赢得11枚金牌的同时,11次刷新赛会纪录,其中包括一项世界纪录。射击队摘得13枚金牌,并且获得"最佳步枪团队""最佳手枪团队"奖项。

军运会最具特色的就是设置了军事五项、海军五项、空军五项、跳伞、定向越野等比赛项目,贴近实战,也能体现一支军队的战斗力和战斗精神。我军体育健儿学习中国女排精神,屡屡刷新比赛纪录、创造赛场奇迹;"枪王"金泳德带领团队顶住压力夺首金;军事五项潘玉程"像子弹一样"飞越障碍成为"网红";夺得海军五项比赛女子个人冠军的张娜,是来自海军陆战队的普通士兵;获得空军五项男子个人冠军的李睿,曾是空军航空大学的一名警卫战士……这些军体健儿在比赛中不畏强手、敢于亮剑的拼搏精神,传承和弘扬了我军一不怕苦、二不怕死的战斗精神,展示了威武之师、文明之师、胜利之师的良好形象,立起了新时代革命军人的好样子。

我军每名军体健儿都有大大小小的伤疤,每一块伤疤都是顽强拼搏的印记,每一次流血都是不断挑战极限的见证。国际军体理事会军事五项委员会主任特鲁诺对中国选手表现出的拼搏精神称赞有加。他说,中国军事五项队的成绩多年来一直名列前茅,他们科学的训练方法和高强度的运动量是各国运动员学习的榜样。本次中国队取得军事五项6枚金牌中的5枚,一点都不令人意外,他们完全有这样的实力。①

体育承载着国家强盛、民族振兴的梦想。这届军运会举办的是军体盛会、奉献的是文化盛宴,打造的是外交盛举、创造的是和平盛典,展示的是强军盛貌、彰显的是复兴盛世,体现了中国气派、军人特色。

(二)军事体育

2019年10月28日,习近平主席签署通令,嘉奖参加第七届世界军人运动会的中国人民解放军体育代表团运动员、教练员,并作出重要指

---

① 《军人荣耀绽放和平盛典》,人民网,https://baijiahao.baidu.com/s?id=1648600296270747699&wfr=spider&for=pc。

示精神，要求全面总结我军体育代表团全体官兵奋战江城、勇创一流的成功经验，弘扬激发奋进新时代、创造新辉煌的精神和力量，为实现中国梦、强军梦接续奋斗。要加强新时代军事体育建设；要把握根本遵循，努力发展与大国军队相适合的军事体育；要聚焦能打胜仗，倾力服务部队战斗力建设；要矢志为国为军争光，接力擦亮八一军体品牌；要加强军事体育外交，助力军事力量走出去。① 军队单位还组织了冠军下基层，送课到部队等活动，安排优秀运动员、教练员为一线官兵传授军事体育经验、交流体会，为部队战斗力建设做贡献。此次军运会，解放军体育代表团553名官兵角逐赛场，团结协作、敢打敢拼、奋勇争先，夺得了133枚金牌、64枚银牌和42枚铜牌，打破7项世界纪录、46项国际军体纪录。

国际军体理事会定向越野项目委员会委员卡拉·克劳西说："我认为我们来这里参赛最重要的事情就是'体育传友谊'。因为我们真的不需要战争，我们需要通过体育来建立友谊，这就是我们来到这里最重要的原因。"荷兰教练员约根·布洛克宰尔说："作为军人，我们没有在军事战场相见，而是在体育竞赛中过招。在这里，我们彼此交谈热切，广结朋友。"拉脱维亚运动员克里斯蒂娜·贝尔图卡说："这届赛事很完美地展示了什么是'将各国运动员聚集为一家人'。我们住在同一个地方、在同样的场馆训练，在赛后我们国家队和各国运动员还有空聚在一起。"瑞士运动员弗洛里安·安德烈亚斯·施耐德说："与我的祖国瑞士相比，武汉真的是一座巨大的城市。虽然这里的文化与欧洲文化存在诸多差异，但在这里认识到不同国家与竞赛项目的运动员真的是件很棒的事情。在空闲的时间，运动员们会闲聊或一起找些事儿做，来武汉以后我已经交到了来自不同国家的新朋友。这感觉非常棒。"皮奇里洛表示："本届军运会是和平的盛会，中国人民对和平的理解，还有团结、友谊这些理念，都通过军运会的成功举办传递给了全世界。"②

---

① 《第七届军运会解放军代表团总结大会在京举行》，央广网，https：//baijiahao. baidu. com/s？id = 1650872158269125807&wfr = spider&for = pc。

② 《传递友谊、共享和平、启示未来——国际军体理事会与各代表团盛赞武汉军运会》，新华社，https：//baijiahao. baidu. com/s？id = 1648547098469645210&wfr = spider&for = pc。

（三）军体文化

军事体育让各国军人从战场走向了赛场，军运之光照亮世界和平。回想火炬传递，军运圣火从八一军旗升起的地方采集，经历70多天、260名火炬手、8个站点传递，最后到达"和合"火炬塔，沿着象征"一带一路"的塔体向上飞腾，在"五大洲"塔顶熊熊燃烧。军运会与奥运会的不同之处在于它的比赛项目，它的海军五项、空军五项、军事五项是传统运动会没有的项目。前六届军运会主要是在军营内举办，本届军运会首次走出军营办赛，首次集中建设军运村，首次实现在同一个城市举办所有的比赛项目，首次使用5G+8K、5G+VR信息传输电视转播技术，首次为各个代表团提供全方位的志愿服务。

风景宜人的海军工程大学木兰湖校区，是本届军运会海军五项项目的比赛场地。新建的比赛场馆赛时用于比赛，赛后将投入部队教学训练。由于赛事地点就在学校，海工大很多学员都参与到海军五项项目训练中，并在测试赛上与专业运动员进行过较量，学会了很多"新技能"。

（四）军民共建

武汉第七届世界军运会处处体现了军民融合。世界军运会起源于军事体育，长期以来，其组织方和举办方都是军人和军队，第七届世界军运会首次创造了新的办赛模式："国家支持、军地联合、军队主导、地方承办、社会参与"，将军运会从军营带到了整个社会。不仅发展了军体运动，更加推动了全民健身，倡导健康生活方式，促进健康中国建设，使广大人民群众长期受益；搭建人文交流平台，促进开放多元的世界文化与中国优秀文化交融，增进各国人民友谊，为推动构建人类命运共同体作出积极贡献。

九 环境遗产

（一）生态环境

1. 场馆注重生态环保

按照"满足赛事需求、方便组织运行、体现绿色生态、益于赛后利用"的原则，精心编制《第七届世界军人运动会比赛场馆设施建设总体规划》。实现绿色环保理念是武汉军运会践行的"绿色、共享、开放、廉洁"四大理念之一。如军运村既是中式古典的"山水之居"，也是绿色环保的"生态之城"，更是现代科技的"智慧小区"。青山江滩沙滩排球中心建设践行绿色、生态理念，充分结合江滩生态环境，将赛场配套服务空间打造成特色小木屋，既可作为运动员休息换装、医疗后勤保障场所，又成为江滩一道新的亮丽风景线。新建、改建场馆，具有建设标准高、施工工艺优、科技含量多、环保理念足和文化特色浓五大特点。如东西湖体育中心采用国内最新型预制清水混凝土，面层无须再装饰，表面富有光泽；武汉大学大学生活动中心的"孔雀蓝"屋顶采用了新型的大跨"X"形网格立体张弦结构，成功申报了5项国家专利，是全国首个采用"智能天窗"的体育馆；东西湖体育中心的索承式钢结构是世界上首次使用，节约用钢量近一半。

2. 环境体现生态绿色

军运村依湖临水而建，自然生态环境优美。军运村处处体现节能环保理念。住宅屋顶有绿化植物，采用节能照明，降低能耗。地面采取透水铺装，雨水可下渗储存，用于村内绿化灌溉和道路冲洗。雨量较大时可通过管道排入城市公共雨洪系统。军运村与黄家湖之间的缓冲地带，有1119亩的湿地，形成完整良好的生态系统。为提升军运村区域环境，江夏区启动黄家湖岸线整治工程，以改善黄家湖军运村岸线面貌，建成风景优美、生态宜人的湿地公园。目前，湿地公园草木葱茏，生机盎然。另外，湖畔还专门设有咖啡座、啤酒屋。运动员们在紧张激烈的比赛之余，能在这里放松休闲娱乐，充分感受武汉"百湖之市"的风光。

（二）低碳军运

1. 建设低碳建筑

使用低碳材料建设军运场馆；临时场馆拆除后，建筑材料的再利用等。绿色环保的理念也作为重要标准融入武汉军运会场馆的赛后利用当中，力求对环境影响最小化。首先，使用大量的"临时场馆"，便于拆除，是绿色环保理念实施的重要手段。其次，"临时场馆"按照绿色环保的理念进行设计和规划，尽量少地使用建筑材料，尽可能就地取材，减少或者避免不可再生材料的使用。赛后这些临时场馆被拆除，可以最大限度地减少对环境的影响。

2. 倡导低碳环保出行

一是军运交通保障共投放新能源公交车、出租车945辆，其中纯电动公交大巴445辆，纯电动出租车500辆，有力推动了武汉市新能源客运车辆的发展。二是为所有参赛运动员和工作人员在军运会期间提供地铁、公交免费乘车服务，大大降低专用保障车辆的使用率。三是针对市民和游客的出行需求，地铁集团、公交集团主动作为，降低公共交通乘车费用，极大地缓解了军运会期间城市交通压力。四是倡导交通保障工作人员积极响应绿色出行号召，军运期间自觉停用、少用公务车和机动车，更多地乘坐公交、地铁出行、上下班，向市民传达绿色出行的理念

3. 推进赛前减排

武汉市将军运会环境空气质量保障作为倒逼加快大气污染治理、减少大气污染排放的重要机遇，立足自身，深挖潜力，自我加压，强力推

进，军运会赛前两年内完成了一系列重点整治任务。完成 11 座 20 万千瓦及以上燃煤机组、6 座 20 万千瓦以下燃煤机组超低排放改造；完成 7 座焦炉烟气脱硫脱硝设施建设，关停 2 座焦炉；2017 年 9 月武汉市第二次扩大高污染燃料禁燃区后，全面完成禁燃区 516 台 20 蒸吨/小时以下的燃煤锅炉拆除或者清洁能源改造，将禁燃区燃煤炉窑整治时限限定在 2019 年 9 月 30 日前并全面完成 28 座燃煤炉窑的拆除、清洁能源改造或者停炉；在湖北省政府部署要求基础上，将"散乱污"企业整治时限提前 1 年多，在 2019 年 9 月 30 日前完成整治"散乱污"企业 670 余家；聚焦石化、包装印刷、汽车制造、表面涂装等行业，完成重点行业 VOCs 治理项目 160 余项，完成 170 余家汽车 4S 店喷涂废气治理设施排查整治；完成全市 400 多座加油站油气回收改造，以及 580 余个开启式干洗机淘汰；淘汰老旧车 33864 辆，完成新能源公交车更新迭代 938 辆，累计推广新能源汽车 6.5 万辆；农作物秸秆综合利用率达到 94% 以上。通过上述治理措施，有效减少了本地大气污染排放。

（三）可持续管理

建设可持续性管理体系，坚持把可持续思想贯穿项目建设始终。

一是编制《第七届世界军人运动会比赛场馆设施建设总体规划》，将武汉军运会 35 处、54 个场馆设施布局在长江两侧四大区域板块，遍布全市 15 个区和功能区，以新建项目补短板、改造项目强功能，彰显武汉大江大湖、山水相依的城市特色，在满足赛事需求的同时谋求可持续利用和长远发展的最大效益，为赛后综合利用奠定了良好基础。

二是秉承"绿色出行、环保低碳"的理念，加强新能源车辆的投放，引导市民采取公共交通和其他非机动化方式出行，保障城市交通的可持续发展和长久畅通。

三是赛后综合运行管理中心作为赛会的重要遗产继续应用到武汉市智慧城市的建设之中，其系统的建设成果直接共享到武汉市相关市直部门，其数据成果参与到武汉市重大赛事的信息化建设和应急保障指挥；各场馆赛后作为智慧场馆向广大市民健身开放，并可承办各类专业比赛。

十　城市发展遗产

（一）城市基础设施

通过筹办军运会，武汉市进行了大规模的城市更新改造，市容市貌发生了根本变化。武汉的口号是"武汉每天都不一样"，城市建设突飞猛进，城区面貌焕然一新。这几年，武汉的交通设施建设力度很大，跨江大桥气势如虹，特级火车站拔地而起，地铁网覆盖武汉三镇，总长已达340公里。市容美化成绩斐然，城市干道楼房立面基本更新，老旧房屋也进行了美化。大中小景点均进行了改造升级，街头景观亮丽迷人。曾几何时，人们称呼武汉为"大县城"，如今这座"大县城"浴火重生，脱胎换骨，一座全新的大武汉展现在人们面前。人们无论是亲临武汉实地体验，还是通过电视画面观看，无不感受到武汉的美丽，感受到了大江大河大武汉的雄浑壮阔，特别是武汉璀璨夺目的夜景让人惊艳。

这次的城市环境综合整治不是搞盆景，不是突出重点整，而是每条道路，包括背街小巷的全面整治。通过举办这届军运会，让武汉"天更蓝、水更清、树更绿、路更平、景更美"，实现了景有颜值、人有气质、城有品质。沿江打造的灯光秀成了城市宣传的绝佳"燃点""爆点"，接连登上国内外的主流媒体。

1. 交通设施得到极大提升

截至2019年，武汉轨道交通总通车里程跃居中国城市前列，城市快速路通车总里程达281公里，221条军运会保障线路道路破损等问题整治完毕，道路更加平整、美观、舒适、畅通，出行舒适度大幅提升。武汉市中心城区共有道路约 2400 公里，军运会筹办期间，整治提升道路达 1000 多公里，意味着全市中心城区有近一半的道路面貌一新，形成高质量、网络化、一体化的城市交通设施体系。"办好一次会，搞活一座城"，把"办赛事"与"建城市"结合起来；推动城市面貌脱胎换骨，功能品质系统提升，努力展现一个更干净、更清爽、更有序的大武汉，是武汉筹办、举办军运会的总方向。10 月军运会开幕前，汉江大道建成，形成 281 公里"三环十二射"城市快速路网；杨泗港长江大桥建成，市域内有 13 个长江过江通道、9 个汉江过江通道。同时，100 条微循环道路建成，打通城市交通毛细血管。2019 年武汉轨道交通开通 3 条线，轨道交通总通车里程达到 338.8 公里。长江上首座双层公路大桥、武汉市第十座跨长江大桥——杨泗港长江大桥通车，同时建设完成 42 条城市主干道，全市快速路通车总里程达到 281 公里，整治道路总长约 2837 公里。黄家湖区域通过环境综合整治，旧貌换新颜，区域环境得到极大提升。随着一批工程的投入使用，武汉市民出行更加便捷，城市功能品质也进一步提升，现代化大都市风貌日渐彰显。

2. 景观照明工程建设力度大

为展示江城独特夜景魅力，武汉市大力建设景观照明工程。提档升级后的长江灯光秀涵盖"两江四岸"25 公里岸线上 1000 多栋楼宇、7 座桥体、2 座山体以及趸船码头，运用流光溢彩的灯光集中展示城市文化；飞机场和火车站及周边区域与线路，以"开门迎宾"的模式用灯光和动感画面，直观展示城市热情好客的风格和地域文化特色；"描金东湖""水墨沙湖""古韵琴台""生态金银湖"等各具特色的亮点片区闪亮登场，现代化大都市风貌日渐彰显。

3. 场馆建设与城市基础设施建设融合

武汉坚持办赛事与建设城市相结合，场馆规划建设为城市新区功能"补短板"。城市绿化力求不仅更绿还要更美——随着军运会的举办，武汉道路平整度、绿化亮化美化、基础设施配套等都在大幅提升。场馆布局弥补新区功能空白，居民有了文体设施。

新功能区的弥补。武汉近年快速发展，大量城市新区形成，在城市新区中快速聚集起大量人口。如何建立起与之相应的、满足新聚居社区功能的设施、场馆？城市建设者一直在为之努力。武汉军运会确定的35个场馆设施项目，几乎遍及各个区，其中新建场馆设施主要布局在新城区。场馆设施布局充分考虑了为城市"补短板、强功能"，以利赛后服务于民。在军运会场馆建设中，运动员村的建设颇受关注。依托军运村的科学规划建设，周边区域宜居性大幅提升，居民出行更加便利，生活也更加舒畅。军运村赛中服务运动员，赛后变成优质住宅小区。军运村周边的环境整治，也快速改变着周边面貌。江夏区启动黄家湖岸线整治工程，以改善这一带岸线凌乱局面，建成风景优美、生态宜人的湿地公园。该公园赛时供运动员休息、散步、观光，赛后则成为周边居民的休闲场所。黄家湖大道启动地下综合管廊及道路提升改造，将管线全部入地，随着路面高压线塔清理工作进行，军运村周边区域逐渐露出美丽天际线。

城市建设同步施行，军运场馆后期改造。同时，军运村周边路网升级提速，武汉轨道交通8号线三期工程开通，周边居民将跨入地铁时代。军运会结束后，医疗中心将成为幼儿园，村委会将成为黄家湖小学，后勤服务中心将变成黄家湖中学，区域教育配套能力由此快速增强。而30栋精装运动员公寓则将作为居民小区对外出售，由此这个区域将成为武汉新兴的住宅区。

军运城市环境建设重大项目案例

（1）红钢城大街周边环境提升EPC工程

该工程为青山区军运会亮点区块，是武汉火车站通往军运会沙滩排球主会场的主要通道。工程主要包括建筑立面整治71栋，建筑亮化30余栋，高架桥亮化约3公里。工程改造区域主要分为生态宜居段、慢生活段、现代都市段。改造根据现有建筑特点，结合发展定位，重新赋予新的建筑形象；去杂、去表存真，合理利用现有建筑品质；充分结合地域元素，提高建筑品质，提升周边整体环境。

（2）青山区和平大道"和平之心"亮点区块建设提升项目

该项目为青山区军运会亮点区块。项目涉及和平大道、建设四路、工业路等道路部分楼宇的立面整治、景观亮化等整治内容。本次立面整治将对 21 个点位，26 栋单体建筑物的外观进行升级改造，提升房屋质量，整治后的生活办公环境将得到很大改善。

（3）欢乐大道杨春湖立交——红庙立交整治提升工程

该工程起点为武汉市杨春湖立交，终点为红庙立交，实施道路长度为 4.38 公里，主要内容为道路及附属设施施工、交通和公共服务设施的改造提升等，该路段是军运会重点保障线路之一，项目的实施将提升武汉市对外整体形象，让武汉刷新颜值。

（4）青山区青宜居立面整治项目

该项目是青山区迎军运"三线"环境整治配套工程，小区建筑面积 427215 平方米，分东、西两个组团，共计 26 栋居民楼，北邻青和居小区，西邻七星天兴花园小区，东临工人村路，南邻和平大道，处在青山区核心区域。

军运城市交通建设重大项目案例

（1）轨道交通建设

武汉在现有轨道交通的基础上，对标世界级地铁城市，不断推进轨道交通建设，保持着每年建成开通 2 条地铁线的节奏。2019 年军运会举办前，武汉轨道交通 7 号线、8 号线二期、2 号线南延线等多条新地铁线路开通运营，到 2019 年武汉已拥有 15 条地铁线路，确保在 2019 年基本实现军运会主要功能区的轨道交通全覆盖。

（2）二七长江大桥临江大道匝道

二七长江大桥临江大道匝道工程为军运会重点保障项目及长江右岸重点工程，位于临江大道与和平大道之间，上接二七长江大桥南岸引桥，下接临江大道，临江大道车辆可通过匝道至汉口，进一步加强青山沿江地区与汉口的交通联系，为军运会青山沙排中心和各场馆之间的联系提供便利。

（3）姑嫂树路立交上桥匝道工程

该工程是军运会道路配套工程之一，设计全长约 773.5 米，西起三环线，下穿现状人行天桥，沿南侧绿化带布置，于新湾五路西侧起坡，向东下穿新湾五路规划高架，两次上跨现状姑嫂树左转匝道，南与姑嫂树主线高架相接，成为三环线右转上姑嫂树高架的一条重要上桥通道。

（4）交通行业环境整治工作

天河机场完成174栋建筑的屋顶面、93栋建筑外立面整治，基本完成绿化亮化工程。铁路启动站区排水管整治、地下空间改造及顶部高空保洁工作。城市公交修复问题公交站亭303处，安装1125个候车座椅，整改残破花车问题651项，刊播5939幅公益广告。出租车全面开展"两新一迎"活动，推进运营秩序及车容车貌的专项整治，检查出租车12108台次，查获违法行为2323起。按时完成35条军运会保障线路环境提升工程。

军运城市公园建设重大项目案例

作为军运会亮点片区配套项目，径河公园是集生态防护、休闲游憩、湿地科普、观光体验等功能为一体的城市郊野公园。东西流向的径河是临空港经开区境内最长的一条内河，全长约10公里，其河道宽阔、水量充沛，是连接金银湖的重要河道。据史料记载，径河古称"接驾河"，1521年明朝嘉靖帝从钟祥赴京继承帝位时，曾乘船经过此河。径河公园依径河两岸而建，西起大湖口闸，东至环湖路，建设面积约186公顷。其中绿化面积135公顷，水体面积14.7公顷。径河公园建成后，为周边市民增加一处有历史人文气息，可玩、可赏、可憩的城市湿地空间。径河公园在建设过程中尽量保留水岸原有树木，保护好生态湿地，并统筹兼顾径河水系在汛期的水位情况。公园通过功能织补、特色节点打造和植物添彩等手法将径河南北两岸12.5公里，7米宽的绿道贯通，与金银湖、临空港大道绿道相衔接，形成东西湖区生态绿色网络。按照规划设计，径河公园打造四段主题景观带，即艺术创意商业段、运动风尚活力段、市民生活休闲段和绿色生态养生段。在径河公园，市民不仅可以徜徉"十里花海"，到薰衣草、虞美人、油菜花等观赏草花田拍照"打卡"，还能在武汉市最大的花海草坪体验星空帐篷节和室外音乐会，在跑酷运动区挑战体能极限。共享菜园、垂钓天地、森林教室、湿地花园等亲子区则为家长们提供了"遛娃"好去处。

军地共建重大项目案例

针对汉江大道、沿江大道、建设大道等的房屋征收、土地置换，既是军运会环境保障、场馆建设中的难点问题，也是涉军项目。武汉市起草了关于协调解决汉江大道、沿江大道、建设大道等涉军项目房屋征收、土地置换问题的报告——《武汉市地方建设需军方支持项目有关情况的汇报》，顺利解决了与军方所属土地置换事宜，成功打通汉江大道"最后一公里"，成果惠及全市人民。

（二）城市管理

1. 城市管理力度加大

针对道路、城管、立面、绿化四大专项，提档升级促标准，会同武汉市城乡建设局、武汉市城市管理执法委员会、武汉市自然资源和规划局、武汉市住房保障和房屋管理局、武汉市园林和林业局等部门，制定了9个专项技术导则、25个"一路一册"方案，明确了环境提升工作的总标准。建立信息报送、情况通报、沟通协调等工作机制，多措并举抓落实，共召开各类协调会议150余次，形成周报60期，情况通报17期。建立巡查督办制度，倒排工期、紧抓进度、全程督办、跟踪落实，明确牵头单位职责，实施工作任务清单项目销号管理，每周巡查抓督办，每周会同市政府重点办、市直有关部门对不少于2个区环境综合整治工作进行巡查检查，发现并督办问题1723余项，有力地推动了整治工作的落实。尤其是在控制性工程汉江大道、江北快速路等工程施工过程中，军地紧密联动，军地高层首长（领导）亲自协调，涉军征地征收工作顺利完成，使得困扰武汉发展多年的问题得以解决。

2. 环境整治成效明显

武汉自成功申办第七届军运会以来，以举办大型赛会活动为契机，加快城市建设发展，全力推进城市环境综合整治提升，实现"道路洁化、立面美化、景观亮化、水体净化、生态绿化"，推动城市华丽蝶变，展现最现代、最生态、最亮丽的大武汉，以最佳状态、最好环境保障军运会圆满举办。31617栋建筑不仅进行了立面整治，而且按照城市风貌进行色彩分区；城市主干道路、比赛场馆及其周边、运动员村等区域绿化已经完成，新种大树16万多株；中心城区污水收集干网基本形成，65处黑臭水体生态环境得以修复。

"天蓝水绿景美"，是武汉给世界的承诺。武汉市贯彻落实"近迎军运，长期惠民，把办赛事与建城市有机结合"工作理念，以最高标准、最快速度、最强力度、最优作风，对全市"场站边、线路边、工地边、铁路边、江湖边"（"五边"）实施环境综合整治提升，实现道路洁化、立面美化、景观亮化、水体净化、生态绿化（"五化"），推动城市蝶变，展现最现代、最生态、最亮丽的大武汉，以最佳状态、最好环境保障军运会圆满举办。经过全域综合整治提升，武汉长江主轴景观轴已见成效，流光溢彩，游客称赞，大都市风貌彰显；实施"迎军运"园林绿化大提升行动，累计植树近16万株，补栽大规格行道树7.4万株，实现"500米见绿、1000米见园"；建成281公里"三环十二射"城市快速路网，全市整治提升道路超过1000公里，全面治理路面破损、井病害、桥台跳车、桥梁伸缩缝破损等问题；全域开展大立柱广告、楼顶广告"清零"行动，拆除户外广告6万余块，拆除违建44万平方米，拆除迁移各类城市家具600余个，完成高架桥梁涂装350万平方米，对4113处建筑进行景观照明提升。为民办会，办会为民，对3万多栋老旧建筑开展房屋立面整治和1万多栋第五立面整治工作，既提高了城市"颜值"，又切实解决了屋面漏水、墙体开裂、晾晒衣架设置、居住环境干净整洁等问题，用少量的投入，让老旧社区在短短几个月从"垂垂老翁"变成"帅小伙"，老百姓得到了实实在在的实惠。通过道路路面、城市管理、建筑立面、园林绿化改造升级工程等一系列"大动作"，提高了城市建设标准和品质，擦亮了城市天际线，创造了一幅幅充满新时代气息的武汉画境。

环境质量提升绘制军运最美背景。通过环境质量联防联控措施，军运会比赛期间，武汉空气质量均为优良，达到历史同期最好水平，其中优2天，良8天，$PM10$、$PM2.5$、NO_2平均浓度下降。军运会涉赛水体东湖、梁子湖涉赛水域赛时水质分别为Ⅲ类和Ⅱ类，符合军运会比赛要求，有力保障了公开水域游泳、铁人三项等比赛项目顺利进行。天空蓝、湖水清，人在画中，景在画中，共同绘成了军运会比赛健儿的最美背景板。

十一　区域发展遗产

军运场馆建设不仅仅是体育方面，与场馆建设相关的有道路交通、生态建设、城市服务设施等，通过场馆区域均衡分布，实现场馆充分利用、便民利民、城市功能提升等综合效益。

（一）区域功能提升

每一次世界级盛会的举行都是一个国家综合国力的对外展示，也是一个主办城市走向国际的重要舞台，奥运会、世博会、亚运会、青奥会等国际盛会已将北京、上海、广州、南京推向海外，北京奥运会，让四环外的奥运村成了热门居住区；广州亚运会，让亚运城成了置业热土；那么，武汉军运会结束后，黄家湖一带将成为新的置业热门板块。当世界军运会落地武汉，武汉国际化的程度将进一步提高。武汉市各区借力军运会带来的机会加快发展。首先是白沙洲黄家湖区域；其次是沌口、东西湖；再次是大光谷片区；最后是新开发区、后湖区域。对主城核心区，比如武大、华科、东湖公园、青山滨江建八江滩等区域，属于锦上添花，对长江两岸的临江大道、沿江大道、大武昌江滩及综合管廊，武九铁路拆除，武昌青山滨江20多条断头路拉通很有推动作用。

1. 黄家湖片区

进出军运村，黄家湖片区是必经之地，这里是真正意义上的脸面，因此对此处的改造也是最为彻底的。正如军运会的口号"办赛事、建城市"一样，围绕着军运会，武汉从"里子"到"面子"都在进行着全面升级，军运会带给武汉的不仅仅是城市面貌的提升，还有城市边界的拓展。与许多举办过世界性大型运动会的城市不一样，武汉军运会35处比赛场馆分散在全市各个区域。这种分散型比赛场馆使得很难围绕赛会设施集中打造城市亮点地区，比如杭州亚运会钱江世纪新城（奥体板块）板块、南京青奥会河西板块。不过比赛场馆的不集中，也间接促成了沌口体育中心、军运村成为军运会核心地区。沌口体育中心是主体育场，将承担开闭幕式和田径、游泳、跳水、排球等项目，主媒体中心也位于这里，重要性不言而喻。而军运村则是运动员、裁判员比赛之外居住、训练、后勤保障的主要地点，重要性也很高。因为地处军运核心地区，这两个地区利好消息也是最多的。

道路建设层面：黄家湖大道改建为双向八车道的城市景观大道，两侧高压线缆、管线全部入地，两侧设20米宽绿化带；烽胜路与三环线交汇处建设四个方向互通立交，实现黄家湖地区快速通行城市快速路；此外围绕军运会烽胜路、青菱河南路、青菱河北路、烽火路等一批道路也正在施工中。地铁建设层面：为服务军运村，武汉市地铁8号线三期工程提前建成通车，与地铁7号线在野芷湖站实现换乘；地铁5号线途经白沙洲、黄家湖地区线路在军运会前建成。环境整治方面：黄家湖岸线整治、生态修复工作已经展开，同时对淤积严重的湖面展开疏浚工作，全面提升黄家湖水质；黄家湖北岸建设湿地公园，并建设环湖绿道；青菱河也进行全面环境整治，建设成为景观公园。

军运会带来的利好，加之基础设施快速落地，黄家湖东岸片区迅速吸引了大量知名开发商轮番进驻。黄家湖南岸已经有万科保利联投理想星光、五矿万境水岸、建发金茂玺悦等楼盘落地。黄家湖东岸地块则被融创、金茂、美的等大开发商"抢购一空"，加上已有的保利军运村，未来发展可以期待。黄家湖片区从农村变身为城市开发的热点地区，这就是军运会带来的直接影响。

2. 光谷片区

作为此次军运会的主要阵地之一，光谷主要承担军事五项场地、光谷国际网球中心、奥体5000座综合馆3个场馆项目的建设任务，和陆军工程大学军械士官学校体育场馆、湖北省联投集团驿山高尔夫球场、华中科技大学光谷体育馆、武汉软件工程职业学院体育馆4个场馆项目的跟踪协调任务。其中，3个场馆的建设任务中，两个都是位于光谷中心城。这也是光谷向东发展的一个缩影。2019年年初，东湖高新区工作会议上提出了打造东部新城，形成光谷新中心为主中心的"一主两副"的城市格局，光谷向东的步伐逐渐加速。

3. 中法生态示范城片区

武汉市已将蔡甸区作为国际化的一个窗口推向国际化前沿，叠加世界军运会的发展机遇，蔡甸区的国际化步伐有望持续提高，区域经济社会也将进入新的发展阶段。如果说中法生态示范城让蔡甸区第一次登上国际舞台，那么世界军运会将是蔡甸区在国际舞台的重大会演，军运会射击、射箭两个项目落户蔡甸，为保障军运会的正常进行，蔡甸区全力推进对一条重点保障线路、四条基础保障线路和铁路沿线、沿江沿湖岸线和九真山景区2平方公里亮点区块的提升，以军运会为契机，区域的交通、环境将迅速升级，一个交通完善、生态良好、配套完善、适宜居住的新城区将屹立世界观众眼前。中法武汉生态示范城总体规划确立轨道4号线三期（蔡甸线）作为生态城的主要对外公共交通走廊，军运会的来临加快了建设进度，加上规划中的11号线和17号线，蔡甸将直接联系主城区以及汉阳火车站、武汉火车站、天河机场等主要站点，辅以四环线的开通以及汉蔡高速和中法友谊大桥开通运营，区域的对外通行将更加便利。

4. 纸坊片区

军运会对江夏纸坊的影响带有根本性和决定性的影响。江夏及纸坊数条通往武昌中心城区的道路得到改造升级，如武昌大道、白沙洲大道、文化大道。再加上光谷城市中心通往江夏的民族大道、光谷大道、关山大道，整个江夏与武昌及光谷中心城区全面融合在一起。江夏纸坊军运会后将不再属于远城区，纸坊新城将成为武汉主城区的重要组成部分，因为如此多的城市主干道直接把武昌司门口、大东门、中南、街道口、光谷广场与纸坊直接相连，而且有3条地铁通往江夏及纸坊新城。江夏及纸坊的山水资源在武汉得天独厚，黄家湖、青菱湖、汤逊湖、梁子湖、大花山、青龙山、八分山，环绕江夏及纸坊新城，而且江夏区与光谷的产业完全融合在一起，江夏及纸坊未来地位将是武汉下一个光谷，纸坊新城其地位堪比光谷广场城市副中心。而整个江夏区将与光谷并行不悖地向前发展，作为武汉与主城区并行的新的重量级城区展现在世界面前。

（二）区域板块均衡发展

武汉军运会在筹办阶段就考虑到了促进全市区域经济社会的均衡发展。在场馆的布局上，弥补了过去场馆不足的区域；在交通上，加快了交通落后地区的地铁开通和道路改造；在经济方面，激发了过去开发不足地区的发展等。在军运城市建设方面与城市长期总体规划及其他地方规划具有较高的一致性，体现了发展的可持续性。

本届军运会共用到35处场馆设施，其中，维修改造场馆17处，新建场馆13处，临时设施5处。军运场馆设施分为沌口板块、光谷板块、后湖板块、黄家湖板块4个板块，新建场馆向蔡甸、东西湖、江夏等新城区倾斜，补短板、强功能后各区体育公共基础设施更加均衡，弥补了部分区域体育场馆不足的局面，维修改造场馆大大提升了老旧场馆的办赛能力，对于区域全面健身场馆的平衡起到了很大的作用，促进了区域可持续发展。

十二 军运遗产的保护与利用

军运遗产的利用与开发,一方面要确保体育场馆等硬资产投资与回报的适度,能够长期平衡,甚至实现盈余;另一方面遗产的利用要注重军运会所带来的价值观念的改变、社会包容提升、人力资源成长、文化教育改善等软环境、软实力的增强。此外,举办军运会要尽量发挥积极促进作用,减少赛事给举办地和居民带来的经济、生活方面的负面影响,扬长避短,让军运遗产带来正向的、积极的收益。政府、市场、体育组织等参与主体要重视可持续发展理念,通过产业生态激活、优化供给、创新驱动等,实现军运遗产的可持续利用,让军运会的举办真正盘活文化资源,带活体育产业,激活社会活力,实现军运赛事与区域的双赢。

(一)武汉军运遗产保护与开发的主体

大型赛事遗产保护与开发的主体一般认为主要包括政府、体育组织、商业部门、社会公众等。韦拥军认为,遗产计划涉及主办城市、政府、体育组织、私营部门四类主体。每个主体都有不同的目标,如体育组织的目标是加强体育基础设施和参与,提高体育组织的知名度;私营部门的目标是获得投资回报,获取股东利润,提升公司品牌形象等。[①] 武汉军运遗产保护的主体是指组织或实施武汉军运会遗产保护活动的个人或机构,包括政府部门、公众群体、学术机构、新闻媒介和商业机构。

---

① 韦拥军:《大型体育赛事遗产的开发与对策研究》,《延安大学学报》(自然科学版)2010年第4期。

1. 政府部门

武汉军运遗产管理和保护实际工作，应形成一个由政府领导、企事业单位参与、市民热衷、媒介广泛宣传的健全的系统的武汉军运会遗产保护体系。就政府而言，武汉军运会遗产保护要着眼于武汉军运会遗产的可持续发展，制订遗产发展战略计划，避免盲目追求短期效应，要立足军运会办赛宗旨"体育传友谊""近迎军运、长期惠民""办赛事"与"建城市"相结合等，围绕武汉建设新一线城市和国家中心城市的核心目标，实现"绿色、共享、开放、廉洁"的遗产转化利用。

政府部门还应该充分发挥其经济调节、社会管理和公共事务管理功能，帮助创建遗产保护经费的多渠道获得，实现遗产资源优化配置。如北京奥运城市发展促进会就在北京奥运遗产保护中扮演了重要角色。该组织从原北京奥运会组委会选调出一些工作人员，以政府事业单位的形式组织在一起，在北京市政府的领导下，致力于研究和实现北京奥运遗产在中国国情下的转化和可持续发展。武汉军运会遗产的保护和利用可以借鉴北京经验。

从政府层面，建议成立武汉军运遗产的可持续利用相关机构：武汉市体育局设立遗产利用处，成立武汉军运城市发展促进中心、武汉军运城市发展促进会和武汉军运城市发展基金会，推动武汉军运遗产的保护和利用。

遗产利用处：在军运会结束以后，承担武汉军运会执委会相关后续工作，负责组织武汉军运会遗产利用的具体工作，负责军运会遗产利用的相关研究的组织工作。

武汉军运城市发展促进会：为广泛动员社会力量，进一步弘扬军运精神，巩固和扩展军运成果，成立武汉军运城市发展促进会，作为市民政局登记注册的公益性社团法人组织。军促会实行会员大会制度，由单位会员和个人会员组成。业务范围包括：动员和组织社会力量，传承军运精神，促进军运会事业在城市的发展；支持军运会文化、教育、体育、青少年、残疾人、志愿服务等社会公益事业的发展，推动武汉体育文化中心城市的建设；开展与国际军运城市联盟等相关国际组织的交流与合作；围绕武汉军运城市发展课题，组织调查研究，积极提出建议，服务城市发展与政府决策；促进体育事业的可持续发展，鼓励和支持会员单位开展推动体育事业发展的相关公益活动，为其创造发展空间，搭建活动平台。

武汉军运城市发展基金会：基金会的宗旨是吸纳社会资金，促进体育事业在武汉的持续发展，为建设"近迎军运、长期惠民""办赛事"与"建城市"服务。业务范围是资助有助于军运城市发展的体育、文化、教育、研究、交流和奖励的项目。基金会的定位是以基金会的组织形式，吸纳企业和社会热心人士参与支持；募集资金，为社会上开展的社会公益活动提供资金支持。武汉军运会的成功举办，为中国和武汉留下了丰富的军运精神和物质遗产，成为武汉作为军运会举办城市拥有的宝贵财富。

2. 公众群体

武汉军运遗产保护仅仅依靠政府行政部门的主导力量是无法全面展开遗产研究和保护工作的，公众参与成了政府保护遗产工作的有力支持，成为政府和社会合作共赢的基础，并在遗产保护领域中起到强有力的监督作用，一定程度上强化遗产保护效果。

同时，保护的最终目的是使武汉军运遗产可持续发展，使武汉军运遗产所带来的价值最大化，使武汉军运遗产真正于民有益，发挥其公共资源的社会价值。反过来说，广大人民群众不仅是遗产的受益者，更是遗产的保护者。

新修的军运场馆、雕塑，新建的军运地铁线路，新建的军运村，武汉军运会中志愿者的奉献，运动员的顽强拼搏等物质遗产和精神遗产，尤其是当这些遗产再次被开发利用，当这些遗产在持续传承的时候，都离不开公众群体的支持和保护。一个拥有1200多万人口的城市，如果每人做一件于武汉军运遗产保护有益的事情，这都将会是武汉军运遗产保护中极大的收获。

3. 学术机构

学术机构主要是发挥其专业所长，对武汉军运遗产做科学研究，为遗产保护工作的开展提供科学依据。对于武汉军运遗产保护而言，遗产的梳理、评价和利用战略都是应该研究的对象。特别是军运场馆设施的可持续利用,更应该是学术界着力研究和解决的问题。

4. 新闻媒介

新闻媒介作为舆论导向机构,在举办武汉军运会之后,以努力营造武汉军运遗产保护的舆论氛围为己任。出版部门应加大宣传力度,通过宣传教育关于武汉军运遗产知识、保护行动指南及相关法律法规之类,规范各个保护主体的行为举止,明确各个保护主体的职责范围。同时传播部门应充分调动其传播途径,尽可能使更多人分享到武汉军运遗产所包含的丰富的情感体验和认知体验,增强各方保护的积极性,努力使武汉军运遗产保护成为人们一项自觉自发的行动。

5. 商业机构

在城市化进程和经济发展背景下,市场是一股无形的调控力量,如果在武汉军运遗产保护中能恰如其分地调动商业机构的参与,遗产就会较少地面临变为废墟的尴尬。一方面是社会知名企业主动投身武汉军运遗产保护中来,另一方面政府可以通过制定一些优惠政策,吸引号召具有一定资本优势的商业机构关心支持武汉军运会遗产保护事业,尤其是在武汉军运遗产与旅游休闲和文化创意产业相结合时,这些商业运营机构的作用就突出地表现出来。

在武汉军运遗产保护体系中,政府可以通过武汉军运会相关的公益性社会组织、研究机构等来领导武汉军运遗产保护工作开展,公众群体、学术机构、新闻媒介、商业机构既是行动者,又构成了监督和约束机制。

(二)军运遗产保护与开发的原则

在武汉军运会的申办、筹备、举办和赛后各个阶段,军运会就像一个复杂的巨大的系统,它与人类的、自然的、社会的、经济的、政治的、文化的、科技的、人力的、体育的、超体育的等子系统之间有着不可分割的交错复杂的联系。对于军运会错综复杂的遗产体系,应从可持续发展的角度对其方方面面进行保护。

1. 确保武汉军运遗产的原整性

所谓确保武汉军运遗产的原整性有两方面含义,一是在实施武汉军运遗产的保护行动中,要注重对遗产原貌原状的保护,尽可能维护遗产的原生态;二是在实施保护的过程中,要尽可能地保持遗产的完整性。倘若一味倡导开发利用武汉军运遗产,而忽视其保护的根本内涵,无异于杀鸡取卵。

2. 尊重武汉军运遗产的多样性

所谓尊重武汉军运遗产的多样性就是指,不仅要对有具体物质形态的军运遗产进行保护,还要保护看不见摸不着的无形军运遗产;既要尊重武汉军运遗产形态的多样性,还要尊重武汉军运遗产价值的多样性。最重要的一点是,在实施武汉军运遗产保护的时候,根据遗产的多样性特征选取最适合的方式和方法。

3. 无形遗产和有形遗产相结合

武汉军运无形遗产的保护和传承,必须要将无形遗产和有形遗产相结合,因为这类遗产通常都没有具体形态,难以触摸和感知。对于像军运精神、志愿服务精神这些遗产,我们可以通过视频、录音、编写书籍等方式,赋予无形遗产传承的载体或保护的工具。而对于武汉军运知识遗产,我们则要将之与教育体系相联系,形成一个武汉军运会知识传承工程。

4. 遗产保护和开发相结合

针对武汉军运遗产保护和利用,"保护应是第一位的,其次才是在保护基础之上的合理开发"。武汉军运会遗产展现的"创军人荣耀、筑世界和平"主题、"绿色、共享、开放、廉洁""近迎军运、长期惠民""办赛事"与"建城市"相结合办赛模式和"国家支持、军地联合、军队主导、地方承办、社会参与"办赛理念,是武汉军运遗产的核心,需要发扬和传承,是应该优先于开发而考虑的。

同时结合武汉军运遗产的特殊性,充分开发利用其市场价值,既要防止过度的市场开发行为,又要避免不开发。在科学保护的前提下合理开发利用,充分发挥武汉军运遗产在教育、科学、文化和宣传方面的价值,增进武汉军运遗产社会和经济效应,注重遗产所在地经济社会的全面、协调和可持续发展。

5. 可持续发展原则

军运物质遗产的可持续发展要贯彻"赛前统筹规划、赛时合理使用、赛后保护开发、加强监督管理"的方针。军运精神遗产的可持续发展要贯彻"宣传先行、教育第一、合理利用、传承发展"的方针。要积极推动军运遗产评估工程,加强宣传、文化、教育工作,不断完善军运遗产的法规体系,加大遗产发展的科技创新力度,从而最终实现武汉军运遗产可持续发展的方略目标。

(三)军运遗产保护与开发形式

1. 保护性开发

保护性开发是指在保护体育赛事遗产完整性、连续性的前提上,进行思想传承、文化产品开发。在实际运用中,不断构建武汉军运会赛事遗产时代语域与城市文化价值,让其在后军运会时期拥有新的文化生命。妥善将武汉军运会赛事文化遗产中"军民情""武汉精神""军运精神""军人作风"等理念,提炼成为具有市场价值的文化产品,铸成国家发展、经济建设和城市发展的澎湃动力和不竭源泉。

2. 创新性开发

创新性开发是指根据武汉军运会赛事文化遗产的特征属性、禀赋优势,结合影视、旅游、医疗、商贸、会展、金融、科技、教育等相关产业融合发展,培育赛事文化遗产新业态,深度开发武汉军运会赛事文化遗产工艺品、纪念片、旅游线路等。不断通过创新合作模式,加强国际间合作交流,助力武汉建成国际体育知名城市。例如:在武汉打造国际军运会赛事文化博物馆,吸引更多的游客感受军人运动员拼搏奋进、追求卓越、更高更强、万无一失的精神。

3. 数字性开发

数字性开发是指应用不同形式的数字化技术保护与传承武汉军运会赛事文化遗产。例如：应用多媒体元素，讲述武汉军运会故事；利用虚拟现实技术，打造视、听、触觉一体化的虚拟赛事场景，与国际军运运动员一起分享历史时刻；运用体感技术，制作军运比赛项目游戏，渲染军运文化，激发运动兴趣。通过这些手段可以帮助武汉军运会赛事文化更具生命力与感染力，使"军运精神"世代相传。

4. 研究性开发

研究性开发是指政府委托科研单位对武汉军运文化遗产进行赛后利用研究。在此方面，从 2019 年 1 月起，由武汉军运执委会综合部和场馆部开始开展武汉市 35 处场地（馆）设施赛后可持续化调研，并制定后续可持续性利用方案。此外，由武汉市社科院牵头委托高校、科研机构等对武汉军运遗产进行 11 个子课题的专项研究，包括武汉军运会办赛模式、武汉军运会赛事精神保护与传承等研究。

（四）军运遗产开发的内容

1. 军运遗产的商业价值开发

一是在旅游开发方面，将军运环境遗产作为新的历史文化遗产进行保护，以供后续文化旅游业进行进一步的商业开发。二是房地产开发，包括军运商圈、办公区和住宅区开发等。围绕军运核心功能区，大量人流在这些区域聚集，为商业房地产和住宅房地产带来了新的投资机会。三是无形资产的商业化。运营方可以利用遗产的形象认知度、感觉、品质认知和客户忠诚度来开发体育场馆。四是军运场馆运营模式。可以实现投融资模式与赛后运营的无缝对接；选择合适的运营合作伙伴；合理配置军运场（馆）专业管理人才；尝试探索集团化托管运营模式。

2. 军运遗产的知识价值开发

开展军运会档案文献遗产的开发与利用。其中，在体育数据分析方面，根据我国备战奥运会及其他世界大赛的需要，采用文献资料、归纳分析法及软件编程法开发竞技体育信息数据库。在档案资料数字化方面，对大量军运会历史档案资料进行恢复重建，可供公众和其他社会组织利用和二次开发。

在知识产权保护方面，保护军运知识产权在法律许可范围内合理地利用，使其产生更大的社会和经济效益，目的是在全世界健康、持续地开展军体运动，传播军体理想和理念。做好军运会知识产权保护有助于树立我国良好的知识产权保护国际形象。

3. 军运遗产的人文价值开发

从宏观视角来看，武汉军运会成功举办最为重大的意义和最为基本的经验，就是展现和创造出"创军人荣耀、筑世界和平"的核心价值，使之超越具体的利益、宗教、种族和文化形态，最大限度地促进人类的相遇、共识和信任。在科教方面，建议借鉴以往奥运会、军运会、青奥会的有益经验，通过学校教育普及军运教育，倡导积极生活方式，发挥大众传媒的积极作用，不断深化武汉军运的理念教育等。在全民健身方面，普及与推广体育的基础性、大众性、公益性。在休闲文化方面，凸显价值取舍上的"休闲性"，倡导人生意义的休闲性，最终实现体育运动的休闲价值取向。

4. 军运遗产的公益价值开发

在优化城市公共空间方面，充分利用军运设施，完善城市公共设置布局，利用军运期间的设施建设促进城市的功能疏解和空间拓展。在提供基础体育设施方面，采用多元化的经营模式扩大赛后场馆价值，采取运营与公益性相结合。在公众参与感方面，鼓励公众作为观众、志愿者、社区组织者、项目参加者等参与到军运会的整个运作周期中，直到军运会已经积极地影响到他们的生活，并促进更广泛和持久的军运遗产的产生。

（五）借鉴奥运遗产利用经验

1. 遗产理论研究与实践结合，解决奥运东道主实际问题

奥运遗产传承与保护面临的问题，通过历届奥运会东道主在申办、筹办和举办奥运会期间相关部门的运作得以化解。奥运遗产覆盖领域逐渐拓宽，贯穿周期逐渐延长，相关研究在助推无形遗产传承与有形遗产保护中扮演起重要角色。一方面，美国、加拿大和英国等国通过跨界整合，为奥运遗产的实践注入了多学科理论基础，如2012年奥运会东道主伦敦奥组委，不仅成立了专业部门负责运作遗产管理，而且联系了高校科研院所为遗产覆盖领域进行专业指导；另一方面，各国奥运遗产的实践又进一步延伸了奥运遗产的内涵，为其理论凝练提供了实证依据，如2016年冬奥会东道主平昌奥组委，为奥运会举办地设计了生物多样性和生态平衡计划，在环境和社会遗产的发展上提供了新思路。

不同奥运东道主拥有不同的国情，这也造成了各国在遗产实践上操作的差异。20世纪中后期，部分奥运东道主寄希望通过奥运遗产推动国家实力的提升，因此在遗产设计时强调经济、文化形象和政治上的规划力度，如1980年莫斯科奥组委，通过媒体宣传了苏联的文化和政治面貌，此举不仅点燃了国内民众对体育的热情，更间接推动了国家体育产业的兴起。进入21世纪，部分奥运东道主寄希望于借助奥运遗产推动国民素质的提高，因此在遗产规划上侧重教育、心理和可持续发展等方面建设。如2010年温哥华奥组委，通过举办冬奥会调动了加拿大民众参与运动的兴趣，进一步提升了国民的体育素养。总的来看，奥运遗产的理论研究依附于实践，而实践又反作用于理论。这种模式既调动了学者们对奥运遗产的研究兴趣，又为奥运遗产相关的实践者、设计者提供了指导框架，形成了理论与实践互补的模式，为解决东道主办赛中的实际问题提供了帮助。

2. 重视有形遗产的规划管理，关注无形遗产的沉淀积累

经过长期发展，奥运遗产已经由最初的有形实物拓展到了无形资源。通过历届奥运东道主的努力，奥运遗产逐渐展现出多方位的综合效应，推动了国家体育与经济、文化和教育等领域的协调发展。作为综合性国际赛事，场馆、交通、运动员村等设施是承载比赛和生活的平台，因此历届奥运东道主在申办阶段都突出了城市、交通和场馆的规划，有形遗产时间前置的效应得到了凸显，如2016年里约奥组委，在2012年就启动了城市交通运输的改革，以优化未来比赛期间运动员、观众和居民的出行。随着可持续发展理念的深入，东道主为优化有形遗产的利用率，分别就可持续发展与城市建设的规划做出了布局，以提高赛后建筑设施的使用率。最典型的例子来自平昌奥组委，它们对部分比赛场馆采取了"临设临撤"的建设方式，在降低运营成本的同时推进了体育、经济和环境的协调发展。较有形遗产而言，无形遗产的发展历时更长。无形遗产包括文化、形象、教育和心理等，不仅需要国家宏观层面的统筹布局，而且需要时间和空间上的积累。以1984年洛杉矶奥运会为例，其在综合效应上取得的成功让人们意识到举办奥运会的受益点不仅在体育，而且能以点带面地推动国家形象的提升，国民对奥运会的认同感间接地促使美国在2012年再次举办了第26届亚特兰大奥运会。这种无形遗产的效应往往潜移默化，无法精确地评估，但是在国家体育长期发展中的作用不容小觑。因此，在奥运遗产的应用实践中，无形遗产得到了各国的高度关注，如何巧妙地将其融入有形遗产，渗透到社会生活中，供人们随时感知到奥林匹克运动带来的乐趣，一直是各国奥组委关注的焦点。

3. 强调奥运遗产的综合效应，促进国家体育的均衡发展

纵观奥运遗产的发展历程可以发现，伴随遗产覆盖范围的延伸，其综合效应得到了显著提升，遗产设计与规划在国家体育发展中担当了重要角色，发挥了促进竞技体育、学校体育、群众体育和社会体育均衡发展的功能。体育具有超强的渗透力，可以传播到社会每个角落，人们通过主观互动或客观感受都能接触到奥运文化，这都是奥运遗产综合效应的体现。早在20世纪80年代，可持续发展的理念就已出现，虽然直到21世纪奥运东道主的申办报告中才涉及遗产可持续发展的内容，但是对如何办奥既能满足当代需求又能权衡后期持续发展问题的思考，在20世纪后期的申办报告里就有涉及。最典型的例子是1984年洛杉矶奥运会的总结报告，特别强调了奥运会在青少年教育发展和培养运动文化氛围中的推动作用，这也意味着奥运遗产的综合效应得到了持续发挥。运动文化的良好土壤、体育明星的正面形象、宜人的自然环境以及便捷的交通运输都是奥运遗产给东道主留下的宝贵财富,这些财富一方面提高了体育爱好者参与锻炼的频率,点燃了广大人群的运动热情,促进了国民健康水平,另一方面通过竞技体育的优先发展带动了社会体育、学校体育的均衡发展,促进了国家体育事业的进步。

4. 不可忽视的问题：奥运投资的低回报与奥运负资产

大型赛事备受瞩目,举办城市往往投入巨大的人力物力,力求办一届精彩的赛事。但短周期内,比赛所需的高投入未必带来高回报,多次夏季和冬季奥运会给举办城市及地区带来长期的负面影响,造成投入产出间的较大赤字,大型赛事尤其是综合型赛事蕴藏着严重的社会风险和巨大的投资风险。

在赛会遗产的使用方面,也有一些失败的案例。在每届奥运会的申办、筹备、比赛期和赛后四个阶段中,都会产生大量为纪念或留存此届奥运会记忆的文件、档案、录音、视频等材料,这些对奥林匹克运动的发展而言是极其珍贵的历史财富和文化财富。对全人类而言,无论是从研究者的实证角度出发,还是从管理者的实用性出发,抑或从后人的观摩学习角度出发,都是一笔值得保护和开发的遗产。但是遗产的保护似乎总是在遗产面临着几乎被损毁、被消灭殆尽的境况中才得以被重视。如国际奥委会于1999年开始的"知识转让"项目,也是鉴于1980年莫斯科第五届夏季奥运会和1992年阿尔贝维尔第七届冬季奥运会的原始档案丢失而实施的。

如同世界遗产保护运动的发展历程那样,因为奥运会的庞大建设工程背上经济负效应,当遗产变成负担时,保护自然难以成立。2006年11月,加拿大的蒙特利尔历经30年时间终于付清了奥运债务的最后一笔,"蒙特利尔奥林匹克设施管理委员会主席吉勒·莱皮纳证实,当年为举办奥运会,场馆建设总支出高达12.8亿美元"[①]。提到2000年悉尼奥运会和2004年雅典奥运会的开幕式,人们总是会将它们与神圣、惊叹、特别、

---

① 《蒙特利尔还清主办奥运会债务》,新浪网,https://news.sina.com.cn/o/2006-12-27/025110869517s.shtml。

宏大、奇妙等一些词语联系起来,但就在奥运会落下帷幕不久之后,高额的维护费用使场馆遗产变成了城市巨大的负担。"前悉尼奥组委主席桑迪·豪威透露,由于奥运后场馆闲置现象严重,在场馆建设支出为 26 亿澳元的悉尼奥组委,却不得不用超过 4 亿澳元的多余支出来解决这个难题",面对场馆维护和城市发展间的尴尬关系,悉尼只得选取拆除部分场馆以减轻城市负担。①

与此同时,也有一些学者对体育赛事能否对举办城市的经济具有促进作用持否定态度。一些专家通过分析体育赛事的经济影响并以超级碗(超级碗是 NFL 美国职业橄榄球大联盟的年度冠军赛,胜者被称为"世界冠军",超级碗一般在每年 1 月最后一个星期天或 2 月第一个星期天举行,那一天称为超级碗星期天)为个案进行研究。结果表明举办体育赛事会造成隐性成本。体育赛事举办期间,短时期内大量的游客和参赛者涌入举办地,给当地的交通、餐饮、住宿等日常生活带来冲击,在一定程度上影响了当地人的正常生活、工作,降低了当地人的工作效率,造成了资源的消耗,放缓了经济增长的速度,产生了隐性成本。② 通过查询军运会举办期间的社会反映,军运会举办期间的交通管制和严格的生态管治对于一些企业的正常经营和群众的正常生活造成了一定的困扰。

国外的一些学者在体育赛事经济影响的研究中也涉及关于替代效应的问题。③ 政府将大额支出投入到了大型体育赛事的举办中,减少了其他方面的支出,而赛事相关的投资可能是低效率的。政府举办大型体育赛事所带来的经济增长作用,其实很可能仅仅是将原本通过别的渠道和机制产生的经济增长作用挪到了体育领域。比如,有专家研究表明,观众的替代效应占到 20%—30%。这种情况的产生与赛事的性质规模、举办城市的经济发展程度、规模大小,调查所用的模型、方法等都有一定的关系。

奥运会的确具备提升国家经济以及综合国力的"功效",但前提是奥

---

① 《悉尼奥运场馆大量闲置 奥林匹克公园已经成景点》,现代快报,https://2008.sohu.com/20080419/n256390323.shtml。
② 陈璐瑶:《中国马拉松赛事对城市经济影响的实证研究》,硕士学位论文,河南财经政法大学,2019 年。
③ 王亚婷:《大型综合体育赛事对我国城市产业发展的影响研究》,硕士学位论文,西南民族大学,2021 年。

运会必须办好。1976年加拿大蒙特利尔办奥运会及2016年的里约奥运会，均让举办奥运会的国家，遭受了巨大的经济损失，加拿大蒙特利尔深陷高达15亿加元的债务，巴西的经济链出现了严重的断裂。因为奥运会耗资大，并且要求极高，因此选择申办奥运会的国家越来越少。早在2020年奥运会还未确定主办地之前，国际奥委会主席便已经构想2032年奥运会的相关事项，国际奥委会主席表示，希望中国可以申办2032年奥运会，并且还直接点名了武汉、上海以及广州这三座城市。

国际奥委会主席希望中国举办奥运会，并不是因为没有选择，而是看重了中国的实力。中国在2008年举办的北京奥运会，让全世界重新认识了中国。据了解，北京奥运会，是有史以来国际上最满意的奥运会之一，2019年武汉第七届世界军运会也是国际上都很满意的一场军运会。在2008年的北京奥运会中，不仅展示了我国的经济实力，还展示了我国的经济科技，而展示背后，是高成本的投入，为了能够展示我国美好的一面，投入了非常高的成本，水立方、鸟巢等大型的综合体育馆，耗费了数百亿资金。幸运的是，最后获得了对等的回报。中国国际地位获得了明显的提高，愿意来到中国旅游与学习的外国人越来越多，外国人的到来，促进了经济发展，同时选择留在祖国发展的人才也越来越多，中国因此变得越来越美好。

（六）继承和发扬军运政治遗产

1. 塑造政府新的形象

在军运会筹备过程中，代表政府承担职责的军运会执委会在组织机构、工作导向、运作机制、决策方式等诸方面显示出令人瞩目的务实、开放和创造性特征。执委会在明晰其使命感的前提下，注重实效，实行分权并减少官僚化，同时充分利用市场的机制为公众提供服务、处理事务，重视公众意见，保持了与公众的良好沟通。执委会全方位的革新和创举也决定了其将在廉政建设方面所取得的成就。我们有理由认为，军运会执委会所展现的一个新政府形象无疑是政府改革中值得珍视的遗产，减少官僚化的政府、具有使命感的政府、面向公众的政府、面向市场的政府、清正廉洁的政府将成为世界和中国自身对政府形象的希望与期待，而"不争论大小而求效率、不纠缠做什么而着眼于怎么做、不辩论动机而讲究效果、不追求管制而着重民众参与"的理念则有可能成为中国"摸着石头过河"这一传统改革指针的有益补充。

2. 培养具有现代治理能力的政府公务人员

军运会结束后,执委会中来自各政府机构的工作人员已返回原工作单位。可以想见,他们在执委会的工作经历、思维训练及理念浸染将有助于其重新审视政府机构所赖以运作的体制和原则,有助于激活其他政府部门的自我改进和变革。我们衷心希望,武汉军运会政治遗产不仅仅可以被执委会所属人员所发扬,也能够被更大范围和更广领域内的政府机构的人员所认真体认和积极继承。如果这样,这将是武汉军运会的另一项伟大意义。

(七)军运场馆设施的保护和利用

大型赛会场馆的赛后利用是一个普遍性的世界难题。1976年的蒙特利尔奥运会出现了十多亿美元的亏空,2004年雅典奥运会后,场馆每年的维护成本多达1亿欧元。这些都说明,如果没有科学的赛后管理和运营,势必会给举办城市的经济带来负面影响。军运场馆的保护和利用,目的就是要实现场馆赛后良性运营,提高场馆的利用率,避免军运场馆的赛后闲置,主要途径是推进场馆建设的智能化、数字化、标准化,推动场馆的多元化利用、市场化运营、专业化管理,不断提高场馆的经济效益和社会效益(见图12-1、图12-2)。

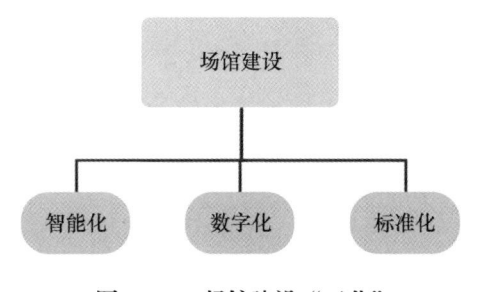

图12-1 场馆建设"三化"

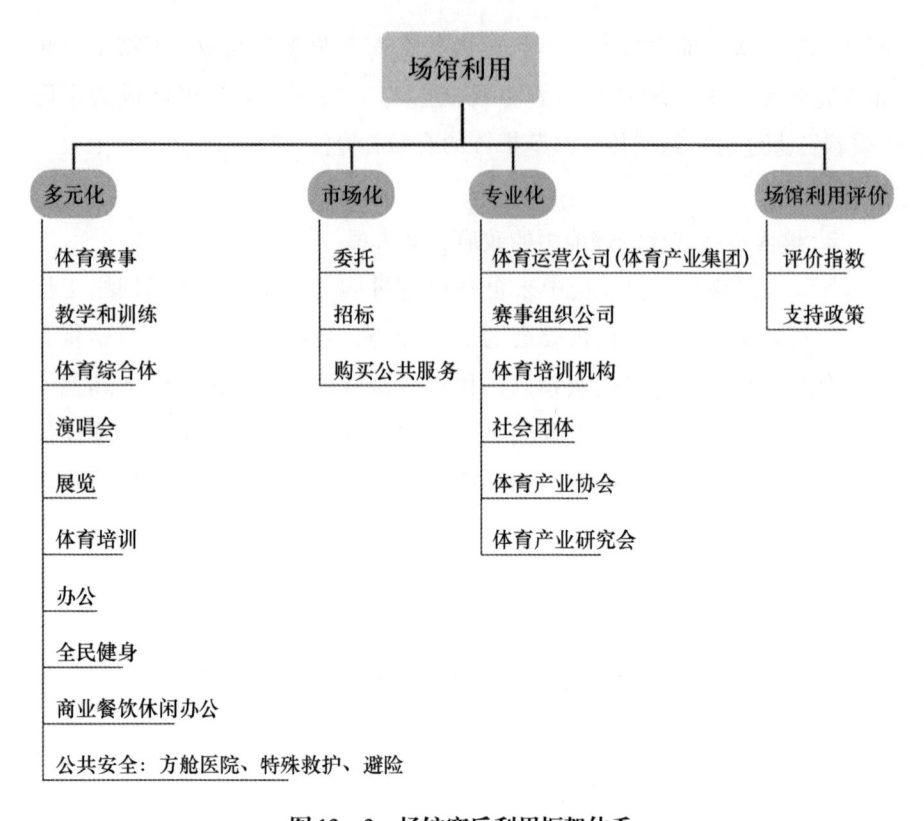

```
                        场馆利用
        ┌──────────┬──────────┬──────────┐
       多元化      市场化      专业化    场馆利用评价

       体育赛事     委托      体育运营公司(体育产业集团)   评价指数
       教学和训练   招标      赛事组织公司              支持政策
       体育综合体   购买公共服务  体育培训机构
       演唱会                社会团体
       展览                 体育产业协会
       体育培训              体育产业研究会
       办公
       全民健身
       商业餐饮休闲办公
       公共安全：方舱医院、特殊救护、避险
```

图 12 – 2　场馆赛后利用框架体系

1. 场馆赛后利用的历史经验和举措

（1）赛前谋划，科学规划

2012 年伦敦奥运会关于场馆的可持续发展方面提出了三项措施：大量采用可循环利用材料；大量兴建临时场馆；开展大规模赛后改造。北京市政府高度重视奥运会场馆开发，在场馆建设初期，就从整体布局、赛后利用、市民需求、社区配套和市场运营等方面充分考虑和统一规划。

（2）大量采用临建设施，降低运营成本

一是设置临建座位，大大缩减了场馆的规模，使其更适合承接后赛会时期规模较小的比赛，增加了场馆的使用率，并极大降低了日常维护成本。

伦敦奥组委在场馆设计之初就对各场馆的规模进行了合理规划，在一些场馆中修建了大量的临时座位，这些座位既满足了奥运会的需要，也便于比赛结束后进行拆除。例如,"伦敦碗"在奥运期间可以容纳 8 万名观众,但是只有碗底的 2.5 万个永久性座位,碗外围的看台是可以卸载的轻质钢架,承载了 5.5 万个临时座位。奥运会结束后,"伦敦碗"被改造成了拥有 3.5 万个观众座席的场馆。

亚特兰大主体育场奥运会后拆除了部分临时座位,成为职业棒球队亚特兰大勇士队主场,用于举办棒球超级碗等大型体育赛事;射箭、划艇和自行车馆等临时场馆被完全拆除。

(3) 充分利用场馆资源开展体育赛事

举办体育赛事是体育场馆最本质的功能,把职业体育赛事融入场馆建设规划及赛后长期的运营管理当中,是双赢的举措,既使场馆设施得到了有效利用,又促进了多级别、多项目体育赛事的开展。

积极承接和引入多种、多级别的体育赛事,是伦敦奥运场馆赛后成功运营的重要方法之一。英国具有职业体育市场化程度高的特点和优势,奥运会之后充分利用场馆资源,将职业联赛和中小型的体育赛事引入场馆运营中,更好地维持了日常运营需要。例如"伦敦碗"成了英超西汉姆联队的主场;手球馆在奥运会之后更是成了运动员训练以及举办中小型赛事的体育中心(见表 12-1)。

表 12-1　2012 年伦敦奥运会赛后继续举办赛事的奥运场馆情况

场馆名称	体育赛事
奥林匹克体育场	体育和田径比赛
水上中心	水上项目比赛
铜箱馆	小到中型体育赛事
伊顿庄园	高端曲棍球赛事
罗德板球场	板球比赛
温布尔登网球场	网球大满贯赛
布兰兹哈奇赛道	运动赛车
考文垂市体育场	足球赛
伊顿多尼水上中心	赛艇比赛
汉普顿公园球场	世界大型的足球赛
李谷白水中心	皮划艇比赛

续表

场馆名称	体育赛事
加迪夫千禧球场	威尔士足球队主场
老特拉福德球场	曼联主场
圣詹姆斯公园球场	纽卡斯尔主场
韦茅斯波特兰港	帆船帆板

近年来，北京"鸟巢"承办了意大利超级杯足球赛、国际足球邀请赛和 ROC 世界车王争霸赛等重大体育赛事，开发了多达 150 余款的特许商品。"水立方"积极引进国际泳联短池世界杯系列赛、世界跳水系列赛等多项大型赛事。

一个城市在举办第一次国际性大型赛事之后，再举办第二次大型赛事相比于第一次将会减少很多投资，特别是场馆方面的投资，也提高了对于场馆的利用。因此，建议在控制预算的情况下，曾经举办过大型赛事的城市建议举办更多的赛事，既可以提高场馆利用效率，又可以摊薄初次举办的费用，同时，可以将体育产业发展成为城市的支柱产业。北京 2022 年冬奥会充分利用 2008 年奥运场馆，极大地减轻了冬奥会预算，减轻了办会城市财政压力。

2022 年北京冬奥会共需要 26 个场馆，分布在三个赛区，分别是北京赛区、延庆赛区和张家口赛区。北京赛区计划建设及改建 13 个与赛事直接相关的场馆，包括 6 个竞赛场馆和 7 个非竞赛场馆。北京赛区主要进行冰上运动的比赛及相关活动，主要有五大项，冰壶、冰球、滑冰、单板滑雪，需要的竞赛场馆主要有速滑馆、单板大跳台、冰壶馆、冰球馆。根据北京冬奥组委会的规划，6 个竞赛场馆需要新建的只有速滑馆和单板大跳台。冰壶项目的比赛将在国家游泳中心进行，国家游泳中心是北京为举办 2008 年夏季奥运会修建的主要游泳馆，在 2008 年夏季奥运会期间承担游泳、跳水、花样游泳、水球等比赛。冰球比赛将在国家体育馆及五棵松体育中心进行，国家体育馆为 2008 年奥运会三大主场馆之一；五棵松体育中心在 2008 年奥运会期间承办多项重要赛事。国家速滑馆选址于奥林匹克公园内，利用的是 2008 年夏季奥运会的土地遗产，政府无须另外划拨土地资源（见表 12-2）。

表12-2　　　　　　　2022年冬奥会北京赛区六大竞赛场馆

序号	竞赛场馆	大项	分项	是否为奥运遗产	是否新建
1	国家游泳中心	冰壶	冰壶	是	否
2	国家体育馆	冰球	冰球（1）	是	否
3	五棵松体育中心	冰球	冰球（2）	是	否
4	首都体育馆	滑冰	短道速滑/花样滑冰	否	否
5	国家速滑馆	滑冰	速度滑冰	否	是
6	单板大跳台	单板滑雪	单板大跳台	否	是

北京赛区的非竞赛场馆要满足开闭幕式及运动员颁奖、新闻及赛事传播、运动员生活及训练的需求。北京赛区的非竞赛场馆没有新建，全部利用2008年奥运会的场馆遗产。2008年夏季奥运会主体育场的国家体育场作为2022年冬奥会的开幕式和闭幕式场馆；国家会议中心作为2022年冬奥会的主新闻中心及国际广播中心；北京颁奖广场作为2022年冬奥会北京赛区颁奖广场；首都滑冰馆、首体综合馆、首体短道速滑馆承担参赛运动员训练任务，作为运动员训练馆（见表12-3）。

表12-3　　　　　　　2022年冬奥会北京赛区七大非竞赛场馆

序号	非竞赛场馆	用途	是否为奥运遗产	是否新建
7	国家体育场	开/闭幕式	是	否
8	北京奥运村	奥运村	否	是
9	国家会议中心	主新闻中心/国际广播中心	是	否
10	北京颁奖广场	颁奖广场	是	否
11	首都滑冰馆	训练馆	否	否
12	首都综合馆	训练馆	否	否
13	首体短道速滑馆	训练馆	否	否

从2014年国际奥委会发布的《2022年奥运申办城市评估报告》中可以看出，北京奥申委提交的赛事运营预算为15.58亿美元（以2014年汇率计算），包含比赛设施、人力、科技、交通、安保等投入。此外，奥运

场馆和奥运村建设面向社会资本，不由冬奥组委直接支出，共计15.11亿美元，两部分相加，整体成本预算为31亿美元。此后的2015年3月，北京奥申委在接受国际奥委会评估团考察时，将预算调整为约39亿美元，包含组委会运营预算19.8亿美元以及场馆、奥运村建设预算19.2亿美元。2018年平昌冬奥会预算约为120亿美元。2014年索契冬奥会与赛事相关的支出为118亿美元，其中与赛事直接相关的建设支出有71亿美元。北京冬奥会预算之所以仅为前两届冬奥会预算的三分之一，很大的原因在于2008年奥运会所留下奥运场馆遗产。通过表12-3可以看出，在北京赛区的13个场馆中，只有国家速滑馆和单板大跳台需要新建，北京的基础设施在2008年奥运会周期内也得到极大改善，减少了北京冬奥会对基础设施建设的投入。在北京申办2022冬奥会的同时，波兰克的拉科夫、乌克的兰利沃夫、挪威的奥斯陆也正积极申办2022年冬奥会，但于2014年三座城市却相继退出申办行列。虽然三座城市退出申办的直接原因有所不同，但在经历了被称为"史上最贵奥运会"的2014索契冬奥会之后，可以看出，三座城市对举办冬奥会可能产生的高额支出的担忧。而北京申办冬奥会则可以利用2008年北京夏季奥运会的物质遗产，进而减少了办赛支出。2022年2月1日，北京冬奥组委新闻发言人严家蓉表示，根据当前测算，北京冬奥会预算收支平衡。在考虑通货膨胀等经济因素之后，预算总体规模与申办预算大体相当（见表12-4）。

表12-4　　1992—2014年历届冬奥会与赛事直接相关支出状况

年份	城市	国家	与赛事直接相关支出（亿美元）（按照2009年通货膨胀）
2014	索契	俄罗斯	118
2010	温哥华	加拿大	23
2006	都灵	意大利	41
2002	盐湖城	美国	23
1998	长野	日本	23
1994	科勒哈默尔	挪威	19
1992	伯特维尔	法国	19

数据来源：陈惟杉：《盘点近十届冬奥会的账单》，《中国经济周刊》2015年第31期。

（4）功能改造和多元化利用

随着人们生活水平的提高和体验经济时代的到来，人们的休闲娱乐需求日益多元化，任何一种单一形态的产业都无法满足人们多元化的需求，尤其是在职业体育不发达的国家，仅仅依靠体育来解决奥运场馆赛后利用问题也不够现实，于是多业态综合运营成为不少奥运会场馆赛后运营的主要模式。这种模式的特征是不仅发展场馆的体育产业，还积极引入了文化、旅游、会展、娱乐、休闲等多种产业形态，使场馆由原本单一的体育功能区拓展为集体育、艺术、娱乐、时尚消费、创意生活为一体的时尚生活体验区。

伦敦奥组委在奥运会结束后将奥林匹克公园改造成了全欧洲最大的城市公园之一，使其更多地服务于社区、居民以及游客；奥林匹克公园内的曲棍球中心也在赛后被改造成更加适合社区使用的活动场地。伦敦政府以奥运场馆建设为载体，对原本贫困落后的斯特拉特福德地区进行综合改造，创造可持续利用新社区（见表12-5）。

表12-5　　　　2012年伦敦奥运会赛后改造、拆除以及恢复原功能的场馆分类情况

场馆名称	性质	赛后利用方式
奥林匹克体育场、小轮车场、铜箱馆、自行车馆、伊顿庄园、李谷白水中心、汉普顿公园球场	新建、永久性	改造；增加使用功能
篮球馆、水球馆、格林尼治公园、海德公园、皇家骑兵卫队阅兵场、哈德雷庄园、滨河体育场、皇家炮兵军营	新建、临时性	拆除后重新利用
伯爵宫、林荫路（临时性）、Excel国际会展中心	改造、永久性	恢复原功能
汉普顿宫、罗德板球场、北格林尼治中心、温布利体育馆、温布利体育场、温布尔登网球场、布兰兹—哈奇赛道、考文垂市体育场、伊顿多尼水上中心、加迪夫千禧球场、老特拉福德球场、圣詹姆斯公园球场、韦茅斯波特兰港	现有、永久性	恢复原功能

伦敦奥组委在赛后积极扩大场馆的使用价值，与赛事、训练、文化及公益活动相结合，充分发挥奥运场馆赛后的多元化功能，形成多元化的体育产业区。例如，水上中心不仅对专业运动员开放，更面向社会、俱乐部、学校等人群，使水上中心建设得更加公众化、人性化；铜箱馆是配备了更衣室与咖啡厅的健身俱乐部，成为多功能的健身场所；北格林尼治中心在赛后成了一个集体育、音乐和娱乐为一身的休闲场所。另外，奥林匹克体育场在继续用于体育和田径比赛的基础上设计得更具灵活性，使其可适应文化和社区活动多种不同的需求；小轮车场的赛道在赛后被重新规划以适应社区的使用要求；自行车馆在赛后加建了一个公路自行车赛道和一个山地车赛道，成为面向当地社区多层次人群使用的自行车公园。

亚特兰大网球场赛后移交给私人机构负责日常经营，除了举办网球比赛外，也是音乐会、集会、展览、婚礼和毕业典礼的集聚地。皮划艇和赛船中心举办了皮划艇和独木舟世界锦标赛，还服务于当地的皮划艇和独木舟俱乐部；水上中心被捐赠给了佐治亚理工大学，服务于高校的水上运动教学与训练；自行车比赛中心赛后被拆除，整治后成为野生动物保护区；沙滩排球场被改造成婚礼和音乐会的举办地；奥运村捐给了佐治亚科技大学，成为学生宿舍；百年奥运公园地面砖块的售卖直接带来了2100多万美元的收入。

悉尼主体育场冠名权由Telstra公司竞标获得，场馆被更名为"Telstra Stadium"，用于职业队的比赛和训练。网球中心和高尔夫球训练场则服务于全民健身，每周接待数以千计的市民。奥运村改造后成为悉尼著名的高品质社区，全部对外出售。大型赛事与节庆娱乐活动开发是公园赛后运营的突出特色，公园不仅承办了国际网球锦标赛、国际足联世界杯亚洲区预选赛和足球世界杯资格赛等大型体育赛事，还举办了"大日子"室外音乐节、印度澳洲友谊节、太阳马戏团表演秀等大型节庆娱乐活动。其中，悉尼皇家复活节是悉尼奥林匹克公园最具影响的节庆活动，为期仅14天的2012年悉尼皇家复活节就吸引了超过81万名游客，取得了良好的经济效益。悉尼奥林匹克公园通过发展体育、文化、娱乐、会展等多种业态，大大提高了场馆利用率，实现了奥运功能区赛后的成功转型（见表12-6）。

表12-6　　　悉尼奥林匹克公园2010—2012年大型赛事与
节庆娱乐活动一览

年度	大型赛事与节庆娱乐活动
2010	大日子室外音乐节、拉丁教室舞蹈节、澳大利亚美式橄榄球联赛（AFL）、全国英式橄榄球联赛、澳大利亚成人游泳锦标赛、全球舞蹈节
2011	女子足球超级联赛，太阳马戏团表演秀、新南威尔士州澳大利亚爵士芭蕾舞和戏剧锦标赛、学校教育博览会、NRL资格赛、新南威尔士州射箭公开赛、国际足联世界杯亚洲预选赛、自行车节、韩国音乐节、立体声音乐节、新南威尔士州游泳大奖赛、低音控制舞蹈节、未来设计展览会
2012	澳大利亚青年田径锦标赛、流行真人秀、嘻哈音乐节、悉尼皇家复活节嘉年华、澳大利亚体操锦标赛、悉尼国家射箭锦标赛

北京"鸟巢"举办了成龙、宋祖英等人的大型演唱会和大型景观歌剧《图兰朵》，观演群众超20万人次。鸟巢按"节、季、周、汇"积极策划具有鸟巢自主品牌特色的大型文体活动和驻场演出，其中"鸟巢欢乐冰雪季""我的奥林匹克儿童体验中心""鸟巢·吸引"的社会效益和经济效益尤为突出，尤其是"鸟巢欢乐冰雪季"开启了世界奥运会主体育场冬季运营的典范。

（5）大量采用可循环利用材料

"临时场馆"按照绿色环保的理念进行设计和规划，尽量少地使用建筑材料，尽可能就地取材，减少或者避免不可再生材料的使用。赛后这些临时场馆被拆除，可以最大限度地减少对环境的影响。伦敦奥运会使用大量的"临时场馆"，伦敦市政府在奥运会后拆除了东伦敦的200多座建筑，有95%的拆除物被回收和利用，超过了90%循环利用率的标准。除"伦敦碗"之外，还有篮球馆、李谷白水中心、格林威治公园和海德公园等场馆的临时座椅、临时建筑等也被拆除，被拆除的材料按照永续、环保的理念被运到英国其他地区重新投入使用。

场馆注重节能和环保，为赛后利用减少了成本。如伦敦奥运会自行车赛车馆的建设就充分考虑到绿色环保，屋顶采用天窗设计，在白天可以直接利用自然光,减少照明能耗;手球馆的雨水收集系统也大大增加了水资源的循环利用率。

(6) 实行团队化、专业化的经营管理

有效管理和统一运营对赛会场馆的赛后利用具有重要意义。现代赛会场馆往往具有前期投资大、建设规格高、功能设计多元化和赛后维护保养成本高的特征,需要专业化运营团队来实现专业开发。专门的管理团队和高级专业人才对场馆实行综合开发利用和管理运营,可以合理配置体育场馆资源,根据实际情况充分开发各场馆的自身优势,有效避免单独经营引发的竞争和排挤。同时专业开发机构不但具有票务、市场推广和促销方面的成功经验,还可以为场馆带来丰富的活动资源,大大降低场馆运营成本,提高场馆管理科学水平,这是实现场馆赛后成功运营的关键。

伦敦奥组委主席科勋表示伦敦奥运会的九成意义在于奥运遗产,遗产管理自然而然地成为伦敦奥运场馆赛后利用的重中之重。2009年成立的伦敦奥运遗产运营公司,专门负责运营奥运遗产,包括对比赛场馆赛后的商业化运营以及奥运村的廉租房改造等,共同构成了商业和公益相结合的奥运遗产管理应用方式。以东伦敦奥运村为例,Taylor Wimpey 和 London & Quadrant 公司,在赛后被选中承接伦敦奥运区域的重建工作。在赛后的20年内,这两个公司将持续投入3亿英镑在奥运村及周边建设11000套新屋,包括廉租房、新型城市居住区、学校、医院等。伦敦奥运会比赛场馆以奥运遗产公司为运营主体,积极进行商业化和市场化运作,合理推行场馆作为奥运遗产的赛后利用,而就业、培训、社会服务和增加居民参与体育活动的机会是该公司实行商业运营的核心内容,体现了奥运遗产管理中商业与公益并重的理念。

2003年,悉尼新南威尔士州政府成立奥林匹克公园管理局,专门负责奥运场馆的开发利用。希腊成立希腊奥运资产管理部门,对皮划艇和赛艇场馆、羽毛球馆和国际广播中心主体部分进行招标。北京市政府赛后成立了奥林匹克公园管委会,专门负责北京奥林匹克公园场馆群资源开发。巴塞罗那政府成立巴塞罗那帕摩西奥公司,专门负责巴塞罗那奥运场馆赛后开发,帕摩西奥公司采取租用、限期买断使用权等多种形式,积极盘活巴塞罗那奥运场馆资源。据统计,1989—2003年巴塞罗那奥运场馆共举办了世界杯、音乐会、展销会、产品发布等4000余场大型活动,

十二 军运遗产的保护与利用 | 179

所有场馆都成功地依靠自身供血维持运营。

2. 建立军运场馆赛后利用的组织和工作机制

成立武汉军运遗产可持续发展领导小组，建立军运场馆赛后利用联席会议制度。领导小组是军运遗产尤其是军运场馆后续开发的决策和协调机构。联席会议负责研究、制定、实施武汉市区两级主要军运场馆的赛后利用规划。领导小组下设办公室在武汉市体育局办公，具体负责军运遗产包括军运场馆赛后利用的实施方案和场馆运营模式的构建。

组建市属体育产业集团，创新军运场馆管理模式。组建武汉市体育产业发展（集团）有限公司，具体负责市国有体育设施的有效整合与供给，以及军运场馆在赛后的开发建设和管理运营。制定《武汉公共体育场馆管理体制改革方案》，推进公共体育场馆改制和所有权与经营权分离改革。

强化对军运场馆持续利用的资金、人才、政策扶持。探索建立武汉军体运动基金会，资助军运会场馆的运营管理。在财政预算中安排品牌赛事、重大体育项目、军运场馆维护专项经费，每年提供5亿元作为体育产业扶持资金。创新人才工作机制，加快建设一支谙熟体育市场开发和体育产业经营规律的体育产业经营管理人才队伍。加大政策扶持力度，对公共体育服务行业给予税收、用水、用电、用地等相关政策扶持。

3. 构建军运场馆赛后利用服务功能体系

制定《武汉军运场馆赛后利用总体方案》及实施细则，围绕全民健身休闲、青少年人才培训、体育产业发展、城市景观设计等方面，构建军运场馆服务功能体系。一是军运场馆核心功能，优先保障体育竞赛、体育培训、全民健身服务三大核心功能运行。二是军运场馆附属功能，增强军运场馆的文化传播、会议会展、旅游休闲、文艺会演等附属功能，进行多元化运营。三是军运场馆拓展功能，主要是应急避险服务功能，以及停车场、餐饮、公共交通等配套服务功能。

4. 探索军运场馆的运营新模式

创新军运场馆的运营模式。根据各军运场馆的实际情况，创新合理的运营模式。可选择的模式包括承包责任制和租赁制、混合所有制和企业化经营、引入体育经纪公司和体育管理公司、集团化管理和建立场馆战略联盟等。其中，混合所有制和企业化经营是体育场馆建立现代体育企业主要的改革创新方向。

鼓励军运场馆开展多元化经营。以组织大型活动为核心，走多元化经营的道路，围绕场馆资源、赛事资源和人力资源等来大力开发表演比赛、大型会演、展览会议、健身娱乐、餐饮、住宿、购物等附属功能。同时，衍生室内外广告经营、周边地产开发、体育旅游接待、体育商城开发等多种附加产业。注重军运场馆冠名权、豪华包厢、特许经营权等无形资产的开发和利用。

5. 实施军运场馆赛后利用"一场一馆一策"

注重对军运场馆分类施策。10 个"高校场馆"、5 个"军校场馆"、3 个"商业场馆"和 1 个"特殊场馆"的赛后利用方案已经比较成熟，对剩下的 16 个场馆根据其地理位置、场馆条件、配套设施、区域经济、体育资源等个性特征，进行分类设计，实施"一场一馆一策"。主要分为三类："多元开发体育场馆（群）"，重点引入高端文体资源，定位为区域重要地标、城市名片、竞演平台、休娱胜地；"旅游开发为主场馆"，重点引进精品赛事带动周边地区的旅游开发；"全民健身为主场馆"，重点开展全民健身活动，兼顾体育赛事开发。

推动重点军运场馆进行惠民开放试点示范。制定军运场馆免费或低收费开放工作方案，在重点军运场馆进行惠民开放试点示范，取得经验后向全市其他体育场馆推广应用。借助军运会筹办和赛后开发利用契机，完善"15 分钟健身圈"，掀起武汉全民健身运动热潮。

6. 打造传承军运精神的都市体育新地标

围绕武汉体育中心打造大型体育主题公园和地标。围绕武汉体育中心和军运会媒体中心打造多功能现代化大型体育主题公园，成为武汉开发区乃至大汉阳地区的新地标。主体育场改造成为具有大型体育赛事、文艺演出、国际会务会展等多功能的综合性场馆，将军运会媒体中心改造成真冰溜冰场、射箭馆、击剑馆等经营性场馆，将体育馆、游泳馆改造成促进全民健身的惠民场馆。

围绕五环体育中心打造临空港经开区体育文化高地。五环体育中心是军运会新建的最大比赛场馆，已经成为中超联赛武汉长江（原卓尔）队的新主场。其定位是与国家级开发区相匹配，能承担省级、国家级以及部分世界级体育赛事，整个大汉口片区最先进便利的体育文化新高地。围绕五环体育中心与东西湖文化中心，构建集体育比赛、全民健身、文化会展、休闲娱乐为一体的城市体育综合体和全民健身活动中心，带动东西湖区产城融合。

围绕汉口文体中心打造西北湖体育文化娱乐新地标。汉口文体中心是武汉二环线内唯一一个大型综合性体育场馆，而且处于十分繁华的西北湖地区，地理位置十分优越。改造后的汉口文体中心通过布局"一场三馆""一圈四中心"（集体育场和文化馆、图书馆、博物馆为一体，包括中国汉绣圈、非遗保护中心、艺术培训中心、全民阅读中心和全民健身中心等功能），建立了多元复合功能，全面实现文化惠民、体育惠民。围绕汉口文体中心带动整个西北湖片区成为引领中心城区的体育文化娱乐新地标，满足周边市民文体休闲需求。

围绕光谷国际网球中心和湖北省奥林匹克体育中心打造大光谷片区都市体育新地标。目前，主要形成竞、训、研服务一条龙的有机整体，打造品牌国际赛事。未来，随着大光谷片区的发展核心东移，应当预留足够空间，建设体育场馆群，共同打造大光谷片区以体育休闲为主要特色的都市体育新地标。

7. 发挥特色军运场馆"体育+旅游"的新优势

在长江主轴两江四岸亮点区块增加更多军运和体育元素。参照在青山、汉阳沙滩排球中心的模式，将更多军运和体育元素引入长江主轴亮点区块，依托国际国内体育赛事，完美展现世界级滨江公共空间和城市文明滨水景观带，将军运旅游和体育旅游打造成为继长江主轴旅游后的新热点。

构建东湖风景区"体育休闲+旅游"的独特优势。"汉马"已经展现了最美东湖绿道，军运会后充分利用自行车、帆船的赛事影响，可以叠加国际自行车、国际帆船赛事，进一步增强"体育休闲+旅游"的独特优势。尤其是东湖帆船基地，与东湖自然风景和谐统一，赛后可以成为推广全民帆船运动的中心，开展各项水上主题活动，承办帆船赛事，打造城市观光、体育休闲水上名片。

推进射击射箭场馆与九真山风景区融合发展。赛后加快推进蔡甸国防园射击射箭场馆与九真山风景区融合发展，共同建设5A级风景区，打造九真山两平方公里亮点区块，带动区域旅游发展和周边乡村振兴。

以户外特色场馆带动江夏区旅游休闲产业发展。围绕江夏梁子湖铁人三项场地带动梁子湖风景区的旅游开发。江夏八分山等定向越野场地在赛后形成大花山户外运动中心，并改造成乒乓球馆、羽毛球馆和游泳馆，除了承接体育赛事外，还能够与江夏33公里环山绿道及五大公园一起带动江夏的旅游休闲产业发展。

8. 承办体育赛事是奥运场馆赛后利用的最佳选择

举办体育赛事是体育场馆最本质的功能，通过伦敦奥运会场馆建设与赛后利用的范例证明，把职业体育赛事融入奥运场馆建设规划及赛后长期的运营管理当中，是双赢的举措，既使场馆设施得到了有效利用，又促进了多级别、多项目体育赛事的开展。

9. 对场馆的赛后利用要实行有效管理和运营

纵观伦敦奥运会赛后场馆的利用，有奥运遗产公司、奥林匹克公园遗产公司、利谷皇家公园管理处等专业的管理团队，对场馆实施运营，这告诉我们有效管理和统一运营对奥运场馆的赛后利用具有重要意义。随着现代运动会的成熟发展，各主办城市逐渐达成共识，多元化的经营道路成为运动会场馆赛后利用的主要手段之一。专门的管理团队和高级专业人才对场馆实行综合开发利用和管理运营，可以合理配置体育场馆资源，根据实际情况充分开发各场馆的自身优势，有效避免单独经营引发的竞争和排挤。

10. 开展场馆的市场化运营

坚持市场化开发。仅仅依靠政府现有的力量不能实现高起点、高水平的市场运营。在主体上需要委托专业化的公司管理，让专业人做专业事，这样使武汉的场馆运营提升到一定的水平和高度。同时要重视场馆的运营和开发，加大无形资产的开发，包括冠名、广告及知识产权的开发，可以借鉴国内外在场馆运营上的一些成熟经验。

建议成立市场化主体，如组建武汉市体育产业发展有限公司，推进场馆在军运会赛后的开发利用和管理运营。体育产业公司化运营是大部分城市场馆利用的方式（见表12-7）。

表12-7 相关城市组建体育企业一览

城市	企业名称	企业性质	成立时间	注册资本	经营范围
厦门市	厦门路桥体育产业集团	国有企业	2018年3月	100000万元	体育场馆；休闲健身活动场所（不含高危险体育项目活动）；游泳场馆经营；经营高危险体育项目活动（不含游泳）；文艺创作与表演；经营性演出及经纪业务；体育组织；艺术表演场馆的管理（不含文艺演出）；文化、艺术活动策划；体育经纪人；其他文化艺术经纪代理（不含须经许可审批的项目）；体育用品及器材零售（不含弩）；娱乐及体育设备出租；房地产租赁经营；停车场管理；广告的设计、制作、代理、发布；物业管理；旅游管理服务（不含须经许可审批的项目）
无锡市	无锡市体育产业发展集团有限公司	国有独资企业	2016年12月	20100万元	体育基础设施、体育产业项目的投资、运营；体育场馆服务；体育业务咨询、服务；组织各类群众性体育比赛、训练、培训；竞技体育组织；休闲健身活动；体育旅游；利用自有资产对外投资；体育设备出租服务；体育用品和装备研发、制造、销售；国内、国际体育比赛的经纪代理；体育会议及展览展示服务；大型演出活动、艺术表演组织服务；组织文化艺术交流活动；体育健康营养咨询、餐饮服务、住宿服务；体育医疗咨询、养老服务、体育康复；国内贸易、国际贸易；设计、制作、代理、发布广告；运动员经纪人服务；自费出国体育留学中介等。（依法须经批准的项目，经相关部门批准后方可开展经营活动）

续表

城市	企业名称	企业性质	成立时间	注册资本	经营范围
青岛市	青岛体育产业发展有限公司	国有企业	—	1000万元	体育赛事活动组织、策划；体育俱乐部管理；体育经纪代理；健康咨询；运动休闲船艇器材、体育运动器材销售、租赁、维护；体育用品、服装、健身器材销售；体育场馆、体育设施设备租赁；体育项目咨询；健身服务；体育、文化设施建设、运营及物业管理；票务销售；工艺品销售；体育、文化广告设计及代理、制作、发布；会展服务；文体活动策划；依据《民办学校办学许可证》核准的项目从事体育专业培训经营活动；电子产品、通信设备开发、销售、维护、租赁；货物及技术进出口（法律、行政法规禁止的项目除外，法律、行政法规限制的项目取得许可后方可经营）；房屋出租。（依法须经批准的项目，经相关部门批准后方可开展经营活动）
南京市	南京体育产业集团有限责任公司	国有独资	—	12000万元	体育业务咨询、服务；组织体育比赛、训练、培训；体育场馆、艺术表演场馆、娱乐场所管理；举办文体娱乐活动、体育赛事服务；体育用品销售、租赁；物业管理；自有房屋、场地出租；设计、制作、代理、发布国内各类广告；体育、文化艺术经纪代理；游览景区管理；电子交易平台技术服务。（依法须经批准的项目，经相关部门批准后方可开展经营活动）
成都市	成都体育产业有限责任公司	国有企业	—	200000万元	体育场馆开发建设和运营管理，体育基础设施和体育产业项目的投资、运营等

（八）社会遗产的保护和利用

1. 弘扬军体精神

军运会充分展现了"体育传友谊"的军体精神。中国人民对和平的理解，还有团结、友谊这些理念，都通过军运会的成功举办传递给了全世界。将团结、友谊、和平共处和军人在赛场上表现出的不屈不挠的奋斗精神，应用到中国特色社会主义建设中来，促进地区和国家的经济社会发展。

2. 弘扬全民参与的精神

武汉世界军运会的举办中，全市近百万人直接参与了军运会的各项组织和服务工作，间接参与的市民更是不计其数，正是这种全民的深度参与，大家对军运会的理解和认可度、赞誉度达到了空前的一致，促进了武汉市民的凝聚力和融合力。为了贯彻惠民原则和激发全民参与，军运会门票实现了低票价原则，票价分为9档，最低票价10元，最高票价200元，80元以下的门票占可售坐席的90%，平均票价为50元。

3. 弘扬志愿者精神

志愿者精神意指一种互助、不求回报的精神，它提倡"互相帮助、助人自助、无私奉献、不求回报"。军运期间的志愿者达到30万人，是一次武汉志愿者的再集聚、再锻炼的过程，极大地促进了武汉志愿者队伍的发展和志愿者精神的传递。

（九）经济遗产的保护和利用

武汉军运会带来了大量的经济遗产，除了场馆建设方面的遗产，还包括投资机会、旅游产业、体育产业和基础设施建设等，这些遗产需要得到合理的保护和利用。

1. 充分利用军运会带来的投资机会

世界军人运动会相当于是世界军人的"奥运会"。据媒体报道，武汉军运会总投资超千亿元。其中，在城市功能保障方面，推进汉江大道快速路、黄家湖大道等 44 个基础设施配套项目建设，总投资达 1400 多亿元，城市的能级与面貌将发生天翻地覆的变化。一个升级版的武汉，将出现在世界面前。首先，世界范围的投资者，更懂武汉的实力与段位。国内的投资者到武汉体验军运会时，可能顺道在武汉投资和买房。其次，军运会之后，体育场馆对市民开放，相当于房地产项目的运动配套。地铁、道路等基础设施的投入，缩小武汉的时空距离。再次，军运会之前后，开发商错峰营销，在促销、打折等方面集中爆发，可能出现一个成交小高潮。对于新一线城市武汉来说，武汉的上一轮城市利好是地铁建设加快推进。而这一轮利好，是军运会等国际赛事的举办。最后，促进了 5G 商用领域的投资机会。2017—2019 年，武汉在城市景观和基础设施方面进行了大规模的更新改造。同时，借力军运会，也带来了 5G 在武汉的快速发展建设，例如路灯杆作为 5G 部署的最佳载体，随着智慧化改造的需要，也随之升级为智慧灯杆。值得一提的是，在全国智慧灯杆建设标准相继推出的同时，武汉也悄然推出了团体标准。2019 年 5 月，武汉智能电网产业技术创新协会发布了 T/ZNDW 001—2019《智慧路灯通用技术条件》，为智慧灯杆建设提供了有价值的参考。2019 年，全国各地智慧灯杆建设热潮来袭，武汉乘军运会之风，在智慧江城建设上迈出了重要的步伐，在提升武汉颜值的同时，还大大提升了武汉城市管理的"智慧"。

2. 大力发展"体育 + 科技"产业

对于体育产业来说，实现体育与高新技术结合，做好"体育 + 科技"，为消费者们提供新的产品和服务，这次军运会最让人印象深刻的，可能是无处不在的"体育 + 科技"的体现。在这样的亮点背后，是"体育 + 科技"这一蕴藏着巨大潜力的宝库。

军运会上的高科技。5G 的全覆盖是这次军运会的一大亮点："布设在体育场馆的高清摄像头通过 5G 网络，将现场画面实时回传，同时应用

VR 技术，观众不在现场，也能身临其境观看比赛①"。公开资料显示，军运会上的高科技得益于武汉当地的科技发展：之所以能够覆盖军运会的 35 处场馆和重点区域，是因为当地已经建成并开通了 3700 多个 5G 基站。基于这样的硬件条件，军运会的选手参赛、观众观赛的体验均大受裨益。具体来看，军运村的 5G 营业厅、AR 沙盘、5G360 度全景直播，5GVR 互动游戏等，均吸引了运动员们前来体验。除了 5G，高科技体育场馆也让观众们大呼惊喜。军运会的体操馆，如今已经成了当地的地标建筑。设计美观之外，它的实用性也毫不逊色。军运会体操馆项目负责人甘俊曾对媒体表示，该场馆在施工过程中，利用看台的混凝土结构做了一个对应的空腔，里面还采用了保温、隔音和防水处理，将其作为中央空调的送风管道，之后，每个座位下面也都开了孔。他说："采用国内先进的静压箱送风技术，我们可以将冷暖风送到每个座椅，确保每位观众都能享受到专属的'个人空调'。"②甘俊介绍说，这种巧妙设计比馆顶的旋风式风口送风噪声要小，且送风均匀，丝毫不会影响比赛，"该项技术不仅保证场馆内部的美观，还减少能量流失，实现静音控温、节能环保，同时将空调风对小球类比赛可能造成的影响降到了最低值。"③"体育 + 科技"赢得投资人青睐。

（十）科创智慧遗产的保护和利用

1. 大力推进 5G 和信息技术的应用

第七届世界军人运动会作为 5G 技术国际标准确定后的第一届大型国际体育赛事，集中亮相的各类 5G 应用，让本届军运会充满科技感，也给未来带来了更大的想象空间。中央广播电视总台在海军五项赛事报道中使用 5G + 4K 技术，制作实时超高清画面，观众可以通过电视、手机畅享

---

① 《这些高科技上阵让武汉军运会更智能》，新华社，https：//baijiahao.baidu.com/s? id = 1647981902725993474&wfr = spider&for = pc。

② 《军运会 | 军运会体操馆即将完工，自带高科技网红流量》，武汉发布，https：//baijia-hao.baidu.com/s? id = 1632006080888047656&wfr = spider&for = pc。

③ 《军运会 | 军运会体操馆即将完工，自带高科技网红流量》，武汉发布，https：//baijia-hao.baidu.com/s? id = 1632006080888047656&wfr = spider&for = pc。

5G 技术带来的高清直播观赛体验。5G+4K 全景高清直播能完美地传递海军五项运动的魅力,选手每一次翻越、击流都如亲临现场般展现在眼前。5G 大带宽、低时延、大容量的优势确保毫无卡顿、拖影。传统赛事直播都是通过有线网络,限制了直播的灵活性。这一次,5G 直播背包实现了直播的移动化,颠覆传统视频画面的真实感给观众更加逼真的体验。本届比赛,新华社也"试水"5G 直播。新华社客户端上开展了一场基于 5G 网络传输的新媒体直播,专访了中国女排名将袁心玥,吸引了数十万观众观看。武汉市民陈先生说:"虽然这次没有机会去现场,但坐在家中看海军五项比赛,就像在现场一样,画面太清晰了,4K 电视的优势完全发挥出来了。"① AR 沙盘、5G 360 度全景直播、5G VR 互动游戏——在军运会主媒体中心和军运村等地,有关 5G 黑科技的展示吸引了不少国内外运动员前来体验。通过虚拟现实技术,就可以模拟进入各种不同的场景。在武汉军运会主媒体中心,由新华社湖北分社和湖北移动联合建设的"5G 传播创新实验室"展示厅,前来参观体验的各国媒体记者和工作人员络绎不绝。"在有限的空间内设置紧凑合理,充满高科技感,充分利用 5G 设备,从滑雪、编钟,再到乒乓游戏,确实能够感受到 5G 的魅力。"军运会志愿者形象大使韩乔生说。② 通过媒体人的报道,传播给大众,让更多的人了解全新高科技,非常精彩。2019 年 10 月 18 日晚的军运会开幕式现场,峰值时 8.7 万多部手机同时在线收发信息,武汉体育中心周边布设的大小基站顶住压力,221 个宏站和数百个室内分布系统正常运转,确保安然度峰。赛场外,5G 应用同样引人关注。在武汉国际智能网联汽车示范区,近百名国内外记者探访了"5G+北斗"高精度定位构建智慧交通网系统以及无人驾驶汽车。在武汉获得首批路测牌照的 L4 级自动驾驶汽车 RoboTaxi,首款融合 5G 远程驾驶技术的无人驾驶小巴 Sharing-VAN,无人驾驶智慧物流平台 Sharing Box……36 辆各类型无人驾驶车一字排开、颇为壮观。令人炫目的一个个 5G 应用,离不开通信网络基

---

① 《军运会上的那些 5G 黑科技》,新华社,https://baijiahao.baidu.com/s?id=1648369329057682335&wfr=spider&for=pc。

② 《军运会上的那些 5G 黑科技》,新华社,https://baijiahao.baidu.com/s?id=1648369329057682335&wfr=spider&for=pc。

础设施的保障。中国移动、中国电信、中国联通三大运营商已在武汉建成并开通 3700 多个 5G 基站,实现军运会 35 个场馆和重点区域全覆盖。这些技术对于武汉的未来应用和发展提供了良好的基础。

2. 大力推进智慧建筑的应用

这次的军运会在场馆建设上大量应用了智慧建筑,充分体现了生态、绿色、环保、人本精神,利用了大量的新技术、新材料和新建筑方法,有助于智慧建筑的发展。

(十一) 军民融合遗产的保护和利用

1. 弘扬军人精神

在军运会上,中国人民解放军体育代表团成绩卓著,406 名体育健儿共参加 26 个大项 295 个小项比赛,勇夺 133 枚金牌、64 枚银牌、42 枚铜牌,打破 7 项世界纪录、46 项国际军体纪录,位居金牌榜和奖牌榜第一,实现中国队在世界军人运动会赛场比赛成绩历史性突破,出色完成"参赛成绩一流"任务。全体官兵在比赛中不畏强手、敢于亮剑的拼搏精神,传承和弘扬了我军一不怕苦、二不怕死的战斗精神,展示了威武之师、文明之师、胜利之师的良好形象,立起了新时代革命军人的好样子。奋战江城、勇创一流的成功经验,弘扬激发奋进新时代、创造新辉煌的精神和力量,为实现中国梦、强军梦接续奋斗。我们要弘扬中国军人精神,在工作和学习中不断发扬这种精神。国际军体军事五项委员会主任特鲁诺对中国选手表现出的拼搏精神称赞有加。他说,中国军事五项队的成绩多年来一直名列前茅,他们科学的训练方法和高强度的运动量是各国运动员学习的榜样。①

2. 推广场馆建设上的军民共建模式

武汉军民共建的历史十分悠久,军民共建的项目也非常多,军运会

---

① 《创军人荣耀 筑世界和平——第七届世界军人运动会启示录》,中国军网,http://www.81.cn/jmywyl/2020-01/05/content_9709956_2.htm。

是军民融合的盛会,在场馆设施方面也体现了军民共建。军队新建1个、维修改造4个场馆,分别由武汉军械士官学校、海军工程大学、空军预警学院修建,保障军事五项、海军五项、空军五项比赛,赛后用于教学训练。

(十二) 档案资料的保护和应用

1. 做好档案的收集、整理和管理工作

军运会档案收集关系到构建武汉城市记忆,意义重大,需要安排专人来收集、整理相关资料。

2. 制定促进档案遗产开发利用的制度

政府有关部门应该制定促进军运会档案遗产开发利用的制度,明确规定:收藏军运会档案的公共机构有对外开放文献、免费提供服务的义务;对于不涉及国家安全、个人隐私的军运会档案,应该及时对外开放,供社会利用;对于涉密的军运会文献,应该规定具体的保密期限,超过保密期限就应及时予以公开;鼓励各学术机构、个人对军运会文献进行研究和宣传;保护军运会文献知识产权人的利益。

3. 持续利用好档案资料

档案的重要性之一是在于档案的应用。一是服务城市历史记录的功能;二是服务军运会工作;三是推动社会了解和认知武汉军运会的历史和成绩,建议定期举办一次军运会档案专题展。

4. 促进数字档案遗产长久保存

各档案部门应该采纳国际和国家有关数字档案资源管理的标准;充分吸收国外先进的数字档案资源管理经验和技术;组织国内专家开展联合科研攻关,构建科学的数字档案资源管理系统。

军运档案不仅将供我们还有后世子孙回顾、重现历史上的光辉篇章,而且为中华民族和军运会留下了丰厚的文化遗产,可谓是"功在当代,利在千秋"。因此,后军运时代,我们应主动采取各种措施加强军运档案的收集、管理，并积极给予开发利用，以推动军运精神的继承和传播。

5. 加大文献遗产规划和管理工作

工作开展之前和进行当中，应加大相关研究机构、档案形成单位、高等院校等之间的合作，拓宽研究的广度和深度，进行军运文献遗产研究，构建"武汉军运会文献遗产理论和实践体系"，为未来大型赛后会文献遗产规划和管理工作提供理论和经验上的支持。具体来说，研究内容除了对"文献遗产"的定义追本溯源，对军运文献"收、管、存、用"具体环节的经验进行总结，档案学者也应抛开传统的档案观念，从更加广阔的社会背景审视档案的价值，借助"档案记忆观"，拓宽"文献遗产"内涵的广度与深度，探讨军运文献遗产的功能，探索军运背景下档案形成者和管理者的角色，以及如何建构、维护属于全世界的军运记忆。

6. 把握文献遗产研究方向

2019年武汉军运会时，档案部门在档案收集方面，创新工作思路，采取了许多行之有效的措施保证档案的完整齐全，在实践中摸索出军运档案基础工作的发展模式，对全国档案事业的发展，尤其是对国家大型活动的档案工作，有积极的借鉴意义和参考价值。武汉军运会赛后，文献遗产的转化不仅在短期内产生效果，还要长期发生作用。因此，需要从顶层框架制度设计和基层业务操作运行上，发挥军运遗产的长期效应，是值得学者研究的问题。军运遗产要想得以合理利用，需要有专门而高效的遗产机构作组织保障。顶层框架制度设计方面，应借鉴国内外相关经验，对文献遗产进行规划、管理和利用，充分发挥军运文献遗产对其他赛会遗产的保护作用和对社会的促进作用。同时，相关遗产机构也应与其他社会组织展开合作，广泛听取意见建议，为武汉未来大型赛事文献遗产的利用提供更多的途径和方式。在底层业务操作运行上，在已有经验的基础上，落实"收、管、存、用"各个环节的同时，应凸显中国特色，同时对于外包项目不能"一包了之"，应把重点从军运文献的收集和管理转移到保护和传承利用上。武汉军运会文献遗产研究方向，还应从我国军运经验转向国际领域的"中国方案"。要把工作中的实践做法逐步固化为适用全国的行业标准，使"军运经验"助力全国档案事业的发展,使我国"军运经验"成为国际军运领域的"中国方案"。

7. 注重多学科、多方法综合研究

在大数据、云服务、社交媒体等高速发展的今天,档案学界不能闭门造车,要加强与管理学、经济学、历史学、法学、社会学、传播学、体育学和信息科学等多学科的交叉、融合研究;要综合运用归纳与演绎、历史与逻辑、定量与定性等多种研究方法进行全方位的研究。此外,在档案管理过程中可以加大与媒体、物联网、互联网等其他业界的合作交流力度。例如,军运文献遗产可以通过传播学的"议程设置"借助媒体进行文献保护理念的植入,从而推动公众深度参与和自觉践行可持续理念,保护军运文献遗产;通过与物联网、互联网等相关承接组织机构合作,拓宽文献收集的方式和范围,提升文献收集的准度以及降低文献收集的成本;借助大数据、新媒体,从多学科视角出发进行后军运的文献遗产开发利用;等等。这样才能更好地发挥军运文献遗产的价值。

(十三)军运遗产利用需要注意的问题

中国在 2008 年举办奥运会后,又举办了青奥会、亚运会等大型国际性赛事。通过赛事的举办,积累了经验,也发现了问题,需要在军运遗产的可持续利用中加以注意。

1. 赛事遗产开发中政府和企业的合作定位需要进一步清晰

我国在体育事业的长期发展过程中,以奥运战略为主导,习惯用政府主导的思维行事。大型赛事事关举办地的政治声誉、政府形象,事关社会稳定和民众福祉,赛事的主导权牢牢掌握在以组委会管理运营为主的机构手中,组委会由政府主职能部门及部分配合部门联合构成。我国的体育系统相对独立,这种独立极容易使自身游离于社会中心。在赛事遗产开发中,体现出了"政府职能定位不清晰,市场化运作主体不明确,体育中介机构发育滞后"等问题。政府和企业的合作并不顺畅,造成"管理的服务性不足,发展综合服务平台缺位",产生"委托—代理"难以达成,遗产利用主要依赖政府"单一中心"等问题。

2. 赛事长远规划与短期效益的不平衡

与英国、法国、美国举办过多次奥运会和世界大赛的欧美发达国家相比，我国举办大型体育赛事的经验不足，因此，赛事的长远规划与短期效益之间的平衡难以精准实现。我国体育产业存在"政策法制不够健全、管理机制存在弊端，市场规模有待提高、产业结构不够均衡，产业资源供给不足、缺乏体育产业人才等问题",[①] 导致自主开发赛事遗产的能力不足，规划可行性差，规划落地、远景实现的体系不健全。军运会就面临着巨大挑战，军事体育运动不像群众体育运动，群众的参与度低，如军事五项、跳伞等，对军事体育了解不多，军事体育事业与城市发展的体育产业结合比较困难，这些都制约了军运遗产在城市的开发和利用。

3. 军运遗产市场开发和大众的认同

我国大部分民众的体育文化消费习惯尚未养成，体育赛事的消费状况并不乐观。造成赛事市场开发与大众参与和认同的错位，一方面由于我国的经济虽取得了长足的进步，但仍存在经济发展不均衡、不充分的问题，只有大量喜爱体育活动的中等收入群体的存在，才能进行文化和体育方面的积极消费，才能有健康的市场环境。另一方面由于我国的大型赛事筹划与运营基本以政府职能部门或大型国资企业为主，更看重的是政治和社会效益，忽略了经济效益，不能真正满足消费者的需求。因此，赛事遗产市场的供需两端难以很好的对接。

4. 军运遗产需协调开发与保护之间的关系

必须将军运遗产资源保护的公益性与资源自身具有的价值有机结合，走"保护—开发—利用—发展—保护"的良性发展之路。在积极保护的前提下，需要突出"整体保护"的理念，分割、切片式的保护可能致使军运遗产尤其是建筑遗产失去了文化内涵。必须坚持尊重军运遗产真实性、完整性与多样性，无形遗产有形化和保护先行开发相继的原则。

---

① 陈钢：《新时代我国体育产业发展现状与推进路径》，《体育文化导刊》2019年第6期。

5. 提前做好遗产管理和收集工作

既要加强军运会重要文献资料的保护和向国际军体理事会移交军运会相关资料的工作，也要做好社会各界、民间组织、个人收藏军运会文物的积累和收集工作。除了各类档案文献资料外，举办军运会的经验与知识也是需要重点抢救与搜集的遗产。

6. 构建遗产的认证评估体系

建立科学的军运会文化遗产认证评估体系，以此科学地、准确地界定其概念、主要内容范围、种类、等级标准，鉴别其历史、艺术、文化和科学价值。在具体评估体系制定方面，基于军运遗产的分类，具体构建评估体系。军运遗产的认证评估有助于对军运遗产的分类保护和利用，提高遗产的利用价值。

（十四）负资产：需要克服带来的负面效应

一般认为，军运负资产属于军运负面遗产的一部分。研究军运负资产，目的就是要设法减少负资产带来的负效益和负效应。

1. 军运会筹办、举办期间对经济社会发展的影响

军运会筹办历时 4 年，在 4 年期间，大量的场馆建设、道路、交通、公园等基础设施建设，城市老旧改造等工程，对部分居民的正常生活造成了一定的影响。军运会严格的环境治理要求，一些企业的运行成本增加。军运会举办期间，政府对交通、噪声、环境进行了更为严格的管治，一些企业的正常生产受到了干扰，包括大型货车不能进入三环线以内，导致部分企业的大型设备在军运会期间无法进出。

2. 军运会项目建设对正常投资项目的挤压和替代影响

有专家认为，军运会大量的基础设施投资亮化了城市，提升了城市基础设施水平，但是，军运会的投资也挤压了其他迫切需要投资的行业，比如医疗卫生、群众生活、经济发展等方面。

（十五）军运社会影响的相关调查

大型赛事的影响一般是广泛而深远的，社会对大型赛事所寄予的作用和功能包括政治、经济、社会、生态等方方面面。如东京奥运会被寄予重振日本经济的厚望，北京奥运会对于当时的中国无疑产生了深远的政治意义和巨大的经济价值。因此，一般在国际性大型赛事举办以后，通过社会公众视角来评价运动会举办是否成功，是了解运动会后续影响的一个重要方式。

1. 关于后军运时代武汉举办诸如奥运会等大型赛事的支持率调查

调查方法：在今日头条悟空问答提出问题，题目是："你认为武汉成功举办第七届世界军人运动会后可以或者有能力举办奥运会吗？"由全国各地的网友随机回答。

调查时间：从 2019 年 2 月 1 日开始，截至 2020 年 3 月 16 日，共收到 504 条回答。

调查结论：

第一，认为武汉有能力举办奥运会的票数：85 票，占比 16.865%；认为武汉没有能力举办奥运会的票数：60 票，占比 14.9%。

第二，支持武汉举办奥运会的票数：57 票，占比 11.31%；反对武汉举办奥运会的票数：283 票，占比 56.15%。

第三，认为目前武汉不能举办奥运会主要的问题或者不足在于（按照票数多少排行）：

对老百姓没有好处：44 票；

办大赛开支过大：41 票；

经济能力不足：15 票；

城市配套设施建设等硬件不够：10 票；

举办大型赛事的经验不足：9 票；

缺少一个机会：2 票；

体育场馆有限：2 票。

另统计了其他原因：武汉天气炎热 3 票，武汉环境脏乱差 2 票，城市影响力不够 1 票，武汉非首都城市 1 票，湖北非体育大省 1 票，缺乏群众观看基础 1 票。

具体来说，支持武汉申办 2032 年奥运会的理由主要有：充分利用已有场馆，进一步建设完善合理布局一个超大城市的体育与环保设施；进一步提升市民的文明素质，志愿精神，增强人民体质；进一步提升武汉市的生态文明程度，加快交通旅游文化基础设施建设，城市环境更加亮丽，城市更加宜居；进一步扩大武汉市的国际知名度与影响力，打造一个全球化超级开放性城市；使武汉市更加充满青春活力与经济蓬勃生机；进一步激发市民的爱国主义精神，以及对这个城市的爱护与归属感；进一步检阅这个城市军运会以后十来年的全面进步与综合实力。

备注：回答中非上述问题所问、意思表达不明的有 28 条，在统计中有回答很清晰者，有回答较为模糊者，有回答既表明武汉是否有能力举办同时也表明自己态度是否支持者，有回答支持或者不支持、有能力举办或者没能力举办但是没有说明原因者。

2. 关于举办第七届世界军人运动会对武汉发展具有的重要影响调查

调查方法：在今日头条悟空问答提出问题，题目是："举办第七届世界军人运动会对武汉发展具有哪些重要的影响？"由全国各地的网友随机回答。

列出的选项包括：

（1）城市面貌改变；

（2）市民素质提高；

（3）武汉国际知名度的提升；

（4）城市形象的宣传；

（5）带动了武汉经济发展；

（6）交通等基础建设上一个大台阶；

（7）吸引了外资；

（8）吸引了人才；

（9）增强了城市功能；

（10）带动了旅游和房地产业发展；

（11）体育场馆设施进一步完善；

（12）城市管理能力得到提升。

调查时间：从 2019 年 2 月 1 日开始，截至 2020 年 3 月 16 日，共收到 42 条回答，有效回答 39 条。

调查结论：

（1）城市面貌改变：35 票；

（2）市民素质提高：32 票；

（3）武汉国际知名度的提升：37 票；

（4）城市形象的宣传：36 票；

（5）带动了武汉经济发展：20 票；

（6）交通等基础建设上一个大台阶：30 票；

（7）吸引了外资：5 票；

（8）吸引了人才：10 票；

（9）增强了城市功能：30 票；

（10）带动了旅游和房地产业发展：25 票；

（11）体育场馆设施进一步完善：30 票；

（12）城市管理能力得到提升：18 票。

根据调查结果显示，军运会对武汉发展按照影响程度排序：国际知名度、城市形象、城市面貌、城市功能、基础设施建设、城市管理、外资、人才和旅游房地产等经济发展。

十三　保护、开发和利用好军运遗产的建议

（一）建立后军运时代遗产工作机构

由于军运会组委会和执委会在完成举办军运会之后就不再存在了，因此，必须另外组建武汉军运遗产工作机构，该机构由三个层次构成：武汉军人运动会遗产协调委员会、遗产协调委员会办公室、第三方遗产研究与评估机构。武汉军人运动会遗产协调委员会为武汉市体育局下属单位，主要为军运会文化遗产工作提供咨询和指导，统筹协调内外相关工作，根据各部门分工，推进落实本部门、本领域遗产工作，实施遗产计划。遗产协调委员会办公室是军运遗产工作的执行团队，负责统筹、协调、落实、推进总体计划和各部门单位遗产计划的实施。遗产协调委员会聘请外部第三方遗产研究与评估机构，负责配合委员会所有成员单位实施遗产计划，进行所有遗产项目的全程跟踪、数据采集、分析研究、论证评估和成果总结。

在政府机构之外，还应建立一个由武汉军运会遗产研究专家组成的专业型管理和咨询委员会，并招募一些愿意加入到武汉军运会遗产保护队伍中来的工作者，对这些遗产保护工作人员实行持证上岗制度，并逐批逐阶段地对他们进行相关培训，以提高管理人员的素质。社会领域成立武汉军运城市发展促进会，这个组织的工作应以武汉军运会遗产保护为核心，建设以军运体育文化为内核的武汉军运城市体育文化工程、以军运教育为内容的青少年教育工程、军运知识遗产管理为目标的知识传承工程、继续举办各种大型国际会议增进军运联络工程、管理和运作军

运结余资金作为军运支持援助。

同时,还要建立军运会遗产保护监督管理部门。对于监督而言,最强大的力量来自社会各界,因此要积极调动社会、公众、社区、企业界、新闻媒介的自觉监督意识,形成一个完善的舆论监督机制,以在武汉军运遗产保护过程中形成一个"认同—保护—监督—提升保护意识"的良性循环。

通过上述赛事文化遗产工作机构,建立和完善工作机制,整合各方资源,制订遗产战略计划,统筹、推进、监控、评估遗产项目的实施,大力宣传遗产成果,实现武汉军运会赛事文化遗产愿景和目标。

(二)构建军运遗产保护的制度环境

制度的功能在于保障社会秩序的规范化,为个人和组织提供行为依据和指导。构建武汉军运会遗产保护的制度环境是指为使武汉军运会遗产保护行动有据可依,有序可行,所制定的一些有利于武汉军运会遗产保护行动践行的法律、法令、条例或其他相关规范性文件。

一是制定执行《第七届武汉军人运动会遗产战略计划》。制定执行《第七届武汉军人运动会遗产战略计划》,对赛事文化遗产愿景和目标进行定性和定量描述,规划遗产类别和遗产项目,明确计划实施主体的组织构架、管理体系、运营模式与分工职责,控制时间安排,完成成果知识交付、转移工作。

二是制定系统的武汉军运遗产名录。使政府、公众、学术界、商界、媒介各保护主体明确究竟什么是武汉军运会遗产,到底哪些应该努力去保护。遗产名录点面结合、重点得当、突出核心遗产。

三是制定全面科学的武汉军运遗产保护条例。在武汉军运会遗产保护名录的基础上,制定一份涵盖武汉军运会遗产概念及其内涵外延,划分武汉军运会遗产保护范围,明晰遗产保护行动中保护主体的责权范围,确定武汉军运会遗产"保护先行、开发相继"的关系,明确破坏武汉军运会遗产的责任追究甚至处罚。通过立法的形式,确定社会各阶层对武汉军运会遗产的文化使命和应尽的教育传承与保护义务。

四是制定武汉军运遗产保护行动倡议书。在学校、社区、企事业单位等社会范围内发起一项关于保护武汉军运遗产的倡议，引起社会各界对武汉军运会遗产的关注和重视，提高人们保护武汉军运遗产的意识，吸引大家自觉参与到武汉军运会遗产保护中来。

（三）创建军运网络博物馆

在兴建军运会实体博物馆的同时，依托实体博物馆，创建一个能够更广泛地引起关注和更便于学习研究的武汉军运会网络博物馆也是势在必行的。许多身处国外或不能亲自去武汉军运会遗产地学习观摩体验的学习者们，通过网络博物馆这一平台，就能够远在他方而真实感受到绚丽多彩的武汉军运会遗产。武汉军运会遗产网络博物馆应该立足于教育和传播，既要使武汉军运会遗产保护知识和内容便于识记，还要使武汉军运会遗产保护理念深入人心；既要使武汉军运会比赛当中的动人旋律永远留存下来，还要在更广阔的国际范围内塑造武汉文明友好开放包容的形象。武汉军运会遗产网络博物馆的开发要建立在广泛合理获取相关文献、音频、视频材料，数字技术研发部门与美术设计和学习材料编撰部门相互合作的基础上。在这个网络博物馆中可以收藏和发布武汉军运会遗产研究报告，创建研究者开放交流的平台，这将会极大地促进武汉军运遗产保护进程。

2000年悉尼奥运会期间，澳大利亚的博物馆就已经将信息技术与奥运宣传和教育结合起来，用数字化技术实现展品的在线浏览。此外，位于国际奥委会总部洛桑的国际奥林匹克博物馆也已通过网络展示实体博物馆的部分内容。这些也可以作为我们构建武汉军运会博物馆的重要参考和依据。

（四）构建遗产保护意愿激励机制

考虑到在武汉军运会遗产保护中由于保护主体利益层面的不同而导致可能出现冲突矛盾的情况，有必要在保护实施过程中注重如何激励保护主体实行保护举措意愿。在实际保护过程中，武汉军运会后场馆的改造开发利用与保护间存在着不相适应的地方，负责场馆经营开发的企业，必然会将成本考核和利润核算放在首要位置，如何将利益获得与武汉军运会所创造的建筑、科技领域内的成果联系起来，当因为保护行动而使利润效益受到不利影响时，如何能够保证企业仍然保有最初承诺时的保护热情。如果在其保护和开发利用过程中，政府给予一些优惠政策或实行一些奖励措施，降低企业的成本消耗，将会有更多的企业踊跃参与武汉军运会遗产保护。

为了使公众对武汉军运会遗产保护和利用持有饱满的热情和持久的行动力，须使用一些适度适量的激励措施。比如，对开展武汉军运会遗产保护活动比较积极的社区和学校，可以授予文明单位之类的表彰称号；对于在武汉军运会遗产保护活动中贡献较大的个人，可以授予武汉军运会遗产卫士之类的光荣称号，并赋予其在所贡献领域中一定的权利，以辐射影响周围；对于积极参与和支持武汉军运会遗产保护的企事业单位，要给予一定的优惠政策，以鼓励其保护武汉军运会遗产的热情；对于积极宣传武汉军运会遗产保护的媒介而言，要肯定其成果和成效，鼓励多刊发相关文章和材料，以使武汉军运会遗产保护舆论氛围能够历久弥新。

（五）打造国际赛事名城

一是依托军运体育产业园区促进体育产业发展。目前，武汉体育产业发展已经形成了武汉经济技术开发区（汉南区）、东湖高新区、临空港经开区各具特色的三大功能区格局。建议选择武汉体育中心、洪山体育馆等，规划将其打造成为一个集金融、科技、文化、旅游、休闲中心于一身的军运经济园区，成为产业带集群发展区域，把其优势辐射到武汉市各个城区。

武汉经济技术开发区（汉南区）先后引进和举办了亚洲羽毛球锦标赛、国际航联世界飞行者大会、汤尤杯世界羽毛球锦标赛、国际泳联跳水世界杯、篮球世界杯等系列大赛，并以赛事为龙头着力发展高端赛事经济，积极拓展赛车、航空等新兴体育项目。东湖高新区吸引大量新兴体育企业注册并予以扶持，武汉体育发展投资有限公司、汉为体育等各类国有、民营企业逐步成为武汉市体育产业的知名企业。同时，临空港经开区蓄势待发，武汉五环体育中心项目建成并投入使用，以东方神马为核心的赛马和马术项目呈现良好的发展态势。另外,武汉一批民营体育产业项目也呈现出良好的发展态势。其中,上市企业当代明诚从赛事版权入手"落子"体育产业,与亚足联签署《关于亚足联赛事全球独家商业权益》的正式合约,拿到了2届亚洲杯、2届世界杯亚洲区预选赛、8届亚冠联赛等亚足联2000余场赛事全球独家赞助权及版权。

二是激活体育竞赛表演业。体育产业主要是两部分:本体产业和衍生产业,其中本体产业是核心。而体育竞赛表演业(主要指体育赛事)是体育本体产业的核心主业。国务院办公厅《关于加快发展体育竞赛表演产业的指导意见》(国办发〔2018〕121号)指出,竞赛表演业对打造经济增长新动能、释放消费潜力等具有重要意义。因此要放宽对专业的体育竞赛管理机构或经纪公司的管制,让体育竞赛专门组织积极参与竞赛活动的策划与开展,发展高水平的体育赛事,提升体育竞赛表演业的精彩程度、服务质量,提升产品竞争力。

三是促进体育与其他业态的融合。《关于加快发展体育产业的指导意见》(2010)、《关于大力发展体育旅游的指导意见》(2016)等文件相继提出"体育+旅游""体育+教育""体育+医疗"等融合发展的意见。"跨界整合、融合发展将成为体育产业供给侧改革的新路径,多业融合、全域联动成为主要趋势。"[1] 遗产开发离不开不同领域组织的积极介入。在借鉴国际体育赛事经验的同时,应进一步加强体育与其他业态的合作,增加组织间沟通、引入专业第三方合作机构,培育有品牌竞争力、业务范围广的实体,在机构改革和监督管理方面找突破口,为业态融合扫清壁垒,实现多业态的联动效应。

结合武汉实际,出台具有针对性的促进武汉体育产业高质量发展的政策措施和行动计划,明确未来若干年发展目标和发展重点。尽快组建市级体育产业集团,提升产业集团专业化运营水平,借助产业集团的专业化运作引进更多高水平体育赛事,助力国际赛事名城建设。目前武汉市举行的各类国际体育赛事较多,具备打造国际体育赛事名城的基础,建议出台具体支持政策和行动方案,加大对办赛主体的支持力度,进一

---

[1] 《跨界融合催生产业新动能,"体育+"成为体育产业发展新引擎》,新华网,http://m.xinhuanet.com/sports/2017-09/28/c_1121737698.htm。

步提升办赛专业化水平，努力扩大赛事影响力和传播价值，提升武汉国际影响力。同时加强体育产业工作力量建设，奠定国际赛事名城建设的组织基础；加大招商引资力度，大力吸引社会力量投资体育产业，以此推动武汉体育产业高质量发展，打造国际赛事名城对国际化大武汉建设也有积极的推动作用。

（六）积极引导不同市场主体参与遗产利用

军运遗产利用首先要激活参与主体的活性。市场化运作能有效挖掘和发现主体，明确权责关系，要求政府加大放管服力度，采用灵活机制。

一是加强政企合作。军运遗产规划与利用应在政府主持下，采用多部门协调、政企合作、带动全社会参与的方式，形成多元主体协同发展的积极局面。政府在宏观层面把控，把关与城市持续发展相契合的远景规划，主导场馆、交通环境建设，改善市容市貌、提升居民的公民素养；提炼与赛事相符合的区域文化核心理念，加大宣传、营造氛围；设置并开展文化旅游或体育节、纪念日等事业性、公益性工作。企业主体参与利用赛事进行文化传播、文旅资源开发、场馆经营维护，体育及衍生品设计、生产和销售等，提供各类服务。政企合作带来远景与近景、公益与效益的良性互动。

二是优化大企业托管。大型体育赛事投资大、周期长、见效慢。因此，前期和基础性建设尤其需要政府和大型企业的共同参与。在军运体育场馆规划选址、兴建与改扩建、场馆配套商业与居民社区，赛事的媒体转播与开发，体育赞助等方面都需要实力雄厚的大型企业参与。政府可以将部分资产、大投资项目采用政府委托托管、PPP等模式让有社会责任、信誉良好的企业经营，开展多层次合作。

三是推动中小企业分包。军运遗产不仅有重大基建，也有志愿服务、专业指导和社区开发等小项目。国际体育组织在体育与城市的可持续发展方面，非常注重赛事遗产的草根性、在地化转换，这些活动的开展需要灵活机动的中小企业参与。因此政府应兼顾中观与微观的赛事遗产利用，推动中小企业分包的开展，为中小企业培育和发展提供机会。中小企业或社会组织能利用其专业技术和资源，为政府、市场和居民的综合利益提供方案，采取行动。它们可以介入赛事设施的设计和运营，申办特色活动；回馈社区，建设全民健身路径等体育设施；举办丰富多彩的健身休闲活动；服务于参赛运动员，在技术支持、人性化管理等方面提供专业支撑等。

（七）创造具有历史性和标志性的军运遗产

军运遗产体系庞大，涵盖广泛，但是作为一届具有国际影响力的重大赛事，遗产既要有广泛性，更要有典型性。从非物质层面来说，军运遗产的典型性在于军运标识和军运会所坚持的三大理念，包括"绿色、共享、开放、廉洁""近迎军运、长期惠民""办赛事"与"建城市"相结合等，同时，更要塑造具有历史性和标志性的军运物质遗产，包括军运场馆、军运公园、军运广场和军运雕塑等，要让这些场馆、军运公园、军运广场和军运雕塑深深打上军运会的烙印，比如，从名称上直接命名为"军运"，从展示上建造军运冠军墙、军运标识物雕塑等，形成以军运会为核心灵魂的物质遗产，后期打造成为旅游者、参观者怀念军运、回顾军运、了解军运、理解军运思想的重要场所。例如可以在全民健身中心建设军运广场，将黄家湖湿地公园命名为军运公园，将东西湖体育馆命名为军运体育馆，新建军运博物馆。

（八）组建运营主体：成立武汉市体育产业发展有限公司

成立武汉市体育产业发展（集团）有限公司，作为国有企业，具体负责各个体育设施的有效整合和供给、军运会在赛后的开发利用和管理运营。该公司作为武汉市发展体育产业的重要平台和载体，整合体育及旅游的产业资源和资产平台，吸纳优良社会资本，实现股权多元化和规模化，拟通过与国内外业界知名企业的联手合作，进一步优化武汉市体育产业体系，建设以体育竞赛表演、体育健身休闲、体育培训与中介服务、体育用品制造与销售、场馆服务、体育设施建设与文化、旅游、康复、会展等业态融合发展的综合性服务体系。企业以体育场馆公益性运营为主导，发挥市属体育场馆资源和运营团队优势，加快体育场馆运营扩展和创新智慧型体育场馆建设，拓展体育旅游、赛事运营和体育康复等新兴领域，成为引领体育产业发展、具有核心竞争力的创新型企业。主要目标：一是满足广大市民多层次体育消费需求，充分盘活资源，提高体育场馆使用效率，构建体育产业信息化平台，整合体育健身休闲、体育场馆、体育赛事等各方面的数据。二是根据市政府的规划建设参与运营大型体育场馆和城市体育服务综合体。三是承办各类体育赛事，初步形成核心赛事系列，进一步提升武汉城市国内影响力和体育集团品牌形象。四是开展体育培训，加大培训产业投入，引进好教练，拓展业内合作形成发展合力。主要经营范围可以包括：体育基础设施、体育产业项目的投资、运营；体育场馆服务；体育业务咨询、服务；组织各类群众性体育比赛、训练、培训；竞技体育组织；休闲健身活动；体育旅游；利用自有资产对外投资；体育设备出租服务；体育用品和装备研发、制造、销售；国内、国际体育比赛的经纪代理；体育会议及展览展示服务；大型演出活动、艺术表演组织服务；组织文化艺术交流活动；体育健康营养咨询、餐饮服务、住宿服务；体育医疗咨询、养老服务、体育康复；国内贸易、国际贸易；设计、制作、代理、发布广告；运动员经纪人服务；自费出国体育留学中介等。

（九）大力培养武汉本土体育专业化人才

一是培养体育场馆运营人才。借鉴国内外经验，在大学开设相应的专业或培训课程。美国于1924年在芝加哥设立了国际场馆经理人管理协会，这是全球最大的场馆经理人行业协会。该协会的宗旨就是提供和分享世界顶尖综合场馆管理运营经验和提供最先进的职业教育培训。该协会设立了场馆教育学院，为期三年的培训学习时间让从业者学会如何去运营一座体育场馆。国内关于场馆运营的培训课程也比较成熟，如上海复旦大学在职MBA班开设了体育场馆运营管理人才相关的培训课程，北京体育大学在职MBA开设了体育场馆运营管理人才相关的培训课程，北京大学推出了与体育管理人才培训相关的教学专业，中央财经大学体育经济与管理学院与北京市中馆体育公司签署合作协议，双方根据学员的实际情况设置有针对性的课程，其中就包括体育场馆运营课程。武汉的专业体育院校应当开设体育场馆管理专业，同时还应当加入计算机、外语、经济、法律等学科，加强师资力量；武汉的综合性高校也应当开设体育场馆管理专业，在课程设置上可以分为理论课程和实践课程两个部分，理论课程体系中包括专业基础类课程、场馆管理类课程以及经济营销类课程，实践课程体系包括专业的认识学习、场馆维修及管理实训、环境建设与管理实训、赛事组织等专业综合实习。

二是培养体育赛事运营人才。北京体育大学和首都体育学院开设了体育赛事管理课程，天津体育学院开设了体育赛事管理课程，上海体育学院开设了体育赛事管理课程，上海视觉艺术学院高尔夫运动与管理专业方向开设了"高尔夫竞赛组织管理"课程。海南省于 2019 年开设了体育赛事组织与运营培训班，课程包括体育赛事市场开发、活动策划和赛事运作等内容。授课方式分为集中面授、分享沙龙和主题座谈三种形式。建议武汉本土大学开设体育赛事管理课程，重点培养赛事实践经验，高校可以积极组织学生承办校内的各类体育运动竞赛，运用沙盘模拟系统引入体育赛事课程教学，与企业共同合作开展赛事志愿者服务活动，还要加强学生基础英语和专业英语的教学，重视学生对于运动专项知识与技能的掌握。从引进人才来看，高校与大型体育赛事单位建立长效合作机制，共同培养体育赛事运营人才，为企业今后引进专业人才做铺垫；加强与国际体育组织等专业机构的交流合作，积极引进国际精品赛事，增强专业人才的实践能力。引进的人才应当是具备丰富的赛事相关工作经验，充分了解运动专项知识，具备良好的英语水平，优秀的市场开发能力和组合策划与管理能力。

三是培养体育管理人才。美国是世界上最早成立体育管理学科的国家。美国的哥伦比亚大学中的体育管理学专业的教师是美国体育商业领域很有影响力的人物，比如纽约洋基队的财务副总裁等。在专业的课程设置上对商业实践更加偏重，拥有非常完善的实践体系和机会。在纽约经常举办各类体育商业会议，学院组织学生以志愿者的身份参加，并且还有一些校友活动如企业参访、校友酒会等，这些都可以给学生提供增长见识、拓展人脉的机会。欧洲代表性的拉夫堡大学建校历史悠久并且体育氛围浓厚，在该校运动场比教学楼多，有各种先进的运动器械和各式各样的运动比赛，该校在体育管理学专业上师资力量雄厚，老师多数是关于体育的期刊、教材的作者、编辑，各大体育公司俱乐部的高管等。从国内看，北京体育大学、清华大学开设了体育管理专业并且获得体育管理学专业硕士学位授予权，曲阜师范大学于1994年获得体育管理学专业硕士学位授予权。武汉本土大学中除了体育、师范、经管类的院校要开设体育管理学科专业外，更多的综合类高校也要开设该专业，填补体育管理专业人才的缺口。同时在教学的过程中应当培养学生的写作能力、科学决策能力和外语水平。教学课程设置应当实践化，同时课程在设置的时候也要强化外语教学，增加外语课程和教学实践，注重培养人才适应国际交往和国际竞争需要的能力与素质，如国际文化沟通能力、信息处理能力等，增加国际商务与各国文化背景方面的课程内容。最后在体育管理专业进行课程设置的时候，要注意文、理、工科课程间的相互渗透和交叉，诸如大学语文、财经写作、产品学等课程，并且要提高专业选修课和任选课，为学生提供广阔的知识背景和培养学生创新思维方式以及解决问题的综合能力。

四是培养体育市场营销人才。北京思博锐体育文化交流有限发展公司在2018年的时候就开发了一款产品"SPORIT PLUS"，这是国内首款体育商业线上课程体系，该线上课程包括了体育市场营销的课程，学员可以在了解体育产业的基础上进行有针对性的学习，更有效率地完成职业规划，同时也可以投递简历。建议在武汉的本土大学内推行CDIO模式来培养体育市场营销人才。所谓的"CDIO"模式关键点就是在于通过各个不同的项目实践将学校教育与企业相联系，培养出专业领域的通用技能，更加强调"怎么做"的能力。具体来说就是首先将课程体系按照体育项目的具体内容进行模块统筹，分设体育运动项目技能作为职业能力基础，根据体育运动项目的技能要求开设人体力学、运动项目组织与推广、运动防护基础知识三大模块，实践教学环节根据体育市场营销与推广的工作任务来设计；其次加大校企合作办学的力度，职业能力培养类课程由外聘的企业讲师来完成，部分课程在企业中展开；最后通过专业实训的教学环节，组建项目团队。

（十）加大对武汉体育产业发展的支持

国内城市在政策上对体育产业发展都给予了大力支持，武汉可以学习相关的经验，推进武汉体育产业的发展。

一是金融支持。构建"专项资金＋产业基金＋社会资本"的资金支持体系。鼓励引导金融资本、产业资本、国有资本等各类资本，建立体育产业投资基金。支持企业通过股票上市、发行企业债券、股权置换等方式来融资。

二是加大财政投入力度。将全民健身经费纳入财政预算。加大投入，安排投资支持体育设施建设。安排财政资金（包括体育彩票公益金），通过政府购买体育服务等多种方式，积极支持群众健身消费。安排体育产业项目专项经费，加大对重点体育项目、重点体育服务和产品等的扶持力度，支持体育产业发展。

三是落实税收优惠政策。经营单位举办各种体育活动或为举办体育活动提供场地所得的业务收入可以享受税收优惠政策。

四是支持人才队伍建设。大力培养和引进懂体育、会经营、有创意、善营销的复合型体育产业人才。进一步加强体育产业管理人才配置，逐步建立一支适应工作需要的体育产业管理干部队伍。鼓励有条件的高等院校设立体育产业、体育服务、体育传播等相关专业，重点发展体育经纪、场馆运营等专业，形成培养高层次体育人才的专业基地。

五是加强用地保障。根据城乡规划、土地利用总体规划、年度用地计划和地区控制性详细规划，合理安排体育用地。

相关城市对体育产业发展的支持政策

北京：（1）政府发挥其主导作用，大力支持公益性体育事业的发展，培养一批体育公共服务精品项目。（2）政府制定相关政策来鼓励竞争力强、有实力的体育企业走产业集团化发展道路，为企业上市积极创造条件，支持企业通过股票上市、发行企业债券、股权置换等方式来融资。（3）对中小型体育企业加大扶持力度，营造有利于中小企业发展的市场环境。（4）政府设立体育产业发展引导资金，加大对体育健身休闲业、体育场馆服务业、体育用品制造和销售业以及体育竞赛表演业的扶持力度。探索实施对体育产业示范项目、体育产业基地、群众体育示范项目、群众体育基地等的认定制度，研究完善财政资金支持政策。鼓励社会资本投资体育产业。（5）落实税收优惠政策，经营单位举办各种体育活动或为举办体育活动提供场地所得的业务收入可以按照法律规定被确认为文化体育业经营收入，按照3%的税率计征营业税。对从事体育产业并符合有关条件的纳税人可以享受税收优惠政策。（6）落实土地保障政策，在现有体育用地总量基础上，力争每年增加对体育用地的供给。（7）加强人才队伍建设，探索"产学研教"一体化的人才培养模式，鼓励有关高等院校设立体育产业类专业，加强与体育企业的合作，重点培养体育研发设计、赛事策划、场馆运营、体育营销人才，大力培养高端复合型体育经营管理人才和各种操作型、技能型、实用型人才。

杭州：（1）拓展投融资渠道。鼓励引导金融资本、产业资本、国有资本等各类资本，建立体育产业投资基金，支持体育企业发展和重大体育项目建设，重点支持体育赛事举办、商业模式创新、公共平台建设、重大产业项目等，促进体育产业发展。充分发挥现代服务业发展引导资金、文化创意资金、培育发展十大特色潜力行业专项资金等资金的引导作用，加强对体育产业的扶持和保障，鼓励企业申报浙江省体育产业发展专项引导资金。支持有条件的企业组建大型多元化体育产业集团，进行股份制改造，积极利用国内外资本市场挂牌上市，通过引进战略投资者、改制上市、项目融资、资产重组、股权置换等形式做大做强。鼓励各类金融机构开发与体育相关的保险、信托等金融创新产品，加大对发展前景好、信用记录良好的体育企业的信贷支持力度。（2）建设人才队伍。紧抓人才培养、引进、使用三个环节，加强体育产业人才培养的国际合作交流，大力培养和引进懂体育、会经营、有创意、善营销的复合型体育产业人才。进一步加强体育产业管理人才配置，逐步建立一支适应工作需要的体育产业管理干部队伍。建立和完善行业职业资格认定制度，健全职业技能鉴定体系，培育体育产业职业经理人和经纪人。

提高体育从业人员专业素质和能力，鼓励体育教师和退役运动员从事体育产业和群众健身指导工作。（3）加强用地保障。根据城乡规划、土地利用总体规划、年度用地计划和地区控制性详细规划，合理安排体育用地，尽快修订杭州市体育设施建设专项规划。在规划建设住宅区时，要预留并保证公共体育设施用地，按照室内人均建筑面积不低于0.1平方米或室外人均用地不低于0.3平方米的要求配套建设群众健身设施，并与住宅区主体工程同步投入使用。对无健身设施或未达到相关要求的已建成住宅区，应结合"三改一拆"等工作，配套安排体育设施，并支持利用建筑屋顶、公园绿地、空置场所等建设群众体育设施。增加体育产业用地供给，优先保障公共体育设施、重点项目的用地需求。支持利用存量房产和原有土地兴办体育产业，土地用途和使用权人可暂不变更。经行业主管部门认定，非营利性体育设施用地可以划拨方式供地，非营利性体育设施项目不征收土地收益，利用划拨土地开办的营利性体育设施项目按规定缴纳土地年收益。

成都：（1）建立资金支持体系。构建"专项资金+产业基金+社会资本"的资金支持体系。设立成都市促进体育发展专项资金，发挥专项资金的引导和杠杆作用。实施重点企业招引计划和重点品牌培育计划，聚焦关键领域、重点区域、薄弱环节，加大对重点体育赛事、体育企业、体育俱乐部和体育产业示范项目的支持力度。探索建立政府引导、国有企业和社会资本共同参与的体育产业投资基金，发挥市场在资源配置中的决定性作用，进一步放大资本对体育产业发展的促进作用。引导和鼓励社会企业投资体育产业，共同培育体育消费市场，促进消费升级。加强对财政资金使用效益的评估，建立完善财政资金支持项目评估指标体系，优化财政资金使用方式，确保资金的投入产出效益。（2）加大体育企业招商引资力度。制定全市体育产业发展规划，制定产业招商目录，实施精准招商，促进优势资源与优秀企业有效对接。积极引进国内外知名体育企业或体育组织总部及分支机构，总部迁入成都的，按照成都市加快总部经济发展相关政策给予奖励。上市民营体育企业迁入成都市，按照成都市促进民营经济健康发展相关政策给予奖励。（3）实施体育企业梯度培育计划。分层分级、精准施策,遴选符合成都市体育产业发展方向的瞪羚企业和小巨人企业,根据企业经营收入规模、增速和贡献,给予不超过100万元的资金扶持。本地民营企业在新三板挂牌、上市申请被证监会正式受理、首发上市的,按成都市上市挂牌相关扶持政策给予奖励。(4)完善体育产业信贷政策。推动银企合作,利用中小企业融资服务平台,用好文创企业债权融资风险补偿资金池,解决企业融资难、融资贵的问题。(5)落实税费支持政策。对经认定为高新技术企业的体育企业,减按15%的税率征收企业所得税。提供体育服务的社会组织,经认定取得非营利组织企业所得税免税优惠资格的,依法享受相关优惠政策。体育企业发生的符合条件的广告费支出,可按税法规定比例在税前扣除。体育企业产生的研发费用,符合税法规定的,可按照规定税前加计扣除。鼓励企业向体育事业进行公益性捐赠,企业通过具备资格的机构进行的捐赠支出,按照相关税法规定,在计算应纳税所得额时予以扣除。体育场馆用于体育活动的房产和土地,可按照规定享受房产税和城镇土地使用税优惠。体育场馆等健身场所的水、电、气价格可按照不高于一般工业标准执行。(6)保障体育产业用地需求。编制全市体育公共设施布局规划,与国土空间规划充分衔接。在新增经营性用地出让中,通过出让前的规划实施评估,优先配建体育类公共设施补齐短板。体育主管部门定期对全市体育公共设施建设进行评估,根据评估结果结合实际制定全市体育公共设施建设计划。推进执行细分基准地价体系,精准支持重点体育企业和项目发展。充分开发利用城市公园、社区闲置空间、郊野户外、公共绿地等资源,建设体育健身活动场所。支持各类市场主体合理利用工业厂房、仓储用房、传统商业用房等存量房地兴办体育产业。鼓励农村集体经济组织使用集体建设用地自办或以土地使用权入股、联营等方式开办体育企业,建设群众健身场所。(7)完善体育人才体系。加强体育产业人才培养的国际交流与合作,吸引高层次竞技人才、教育人才和经营管理人才来成都市创业和发展。成都市体育企业新引进的高层次人才和急需紧缺专业技术人才,按规定享受安家补贴、入户入学等人才政策。

南京:(1)为了丰富与完善体育市场的供给,南京市政府将促进体育设施开放共享,推动公共体育服务均等化,采取政府购买公共服务方式,运用"宁体汇"体育健身服务平台,推进各类公共体育设施免费或低收费开放,扩大基本公共体育服务范围。(2) 加大财政支持。加大财政资金对体育产业发展的支持力度,逐步建立与经济社会发展水平相适应的投入机制。加强资金绩效评价,增强资金使用效益,鼓励有条件的区设立体育产业发展引导资金。(3) 重视人才培养。引进体育赛事推广与营销等紧缺人才,建议一支熟悉体育产业和企业管理、具备市场运作能力的复合型人才队伍。研究制定鼓励退役运动员从事体育产业工作的扶持政策。

广州:(1) 加大财政投入力度。市、区两级政府要将全民健身经费纳入财政预算。加大投入,安排投资支持体育设施建设。安排财政资金(包括体育彩票公益金),通过政府购买体育服务等多种方式,积极支持群众健身消费,引导各类场馆经营主体提供公益性群众体育健身服务。探索发放体育健身消费券,促进体育消费。安排体育产业项目专项经费,加大对重点体育项目、重点体育服务和产品等的扶持力度,支持体育产业发展。(2) 强化投融资支撑力度。建立投资主体多元化、投资渠道多样化的体育产业发展投融资机制。进一步拓宽体育产业投融资渠道,支持符合条件的体育企业上市,支持符合条件的企业发行企业债券、公司债、短期融资券、中期票据、中小企业集合票据和中小企业私募债等非金融企业债务融资工具。建立健全中小体育企业抵押担保贷款政策。(3) 积极落实税费价格优惠政策。各区政府、市各有关部门要认真落实国务院和广东省关于发展体育产业促进体育消费的政策措施。对经认定为高新技术企业的体育企业,减按15%的税率征收企业所得税。提供体育服务的社会组织,经认定取得非营利组织企业所得税免税优惠资格的,依法享受相关优惠政策。(4) 加强规划布局与土地供应。体育设施和体育产业发展用地应与城乡规划、土地利用总体规划相衔接,并列入年度土地供应计划。加强土地供应,合理安排用地需求。根据国发〔2014〕46号文要求,新建居住区和社区要按相关标准规范配套群众健身相关设施,按室内人均建筑面积不低于0.1平方米或室外人均用地不低于0.3平方米执行,配置社区体育公园、社区体育中心或社区科学健身指导站,并与住宅区主体工程同步设计、同步施工、同步投入使用。(5) 着力培养引进体育产业人才。积极培养和引进体育产品研发人才和体育产业管理、创意设计、科研、中介等专业人才。引导和支持高等院校设立体育产业相关专业或课程,有计划地培养体育产业专门人才。鼓励多方投入,开展各类职业教育和培训,加强校企合作,多渠道培养复合型体育产业人才,支持退役运动员接受再就业培训。将符合条件的体育产业人才列入广州市加快集聚现代产业人才政策体系中予以奖励和资助。积极引进海外高层次体育产业人才,并比照鼓励海外高层次人才来穗创业和工作办法落实相关政策。

上海:(1) 完善财税扶持政策。完善上海市促进体育发展专项资金的使用办法,支持职业体育、品牌体育赛事、体育场馆公益性开放、非营利性体育社会组织等进行改革。创新支持方式,对符合条件的企业、社会组织,通过项目补助、贷款贴息和奖励等方式,按照规定予以扶持。切实落实现行国家体育产业发展的税收支持政策。经认定为高新技术企业的体育企业,按照规定享受企业所得税相关政策。提供体育服务的社会组织,经认定取得非营利组织企业所得税免税优惠资格的,依法享受相关优惠政策。体育场馆等健身场所的水、电、气、热价格,按照不高于一般工业标准执行。(2) 完善用地政策。实施体育用地支持,对公共体育设施、重点体育产业项目建设用地供应,实行"点供"制度。在全市范围内,体育产业项目用地可实行异地占补平衡。对符合土地利用总体规划、城乡规划、环保规划等相关规划的重大体育项目,本着"应保尽保"的原则,及时安排新增建设用地计划指标。鼓励以长期租赁、先租后让、租让结合的方式,供应体育项目建设用地。(3) 完善体育人才相关政策。编制和发布体育产业重点领域紧缺人才开发目录。着力培养复合型体育产业管理人才、体育产业经营人才、体育产业研发人才和体育经纪人队伍。研究制定引进高层次体育人才的配套政策,不断优化各类体育人才引进机制。加强社会体育指导员队伍建设。鼓励具备较好市场基础的运动项目试点运动员、教练员商业权和所有权分离。制定退役运动员安置办法,研究鼓励退役运动员从事体育产业工作的扶持政策。

深圳：(1) 设立深圳市体育产业发展专项资金。2015—2020 年，深圳市财政每年安排 2 亿元，主要采取项目资助、贷款贴息和奖励等方式，支持深圳体育产业加快发展。获得国家、省体育专项资金资助的，市专项资金给予配套资助。同一项目已获得市政府投资或深圳市其他市级财政专项资金资助或奖励的，市专项资金不再资助或奖励。对暂未纳入本措施资助范围，但极具发展潜力的体育项目，可根据实际需要由市体育产业发展联席会议专项研究提出资助意见。鼓励各区（含新区，下同）设立区级体育产业发展专项资金，与市专项资金形成配套。获得市专项资金资助的，各区可按比例给予相应配套资助。积极探索以其他方式吸引社会资本参与发展体育产业，促进体育消费。(2) 加强人才队伍建设。将符合条件的体育产业高层次人才纳入深圳市高层次人才体系，按照有关规定享受相关优惠政策。鼓励有条件的深圳中高等院校设立体育产业、体育服务、体育传播等相关专业，重点发展体育经纪、场馆运营等专业，形成培养高层次体育人才的专业基地。(3) 落实相关税费价格支持政策。根据国家、省有关规定，做好体育服务、体育用品制造及其支撑技术的高新技术企业的认定管理工作，对符合条件的高新技术企业，减按 15% 的税率征收企业所得税。对经认定取得非营利组织免税资格的体育类社会组织，依法享受相关优惠政策。符合条件的体育场馆自用的房产和土地，可免征或享受有关房产税和城镇土地使用税优惠。(4) 保障产业用地需求。将体育设施建设用地纳入全市近期建设与土地利用规划年度实施计划，对体育设施项目用地予以优先安排。新建或通过城市更新建设的体育产业项目，参照市政府鼓励发展产业用地标准计收地价。

（十一）加强对临时体育场馆及临时设施的再利用

一是对临时体育场馆再利用。拓展多用途功能。赛后临时体育场馆再利用时的用途，从以竞赛、健身功能为主向文化休闲、观光旅游、餐饮娱乐、会展演出等全方位的商业服务方向发展。一些临时场馆进行改造，用于承办各类体育赛事和商业活动，对外接待游客，或者改造成为博物馆、剧院、学校。临时场馆的再利用需要从前期规划的时候就留下改造利用的空间。临时体育场馆赛后的商业化运作，可以合理运营体育场馆的冠名权，将冠名权公开出售，以减轻政府的资金压力。

二是加强临时建筑和临时建筑材料的再利用。临时建筑材料因为超过一半的都是经回收后可再利用的旧材料，所以被拆下来的建筑材料可以转卖给私营机构，每块材料都实现循环再利用。临时建筑也可以捐赠给部分高校，服务于大学体育教学及周边居民健身。临时建筑还可以被重建成为学校。

国内外临时体育场馆再利用借鉴

1. 临时体育场馆再利用

伦敦奥运会后，伦敦城市内临时场馆被私营公司改造，对其内部的配套设施进行更新换代。然后承办各类体育赛事和商业活动，也对外接待游客。并且有的还成了博物馆、剧院、学校的分部、分校区。从上述伦敦奥运会后其临时场馆的再利用，我们可以总结出不妨从前期规划的时候就寻求一些私营组织进行合作，将场馆赛后的规划工作承包给这些私营组织，由它们进行场馆内设施的改造与维修工作，然后就可以对外承包体育赛事和商业活动，对外接待游客，成为一些高校、文化场所的分址。

悉尼奥运会后，悉尼政府对奥运会后的临时场馆进行多功能开发，合理规划地块多种建设用途，完善城市基础设施，增加植被绿化面积。在设施完善和生态恢复基础上注重体育、教育及休闲活动的综合开发，多次举办体育文化活动、体育赛事，同时也逐渐成了悉尼市民大众体育活动中心以及民间体育组织聚集地。并且悉尼政府也非常重视临时体育场馆赛后的商业化运作，合理运营体育场馆的冠名权，将冠名权公开出售，以减轻政府的资金压力。

北京奥运会后，临时体育产场馆的再利用的用途可以分为以下几种：（1）拓展多用途功能。赛后临时体育场馆再利用时的用途，从以竞赛、健身功能为主向文化休闲、观光旅游、餐饮娱乐、会展演出等全方位的商业服务方向发展。提高了它的利用率，充分发挥了其社会与经济效益。（2）将临时体育场馆建设成为城市体育设施的核心，建设成为档次较高的居民健身中心与培训中心。以街道和区级社区体育中心为节点，形成网络化体育场馆服务体系和体育场馆布局。（3）将所有可再利用的临时体育场馆结合起来，组建一个统一的统筹机构，进行联盟经营活动来获得收益，从而提高自己的经济效益。（4）无形资产的开发在国外体育场馆的经营中是最大的收入，所以北京的临时体育场馆的冠名权、广告等无形财产都可以进行开发再利用。（5）在临时体育场馆内可以积极开展体育赛事，努力开展特色体育基地，向群众进行健身娱乐推广。（6）2022年冬奥会在筹备阶段新建的竞赛场馆国家速滑馆是利用了2008年两个临时场馆即曲棍球和射箭场所拆除后然后建设而成。除上述列举的几个例子外，有些专家还提出可以将赛后临时的体育场馆向高校进行开发来实现再利用。因为有些高校没有专业的游泳馆、羽毛球馆、乒乓球馆等场馆，所以对临时的体育场馆进行租赁、出售或者合作经营等使得高校获得一段时间内的使用权。这样不仅学生可以获得专业的体育学习和训练，临时体育场馆本身也得到了再利用。而且高校还可以利用临时的体育场馆进行高水平竞技人才的培养，作为培养高水平竞技人才、提升高校运动员的竞技体育水平的训练基地。

2. 临时建筑和临时建筑材料的再利用

伦敦奥运会搭建的篮球馆这一临时建筑在奥运会结束后被拆卸运往巴西，重现再搭建变成一个新的篮球馆。北京奥运会中总共建造了31个场馆，其中8个是临时建筑。这些临时建筑会归属于部分高校，主要就是服务于大学体育教学及周边居民健身，还有一些应用于竞技体育的国家队训练场地。伦敦奥运会结束后，临时建筑材料因为超过一半的都是经回收后可再利用的旧材料，所以被拆下来的建筑材料重新转卖给了英国各地的市政工程和下一届奥运会的主办国巴西，每块材料都实现了循环再利用。北京奥运会中的手球馆被重建成为四个新的学校，那些木塑材料被拆解下来作为学校的围挡。

附录1 第七届世界军人运动会领导致辞

创造军人荣耀收获理解信任友谊

第七届世界军人运动会组织委员会主席、
中央军委副主席 许其亮

尊敬的习近平主席,尊敬的国际军事体育理事会皮奇里洛主席,尊敬的各位来宾,女士们、先生们、朋友们:

今天,象征着"和平、发展、友谊"的军运圣火将在这里熊熊燃起。在这激动人心的时刻,我谨代表第七届世界军人运动会组委会,向来自109个国家的运动员、教练员和各国来宾表示热烈欢迎!向关心支持武汉军运会的国际奥委会、军体理事会、单项体育组织和各界友人表示衷心感谢!

军运会为纪念和平、传递友谊而生。中国文化从天下大同、协和万邦,到构建人类命运共同体,和合理念一脉相承;中国军队奉行防御性国防政策,历来以维护世界和平为己任,与军运会的立意内在相通、高度契合。我们愿在"共享友谊、同筑和平"的主题引领下,与各国朋友携手,追逐更快、更高、更强的梦想,创造军人的荣耀,收获理解、信任和友谊,共同奉献一届精彩、非凡、卓越的军体盛会。

我们也诚邀各国朋友,亲身感受中国悠久的历史文化、壮丽的高山大川、友善的亿万人民、新时代的蓬勃发展,播撒友谊的种子,留下难忘的记忆。

预祝本届军运会圆满成功!

谢谢你，中国！谢谢你，武汉！

国际军事体育理事会主席

赫尔维·皮奇里洛

尊敬的中华人民共和国主席习近平先生，尊敬的各位领导、代表团团长和运动员：

欢迎参加国际军事体育理事会第七届世界军人运动会！

首先，请允许我向中国人民，特别是武汉人民和中国人民解放军，致以最诚挚的感谢！衷心感谢你们在组织此次精彩非凡的军事体育盛会上给予了大力支持并展现出巨大热情。

谢谢你，中国！谢谢你，武汉！

今晚，看到这么多人相聚武汉，会合在国际军体理事会的旗帜下，我的内心充满了喜悦、自豪与希望！

充满喜悦是因为你们完美展现了国际军事体育倡导并传承70余载的价值观。运动员和军人享有一致的人生价值观：坚韧、勇气、团队精神和战友间的兄弟情谊以及恪守承诺、精忠报国的精神。

充满自豪是因为本届军运会的规模、影响力和精彩程度均可载入国际军事体育的史册。能前所未有地动员起如此众多的国际军体成员国，足以体现出各成员国对国际军体理事会军事价值观的认同以及以赛聚友的心愿。军运村堪称城市融合和关注环境问题的典范，同样也是福荫后人的一份遗产。

充满希望是因为在这个充满着不确定性的世界上，我们共同向全人类传递了博爱、团结、宽容和友谊的信息。

今晚，在座各位都是世界各地的和平使者。

在此，我谨祝各位吉祥如意！衷心祝愿大家享受这充满喜悦、自豪和希望的时刻。祝大家身心愉悦，同时铭记国际军体理事会的口号："体育传友谊"！

谢谢！

出色的中国东道主让梦想成真

国际奥林匹克委员会主席
托马斯·巴赫

尊敬的中华人民共和国主席习近平先生，尊敬的国际军体理事会主席赫尔维·皮奇里洛上校，亲爱的运动员们：

你们好！秉持"共享友谊，同筑和平"的理念，你们为了第七届世界军人运动会相聚武汉。此举向全世界发出了重要信号。来自100多个国家最优秀的军人运动员为了共同友谊和相互尊重而相聚于此。你们为展示体育所具有的引领世人于和平竞赛之伟力而树立了光辉典范。

为此，我谨祝贺赫尔维·皮奇里洛上校领导下的国际军事体育理事会以及出色的中国东道主，让这一切梦想成真。本届盛会恰逢中国迎来非常特殊的时刻，即中华人民共和国成立70周年，为此盛事，我谨向习近平主席和全体中国人民致以热烈祝贺。

在体育运动中，人人生而平等，无关种族、性别、文化背景或政治信仰。体育总在架桥填壑，永不增隔筑墙。本此精神，我预祝所有参赛运动员在本次世界军人运动会上取得最佳战绩。

祝你们在军运会上始终全力以赴！祝你们在追求卓越、相互尊重、公平竞赛的奥林匹克精神下不断拼搏！我期盼着你们争创佳绩，并祝愿在武汉这座伟大城市举办的赛会圆满成功！

谨向各位致以问候！

附录 2 武汉军运会场馆表

武汉军运会 35 个场馆及主要设施

类别序号	场馆名称	地理位置	所在区	产权属性	座席数	赛时定位	赛后定位
1	军运会运动员村	江夏区黄家湖东岸	江夏区	商业	—	运动员及官员住宿、志愿者服务中心、医疗中心、欢迎中心	居民小区
2	武汉体育馆	硚口区解放大道 612 号	硚口区	市区	1686	跆拳道	篮球、羽毛球、乒乓球、击剑等四个项目的训练。发挥群众体育场地功能，举办赛事或群众文化活动
3	汉口文体中心	江汉区新华路 247 号	江汉区	市区	9000	足球	会展、培训、全民阅读、健身、博物馆
4	武汉五环体育中心（东西湖体育中心）	东西湖区金山大道 45 号	东西湖区	市区	39081	足球、乒乓球和游泳（水上救生）	全民健身

附录2 武汉军运会场馆表 | 221

续表

类别 序号	场馆名称	地理位置	所在区	产权属性	座席常数	赛时定位	赛后定位
5	武汉全民健身中心足球场	江岸区后湖大道95号	江岸区	市区	1000	足球	全民体育健身、体育文化、商务休闲、配套服务等功能
6	空军预警学院体育场馆	江岸区黄浦大街288号	江岸区	军校	1000	空军五项中的游泳、篮球、射击、击剑、障碍跑	部队教学训练
7	海军工程大学木兰湖校区体育场馆	黄陂区木兰乡	黄陂区	军校	—	海军五项比赛及参赛运动员和工作人员的食宿	部队教学训练
8	空军武汉机场飞行项目场地	新洲区	新洲区	临时	—	空军五项中的飞行项目	临时设施
9	军运会媒体中心	武汉经济技术开发区	经开区（汉南区）	市区	—	新闻发布及赛事转播	溜冰场
10	武汉体育中心	武汉经济技术开发区车城北路58号	经开区（汉南区）	市区	71500	开、闭幕式、田径、排球（女子）、游泳、跳水	体育比赛
11	武汉汉南通用航空机场跳伞场地	汉南区通用航空及卫星产业园	经开区（汉南区）	临时	—	跳伞	通航产业发展
12	汉阳江滩沙滩排球中心	汉阳区鹦鹉堤段汉阳江滩	汉阳区	临时	—	国际赛事标准场地和热身场地	临时搭建

续表

类别序号	场馆名称	地理位置	所在区	产权属性	座席数	赛时定位	赛后定位
13	军山天外天高尔夫球场	武汉经济技术开发区军山街长山村长特1号	经开区（汉南区）	商业	—	高尔夫	高尔夫
14	江汉大学体育馆	武汉经济技术开发区学府路8号	经开区（汉南区）	高校	2500	男子排球	比赛和教学
15	武汉商学院马术场	武汉经济技术开发区东风大道816号	经开区（汉南区）	高校	1500	现代五项中的马术及跑射联项	比赛和教学
16	武汉商学院游泳馆	武汉经济技术开发区东风大道816号	经开区（汉南区）	高校	514	现代五项中的游泳	比赛和教学
17	武汉商学院体育馆	武汉经济技术开发区东风大道816号	经开区（汉南区）	高校	2119	现代五项中的击剑	比赛和教学
18	蔡甸国防园射击射箭场馆	蔡甸区麦山街老世陈村特1号	蔡甸区	市区	2128	射击、射箭	国防教育基地、民俗街
19	华中科技大学光谷体育馆	洪山区珞喻路1037号	洪山区	高校	6316	篮球（女子）	教学、训练、全民健身
20	光谷国际网球中心	东湖新技术开发区佛祖岭一路2号	东湖开发区	市区	20000	网球	比赛和训练

附录2 武汉军运会场馆表

续表

序号	场馆名称	地理位置	所在区	产权属性	座席数	赛时定位	赛后定位
21	湖北省奥林匹克体育中心体育馆	东湖新技术开发区佛祖岭一路2号	东湖开发区	省	5039	体操（男子）	比赛和训练
22	武汉软件工程职业学院体育馆	东湖新技术开发区光谷大道117号	东湖开发区	高校	1513	国际摔跤	比赛、训练和教学
23	驿山高尔夫球场	东湖新技术开发区驿山南路1号	东湖开发区	商业	—	高尔夫球（女子）	高尔夫
24	陆军工程大学军械士官学校体育馆	东湖新技术开发区喻东路42号	东湖开发区	军校	—	游泳馆、校内越野跑	部队教学训练
25	东湖新技术开发区军事五项场地	东湖新技术开发区喻东路42号	东湖开发区	临时	—	射击场、障碍跑、投弹、校外越野跑场地	新建（临时建筑）
26	东湖绿道马拉松及公路自行车场地	东湖生态旅游风景区	东湖风景区	临时	—	马拉松、公路自行车	临时搭建观众席及赛事配套功能用房
27	东湖帆船及公开水域场地	东湖生态旅游风景区	东湖风景区	临时	—	帆船和游泳	临时建筑
28	洪山体育馆	武昌区体育馆路特1号	武昌区	省	8000	男子篮球	篮球、羽毛球、排球、乒乓球等比赛、训练场地，大型活动志愿者、群众、演员休息功能，室外健身休闲场所

续表

类别序号	场馆名称	地理位置	所在区	产权属性	座席数	赛时定位	赛后定位
29	武汉理工大学体育馆	洪山区文治街34号	洪山区	高校	5225	柔道	比赛和教学
30	武汉体育学院体育馆	洪山区珞喻路461号	洪山区	高校	3800	拳击	比赛和教学
31	武汉大学大学生体育活动中心	武昌区八一路299号	武昌区	高校	8716	羽毛球	比赛和教学
32	青山江滩沙滩排球中心	青山区临江大道建设八路段青山江滩	青山区	临时	—	沙滩排球	临时搭建
33	武汉城市职业学院体育馆	洪山区南李路83号	洪山区	高校	2494	击剑	比赛和教学
34	江夏梁子湖铁人三项场地	江夏区龙湾度假村	江夏区	临时	—	天然水域游泳、公路自行车、公路长跑	临时搭建
35	江夏八分山等定向越野场地	江夏区八分山、大花山、青龙山、天子山森林中	江夏区	临时	—	定向越野、空军五项	临时搭建

附录3 第七届世界军人运动会军运场馆设施遗产案例

体育场馆是进行体育锻炼和比赛的主要场所，是体育赛事运营的重要载体，也是体育产业发展的物质基础，在供给公共体育服务、构建公共体育服务体系和改善民生的进程中发挥着重要作用，体育场馆的发展规模和水平也是一个国家或地区经济发展水平和社会文明程度的重要标志之一。军运会最显著的物质遗产就是留下了高水平高质量的场馆设施。其中，仅新建场馆就达到13处。35个场馆设施项目主要分布在长江两岸，硬件设施条件优越，软件信息技术系统先进。35处场馆设施融合先进理念、前沿科技、本土文化、人性设计，一系列智能科技让屋顶"会呼吸"、照明"会切换"、风速"会调节"。

（1）军运村

军运村及军运村公共服务与配套设施由江夏经济发展投资集团和武汉保利金夏房地产开发有限公司承建。军运村位于武汉市江夏区黄家湖东南岸，黄家湖大道以西，四环线星光大道以北，是第七届世界军人运动会近万名运动员生活、居住集散地，同时，还是展现武汉形象的重要窗口。项目包含运动员及官员住宿、志愿者服务中心、医疗中心、欢迎中心等功能。规划占地总面积848.7亩，其中永久建筑用地417.7亩，临建用地431亩，建筑面积55.8万平方米。按照功能区分为公共区、居住区、运行区、后勤区四个区域，在军运会期间，为各代表团提供住宿、餐饮、交通、文化、医疗卫生、安保等全方位的保障服务，能够满足赛时9000多人的接待需求。

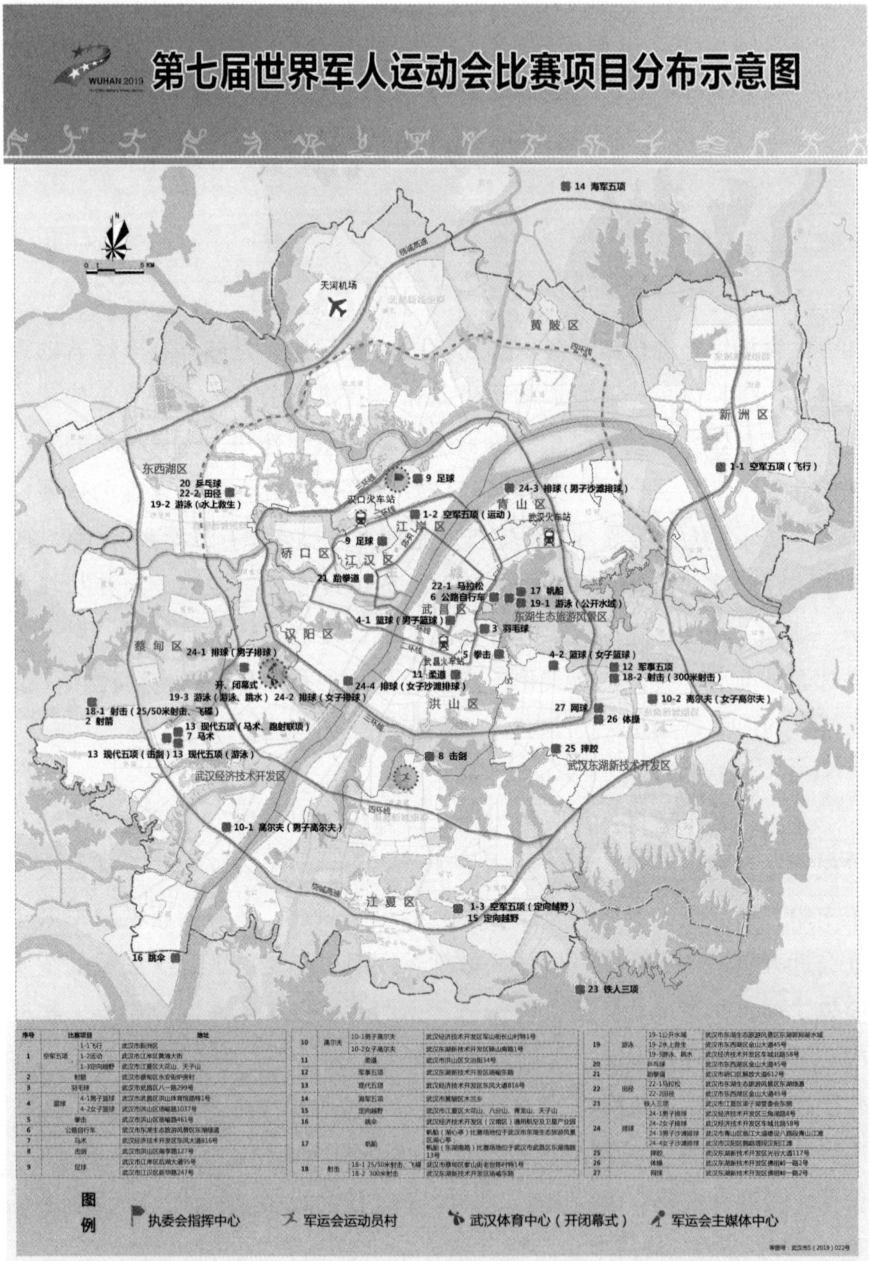

军运村公共服务与配套设施项目总规划用地面积 298481 平方米，规划总建筑面积 33015 平方米，包括餐饮服务区、特种车辆停车区、3 号停车场区三大区域。餐饮服务区主要提供餐饮、仓储、垃圾清运等服务功能。运动员餐厅建筑面积为 17747 平方米，设 4500 个座位；工作人员餐厅建筑面积为 8889 平方米，设 2500 个座位，运动员餐厅及工作人员餐厅均为单层建筑，屋面均采用圆拱造型。特种车辆停车区主要提供特种车辆交通停车服务，满足部队与公安等特种作业车辆停放需求，设计中巴车位 200 个。3 号停车场区主要提供赛时运动员相关车辆停放场地、运动员集散空间等需求，封闭管理，包括 3 号停车场、上客区、集散广场等，其中停车场设计大巴车位 433 个，上客区设计大巴停靠车位 54 个。

往届军运会上，运动员都住在军营、学校帐篷或者临时搭建的板房里。经多方权衡，武汉建立了运动员村，这也是世界军运会历史上的创举。运动员公寓按照商住小区规划设计，赛后将作为居民小区对外出售。军运村办公运行区域按照住宅小区配套教育的设施进行规划设计，赛后将转换为幼儿园、黄家湖中小学以及相关公共基础配套设施，确保能用尽用。

军运村于 2017 年 3 月正式动工，2019 年 4 月竣工并投入运营。开村后，军运村接待了 100 多个国家、近万名运动员和代表团官员入住。从军运村到全市 34 处场馆通行半径均在 40 分钟左右车程。军运村既是中式古典的"山水之居"，也是绿色环保的"生态之城"，更是现代科技的"智慧小区"。军运村配置有 5G 网络和免费 WiFi，运动员可享受免费上网服务，也可体验全新的 5G 网络。军运村具有以下特点：

第一，军运村在世界军运史上是一个独创。过去六届军运会没有军运村，这次集中兴建运动员村尚属第一次，开创了世界军运会的先河。

第二，注重综合利用。军运村的建设全部采用市场化的模式运作，赛时将满足运动员食宿行需求。赛后，运动员公寓将变身居民小区，运行区的功能场所会成为幼儿园、中小学等公建设施，安保智能化设备和临建的运动员餐厅可以再次利用。赛后，运动员公寓由项目开发商按照商品房对外销售，另外，运行区的相关功能场所，比如村委会、会议中心、健身中心、志愿者之家等，赛后会成为黄家湖中小学的教学办公场所，医疗卫生保障中心将会成为小区的配套幼儿园。军运村的安保智能化设备将用于江夏"智慧城市"建设，临时建筑的运动员餐厅可拆解为工业厂房再次利用。在服务保障项目建设过程中，军运村采取了"能借不租，能租不买"的方式，充分利用现有资源，借道具、租设备，将节俭办赛理念充分贯彻到各个环节当中。

第三，体现生态绿色。军运村依湖临水而建，自然生态环境优美。军运村处处体现节能环保理念。住宅屋顶有绿化植物，采用节能照明，降低能耗。地面采取透水铺装，雨水可下渗储存，用于村内绿化灌溉和道路冲洗。雨量较大时可通过管道排入城市公共雨洪系统。军运村与黄家湖之间的缓冲地带，有1119亩的湿地，形成完整良好的生态系统。为提升军运村区域环境，江夏区启动黄家湖岸线整治工程，以改善黄家湖军运村岸线面貌，建成风景优美、生态宜人的湿地公园。目前，湿地公园草木葱茏，生机盎然。另外，湖畔还专门设有咖啡座、啤酒屋。运动员们在紧张激烈的比赛之余，能在这里放松休闲娱乐，充分感受武汉"百湖之市"的风光。

第四，凸显中国元素。设计师从中国"制扇王国"传统文化中汲取灵感，军运村整体布局呈扇形，匠心打造梅、兰、竹、菊、荷五大景观园林，五个园林之间既相对独立，又曲径相连。步入军运村居住区，瞬间就会被别致的中国古典园林意境所感染。兴军路栽种了银杏树，军运村的秋天也会很美。运动员公寓建筑主色调是黑白灰，以马头墙、人字坡、小青瓦为主要特色，极具韵律美，显得独特雅致，与园林景色相得益彰。通过粉墙黛瓦、彩绘门楣、院落天井等打造"山水之居"，处处体现楚风汉韵的中国民居元素。

军运村1900多套运动员公寓，可以同时容纳近万人。赛时运行19天，日均接待7600多人，运动员餐厅每日19小时持续供餐，累计服务26万余人次。良好的设施、优美的环境、周到的服务，留下了"世界军人、武汉家园"的美好记忆。拉脱维亚运动员劳拉·维克说，军运村将各国运动员聚集为一家人，我完全找不到可以挑剔的地方，一切都完美地运行着。

选址江夏区黄家湖东南岸建设军运村的原因有以下几点。

从大的区域来看，得益于江夏的发展和潜力。首先是江夏的经济实力。10年前，江夏只是一个鱼美米香的农业大区，而如今已经连续十年荣登湖北省县域经济榜首。2017年江夏GDP更是达到了770.98亿元，增幅排名武汉市第一。从最初全力落实"工业倍增"计划，到高标准建成金港、大桥35平方公里工业倍增发展区等，这些举措让江夏区的经济发展走在了武汉市新区的前列。其次，区域的发展活力与潜力也是军运村落址江夏的重要一环。军运会期间，将有来自世界各国的军人运动员及观众来到武汉，军运村作为对外展示武汉乃至中国形象不可缺少的一环。江夏欣欣向荣的发展面貌很好地承载了这一需求。而备受关注的军运村设施赛后利用的问题，相信从未放慢发展脚步的江夏区也必然将价值发挥到最大。目前江夏已经形成了"七纵七横"的交通路网，以及"公路、铁路、水运、轻轨"的立体交通。作为重要的出行工具，地铁27号线将于年内开通，8号线预计2019年开通。按照30分钟通达所有比赛场馆的要求，未来还将继续开展以地铁为中心的公共交通系统，以黄家湖大道连三环达四环的快速路系统的建设。更为重要的是，产、学、研一体的建设也将带动区域持续发展。产业方面，区域内的武汉科技大学、湖北中医院大学、武汉工商学院等多所高校为区域提供了人才和活力，有了人才输送，也少不了产业支撑。江夏区计划建成电子信息产业、汽车制造、高端装备制造三大产业集群，其中腾讯研发总部、中车长江集团总部、中国应急总部等均落址于此，未来还将陆续有一大波高新科技企业和高端制造企业入驻。同时更是吸引了万科、保利、联投等大型开发商的进驻，未来将引领并改善区域内的人居生活。

从通勤时间看，军运村距各个比赛场馆的路程相对合适。军运会比赛场馆主要集中在黄家湖板块、沌口板块、光谷板块、后湖板块四个板块，另外有个别项目分布在阳逻、东西湖、汉南、蔡甸等地。军运村到四个主要场馆集中板块的直线距离不超过30公里，到阳逻、汉南的偏远场馆的高速公路距离不超过60公里。通过三环线、四环线、绕城高速的连接，军运村到大部分场馆的行车时间可以控制在30分钟，最远的场馆应该也可以控制在1小时以内。因为场馆分布分散，如果选择其他地方建设军运村，必然会导致到部分场馆的行车时间拉长，目前选择是一个相对比较好的方案。

从交通便捷看，军运村交通便利。军运村位置在三环线与四环线之间，武汉三环线是城市快速路、四环线是绕城高速路，通达性好。军运村门前的黄家湖大道现在在进行大规模的改造，改造完毕后将形成双向八车道的道路，能快速连接三环线和四环线。另外这一带道路已形成路网，非常规则的街区式设计，让铁军路、黄家湖大道、山湖路等围成的区域四通八达，非常适合快速进出。地铁8号线三期也将在军运会前开通运行，通过地铁能快速进入城区。

从生态看，周边生态环境良好，且未经过大规模开发，开发潜力大。军运村临近黄家湖，自然环境优美，经过对黄家湖湖岸的大规模整治，能充分向世界各国运动员展示武汉的湖泊风光。军运村周边现状为农村征迁后的空地，后期开发无拆迁等压力。通过军运会能快速带动周边的土地开发，增加土地的价值，对城市经济形成快速拉动。

（2）武汉体育馆

位于武汉市硚口区解放大道612号，设观众席位1686座，主要承担武汉军运会跆拳道项目比赛，跆拳道馆及配套用房总建筑面积12025平方米，其中体育馆建筑面积11109平方米，体育大厦第五层建筑面积916平方米。总概算2629.71万元。

武汉体育馆主要有以下几个特点。

第一，武汉体育馆是武汉最老的体育馆。1956年5月6日，武汉体育馆正式开馆。作为苏式建筑，它与武汉剧院、武汉展览馆齐名，是武汉20世纪50年代的标志性建筑，成为当时城市的骄傲。走进武汉体育馆，映入眼帘的就是毛主席所题写的"发展体育运动，增强人民体质"12个大字。1958年4月6日，毛主席在这里接见了武汉科技工作者。1979年冬，美国时任国防部长布朗也曾到访参观，并进行了体育活动……武汉体育馆曾是武汉最早的室内体育馆。在体量更大、更为先进的洪山体育馆建成之前，武汉体育馆承办了80多项国际大赛，见证了武汉体育辉煌的发展历程。武汉体育馆先后走出了14位武汉籍奥运冠军和世界冠军，包括周继红、伏明霞、乔红、肖海亮等7位武汉籍奥运冠军，以及李娜、韩爱萍、童辉、田秉毅等7位世界冠军。20世纪80年代，夺得五连冠的女排姑娘在这里打过表演赛；而韩爱萍、童辉、周继红、乔红、陈静等14位运动员从这里起步，走上更大的舞台。武汉体育馆所处的硚口区也成为"冠军摇篮"的地理符号。武汉体育馆一楼大厅，有该馆的建馆历程介绍。武汉体育馆主馆落成后，在其周边又先后配套兴建了网球场、篮排球两用场、举重场、游泳池等，使其成为融比赛、训练配套为一体的综合体育馆。不过随着时间的推移，武汉体育馆面临年久失修、设备陈旧等问题。2007年，第六届全国城市运动会在武汉举行。为迎接此次盛会，武汉市决定对体育馆进行首次改造。这次整旧如旧的改造于2005年启动，2006年竣工，历经12个月。借城运会的契机，陈旧的武汉体育馆在保留原有建筑风格的同时焕然一新。

第二，保护式维修。2019年10月，第七届世界军人运动会将在武汉开幕。为了迎接军运盛会，武汉市和硚口区对体育馆部分设施进行了维修。除了加固墙体及穹顶外，还对实木运动地板、进行了更新。为除更换地板，主席台及东、西看台的活动座椅都已进行了加固，全部采用的是可折叠收放的靠背座椅。场馆还新增了制冷空调、电子显示屏等，并可满足电视直播的需要。武汉体育馆工作人员介绍，主馆设置活动座椅1686座。武汉体育馆主馆一楼一直是作为羽毛球场地用，这片羽毛球场地在军运会期间将作为军运会跆拳道比赛场地。在维修过程中最大限度保留原有建筑外观历史风貌，室内设计与原有建筑语言积极呼应，以低调内敛的简约风格，在室内界面对原有建筑设计语言进行了不同层次、不同深度的延伸和细化，力求既能体现简洁明快的体育馆建筑形象，又能恰到好处地保留原有建筑的历史风貌。

第三，继续面向社会公众开放，平日可开展四个项目的训练。军运会过后，武汉体育馆将继续面向社会公众开放，继续用于篮球、羽毛球、乒乓球、击剑四个项目的训练。发挥群众体育场地功能，举办赛事或文化活动。

（3）汉口文体中心

位于武汉市江汉区新华路247号，设观众席位9000座，观众能从9个入口进入看台区。运动草坪高度按照国际足球赛事标准，雨天能正常比赛。主要承担武汉军运会足球项目比赛。汉口文体中心通过改造升级来完成足球比赛任务，修缮工程总用地面积48760平方米，总建筑面积48531平方米，其中地上建筑18510平方米，地下建筑30020平方米。工程主要分为地上修缮工程和地下二层停车场（约750个车位）新建配套工程，工程概算3.85亿元。

汉口文体中心于2001年9月投入使用，雄踞西北湖畔16年，许多国内外大型赛事、演唱会、全民健身活动曾在此举行。自建成后从未大修，目前已存在沉降、裂缝、设备配套陈旧老化等诸多问题，难以满足国际大型赛事需求。此次作为军运会比赛场馆进行大修，将按照国际足球赛事场馆标准进行改造升级。此外，考虑赛后复合利用，惠民利民，除A区的看台、比赛场地、指挥系统外，将B区4层楼打造成集会展、培训、全民阅读、健身为一体的民生项目，C区则规划网球、门球、羽毛球场，健身步道和文体公园。

大幅增加停车位。因场馆地处闹市中心，停车位奇缺，为满足军运会赛时停车及未来周边停车需要，场馆地下开挖10米深，将建设两层停车场共计750个车位。其中深入地下40余米的近700根工程桩负责支撑停车场。"未来体育馆周边地上车辆全部引入地下，地面建成大公园"。

文化与体育相融合。设置于A区看台下部空间的荆楚金石博物馆，馆内展陈金石实物400余枚，拓片作品百余幅，再现武汉近代城建史。B区非物质文化遗产陈列长廊，汉绣等非遗项目在此展示。

充分考虑赛后利用。考虑赛后复合利用，惠民利民，除A区的看台、比赛场地、指挥系统外，将B区4层楼打造成集会展、培训、全民阅读、健身为一体的民生项目，C区则规划网球、门球、羽毛球场，健身步道和文体公园。目前的金石博物馆赛时将成为安全疏散通道，一个个陈列房间将作为运动员休息室、裁判工作室等。赛后以及没有大型活动时，这里就是免费开放的博物馆，兼具学习、培训、讲座功能。汉口文体中心支部书记牟汉雪说，"我们要充分利用每一个平方，发挥其最大价值"。

参照最新的国际标准改造。比如运动草坪是按照国际足球赛事标准，移植在场馆后将在此扎根，对土壤的透气、透水性均有要求，达到中到大雨不积水，满足即使下雨天也能比赛的要求。草坪高度将保持在3—5厘米，请专业绿化公司养护。此外，球场的4座灯塔照明将能满足夜间比赛的需要，是一般教室照明的3—4倍。原有的1万个塑料座椅将全部更换为抗老化材料座椅。整个屋顶屋面的钢架结构将进行除锈、重新上漆，并进行防锈处理。塑胶跑道将按国际田联标准重新更换。改造后，观众将能从9个入口进入看台区，每个入口都按国际赛事安全标准设置安全门、安检机。升级改造后，汉口文体中心将涵盖运动员休息室、裁判工作室、竞赛工作室、兴奋剂检查室、医务工作室、球童休息室、比赛监督办公室、新闻发布室、媒体工作室、大型活动指挥室、灯光控制中心、音响广播中心、大屏显示控制中心、运动员餐厅、运动员康复中心、体育展示中心等功能。

(4) 武汉五环体育中心

武汉五环体育中心又称为东西湖体育中心，位于武汉市东西湖区金山大道45号，是第七届世界军运会的新建场馆之一，由武汉临空港投资集团有限公司承建。项目西临码头潭公园、南临金山大道，净用地207亩，总建筑面积约14.4万平方米，项目总投资19.9亿元，包括体育场、体育馆、游泳馆等部分，体育场设观众席位30000座，体育馆设观众席位8000座，游泳馆设观众席位1081座，并配套建设户外体育公园。主要承担武汉军运会足球、乒乓球和游泳（水上救生）项目比赛。

第一，按照奥运会场馆的标准打造的，能承接世界级比赛的场馆。东西湖体育中心的30000座的体育场的看台采用预制清水混凝土看台，这是国内最新工艺，每块呈"L"形的预制清水混凝土板重6吨左右，长8米，在预制工厂一次成型，先做出样板，再做出成品，整个场馆内的椭圆形看台一圈，一共由近3000块板拼成，每一块均进行编号，后期将运到现场直接吊装，好似搭积木。清水混凝土曾用于上海世博会的场馆建设中，其优势是浇筑完成后，面层无须再装饰，表面富有光泽，"可乐如果泼上去，一擦就干净了，易于清洁，雨水落在上面就像落在荷叶上的水珠一样。"但是对于施工而言，难度很大。

第二，造型设计具荆楚风，独特结构绿色美观。场馆的设计也极具荆楚特色，"一场两馆"构成飘带形，而整个屋盖造型如凌空腾飞的凤凰展开双翅。边部呈弧形的预制看台为国内首例。场馆的钢结构造型独特，根据自行车车轮研发出的车幅式索承网格结构，目前在国内已建成的体育场馆中尚属首例。"同等规模体育场中，这种结构钢材用量最少，绿色环保省材，轻盈的索结构美观大气，不会让人走进场馆有笨重的感觉"。武汉为了高标准打造军运会场馆，调集了国内精兵强将。据悉，中国六成以上大型体育场馆均由中建八局建造，而中信设计院也拥有包括奥体中心在内的众多国内外体育场馆的设计经验。

第三，赛后将向市民开放，用于全民健身。军运会期间，场馆将承担足球和乒乓球比赛，建设的游泳馆其实并非为了比赛，而是为市民准备的。此外，场馆周边还将配建敞开式体育公园，将有众多体育运动设施，分成五大主题，通过步道、绿道串联。

（5）武汉全民健身中心

武汉全民健身中心位于武汉市江岸区后湖大道95号，为执委会办公地和军运会足球项目所在地。

全民健身中心于2007年为承担第六届全国城市运动会的比赛项目而建，建设时就考虑了赛后利用，目前是中部地区规模最大、设施最全的国家级全民健身中心，同时也是国家级全民健身中心和国家级足球青训中心。

全民健身中心足球场主要承担武汉军运会足球项目比赛，功能用房项目总建筑面积5937平方米，地下室功能用房建筑面积484平方米，地上建筑面积5453平方米，设观众席位1000座。项目总投资5465万元，主要包括桩基工程、基坑支护开挖、土主体结构、内装、幕墙、安装（消防、给排水、电气、通风空调、智能化、电梯等设备安装）、安保、供电。

新建足球场参照国际标准，场内天然草坪是结合长江流域气候和地理环境专门研制的草种，草坪密库和平整度符合国际足球赛事标准。中心仅足球场地就有17片，占地300亩。拥有6片11人制标准足球场，这一数量也是武汉之最。

中心是集全民体育健身、体育文化、商务休闲、配套服务等功能为一体的互动、互补的综合体，同时也是武汉市城市总体规划中四大体育中心之一。

（6）空军预警学院体育场馆

空军预警学院体育场馆位于武汉市江岸区黄浦大街288号，设观众席位1000座（其中雪莲体育馆观众席位600座，射击馆观众席位200座，田径运动场观众席位200座）。赛后继续用于部队教学训练。

空军五项是世界军人运动会军事特色项目之一（军事五项、海军五项、空军五项），包括一个飞行比赛和6个运动比赛共7个比赛项目。根据军委和空军机关相关安排，空军预警学院体育馆承担空军五项运动比赛中击剑、篮球、游泳、障碍跑、10米气手枪射击5个单项比赛的赛事保障任务。主要场馆有雪莲体育馆、田径运动场和简易体育馆，雪莲体育馆主要承担游泳、击剑、篮球三个比赛项目,田径运动场主要承担障碍赛比赛项目,简易体育馆改建为气手枪射击馆,承担10米气手枪比赛项目。

(7) 海军工程大学木兰湖校区体育场馆

位于武汉市黄陂区木兰乡,包括游泳馆、航海技术平台、障碍跑赛场、两栖越野赛道、射击场、投弹场等部分,主要承担武汉军运会海军五项项目比赛及参赛运动员和工作人员的食宿等功能。与其他军运场馆不同,木兰湖"海军五项"比赛场馆是唯一一个吃、住、行一体化的场馆。

场馆在设计时基于现有木兰湖地质地貌现状,力求保护木兰湖生态,高标准设计,在整个施工过程中贯穿环保理念。场馆设施风格充分体现出军人的硬朗,比赛项目围绕木兰湖周边展开。场馆设施承担海军五项比赛,我军首次参加,其中救生和两栖越野看点较多。赛事:救生、实用游泳、障碍跑、航海技术、两栖越野。

该体育场馆及设施自2017年12月1日正式开工,规划占地面积达240余亩,总投资额约2.85亿元。建设内容包括游泳馆、综合楼、航海技术赛场、障碍跑赛场、两栖越野赛事等。

(8) 空军武汉机场飞行项目

位于武汉市新洲区,为临时设施项目,赛时主要承担空军五项中飞行项目比赛,将采用临时搭建观众席和赛时配套功能用房的形式满足赛事需要。承担武汉军运会空军五项中的飞行项目。

(9) 军运会媒体中心

坐落于武汉经济技术开发区三角湖畔,毗邻军运会开幕式会场武汉体育中心,可满足100多个国家的媒体直播、转播需要。主要承担军运会新闻发布及赛事转播等功能。赛后,该中心改造为冰上运动项目馆。主媒体中心地下两层,地上四层,总建筑面积2.3万平方米。地上一、二层是主新闻中心(MPC),三、四层是国际广播电视中心(IBC)。主新闻中心主要服务文字和摄影记者,国际广播电视中心主要服务电视媒体。在主媒体中心一楼正中的媒体工作间,350个工位整齐排开。这里一次可供240位文字记者、96位摄影记者同时工作,物业、安保24小时工作。媒体工作间服务台可租借摄影、摄像设备;墙边数百个小格子里,赛时将第一时间放置打印好的每一场的比赛成绩，供记者取阅。

每个记者工位上，电源插座、宽带接口、与观看墙上电子屏幕里赛事直播配套的多通道音频系统接口一应俱全。在中心一、二楼，还设有人民日报&人民网、新华社、解放军新闻传播中心等媒体的专用办公室。在主媒体中心一楼东侧门厅，记者们可以在这里的 ATM 取款，在邮局柜台寄发明信片、首日封，可以在军运会特许商店买到纪念品。记者们在主媒体中心工作，遇到身体不适，可到一楼医务室寻求帮助，获得紧急处理。

主媒体中心科技含量高，使用国际前沿电视转播技术，基础宽带达到 8G，已实现 5G 信号全覆盖。武汉军运会主媒体中心把媒体融合理念贯穿到设计、施工的每一个环节，新华社在提供军运会文字和图片通稿的同时，还将为采访中外媒体制作和分发开闭幕式及比赛的短视频。在国际广播电视中心（IBC）总控调度中心，密密麻麻的电视屏幕呈现在调度台前，30 多个场馆的比赛音视频信号将汇集于此，实现信号集成，再分配分发出去。

军运会赛时在主媒体中心的电视转播制作，将广泛采用当今国际最前沿的电视技术。4K+5G 直播制作将覆盖开闭幕式和田径赛场、海军五项的多个赛场；游泳项目将进行 8K 演示性拍摄；远程直播技术将用于军事五项和羽毛球的转播制作；语音识别和人脸识别的人工智能检索技术，将帮助主播机构和前来报道的持权转播商，更高速有效地查找素材，更便捷地制作他们的特色节目。主播机构还将为海军五项竞赛派出一辆转播车，使用 5G+VR 技术，制作实时超高清 360°画面，在国际广播电视中心内提供展示。在四楼，一些纸媒、电台也将开设演播室，制作视频节目。

闭幕后改建成溜冰场，赛后用不着的设施一律租用。主媒体在规划建设初期，就考虑了节俭办赛和后期利用，在军运会闭幕后，主媒体中心赛后改建成溜冰场。在主媒体中心一到四楼，所有办公桌椅、设备，只要是赛后用不着的，全部是租借来的，媒体工作间的电脑、显示屏是租的；新华社、人民日报、湖北日报、长江日报等媒体专用办公室的桌椅也是租的。记者工作间的地面，未来是溜冰场的地面，下面安装制冰设备的空间都预留了。在紧挨媒体工作间，可以容纳 210 名记者的新闻发布厅，桌椅和两个同声传译间的设施，都是租用的。餐厅，原计划建在主媒体中心里面，后来改建到武汉体育中心院内，是搭建的临时设施。时代在变化，军运会主媒体中心的建设已经超越了北京奥运会一些媒体中心的规划设计。

(10) 武汉体育中心

武汉体育中心为军运会主场馆，位于武汉经济技术开发区车城北路58号，主要包括一场两馆：主体育场、体育馆、游泳馆等部分，体育场设观众席位56000座，体育馆设观众席位12000座，游泳馆设观众席位3500座。

该中心曾承办第五届女足世界杯、2012年汤姆斯杯和尤伯杯羽毛球团体赛及2015年亚洲田径锦标赛等赛事。该中心的"一场两馆"园林绿化整体提升，主要体现"绿色基底""全面提升""突出节点""实时彩化"的设计原则。同时，对景观亮化全面提升，军运会期间呈现海陆空三军色彩的军队主题。赛事：武汉军运会开、闭幕式，田径、排球（女子）、游泳、跳水等项目比赛。

武汉体育中心主体育场作为开幕式场馆，是国家领导人重要的接待场所，省、市、区领导高度重视，多次提出重要指示，要以体现世界眼光、中国特色、长江文明、楚汉风韵为目标进行设计。为搞好主体育场精装修方案，管委会分管领导带队赴杭州G20、厦门金砖、青岛上合考察学习其精装修设计，并结合体育中心实际，不断修改完善方案。武汉体育中心在项目建设期间，中央、省、市、区领导高度重视，数十次考察调研，并提出相关要求及指导意见。在做好场馆改造建设的同时，为满足开幕式功能要求，还新建了一批临建设施。

(11) 武汉汉南通用航空机场跳伞项目场地

跳伞项目场地由武汉经开通航建投公司承建。汉南通用机场为一类通用机场，设计标准为1B级，机场跑道为1600m×30m，两端各设置60m×35m防吹坪，升降带尺寸为1720m×150m，停机坪为902.5m×85m，滑行道为1600m×18m。建有航管楼（面积2246平方米）、赛事综合楼（面积5591平方米）、办公楼（面积2028平方米）、生活楼（面积2878平方米）、机库（面积3138平方米）等设施，配备了通信、气象、供电、供油、给排水、消防车、应急救援车和驱鸟设备等相关设施。按照"国内第一、世界一流"的要求，投资近 12 亿元建设了机场及配套项目，2017 年 10 月 25 日顺利获批中南民航局颁发的《通用机场使用许可证》。2017 年 11 月 4—7 日成功承办首届世界飞行者大会赛事活动，参会运动员、裁判员约 1200 名（其中外籍人员 114 人），参加表演飞行器 800 多架、静态展 202 架，表演飞行员 427 人，各类航空表演季赛项目飞行共计 1907 架次（不含无人机和模型），共吸引近 50 万观众到现场观看。

按照跳伞比赛场地需求，赛场内将功能区域划分为：定点着陆区、特技造型着陆区、休息区、裁判工作区及其他功能区域。定点比赛场：场地面积为 120m×60m，着陆场中心点设直径 40m 警戒圈，中心铺设直径 15m，厚度 15cm 鹅卵石沙盘，沙盘中心铺设直径 5m 海绵着陆缓冲垫，厚度 0.4m，压缩比 0.20—0.25kp/cm，中心点四周设一个风向筒、四个风向标。特技造型比赛场：场地面积 180m×120m。

未来，这里将成为武汉开发区通航产业发展平台，开展短途运输、空中旅游、飞行培训等业务，市民可以来这里打"飞的"，还将举办世界飞行者大会等各类航空赛事。采用赛前临时搭建观众席及赛事配套功能用房的形式满足赛事需要。

（12）汉阳江滩沙滩排球中心

位于武汉市汉阳区鹦鹉堤段汉阳江滩，由武汉碧水集团有限公司承建。采用赛前临时搭建观众席及赛事配套功能用房的形式满足赛事需要。主要承担武汉军运会沙滩排球项目比赛。

汉阳江滩沙滩排球中心依托长江，展现"大江、大湖、大武汉"的城市形象。参照青山江滩沙滩排球中心"1＋4"设置进行设计，即 1 片主赛场地、2 片热身场地、2 片训练场地，能够满足男、女各 32 支队伍 7 个比赛需求，项目投资估算为 4700 万元。

汉阳江滩沙滩排球中心拥有国际赛事标准球场、国际标准训练场和热身场地。汉阳沙排中心主体结构多使用高墙螺栓连接的轻钢结构，看台采用可拼装式看台，均利于赛后回收使用。现场部分功能用房使用的是可移动的木屋和临时帐篷，在赛时满足正常运行需求，赛后可用起重机直接吊走。

（13）军山天外天高尔夫球场

现代·天外天国际高尔夫球场承担男子高尔夫场馆项目，位于武汉经济技术开发区军山街长山村特1号,东临长江,距离汉南纱帽主城区都是10公里的距离。

现代·天外天国际高尔夫球场是亚洲少有的依据世界高尔夫职业比赛(PGA)标准设计建造的标准杆72杆的18洞标准球场,总占地面积1335亩,其中沙坑面积14134平方米。球道全场7600码,每洞至少5个发球台,50米高的天然坡度,6个岛型果岭,6个炮台果岭,72个沙坑,17个洞有水障碍环绕。第七届世界军运会将男子高尔夫比赛项目设置在此处,其成熟的管理模式与标准的高尔夫球场,可以为第七届军运会高尔夫比赛项目带来盛誉与良好的体验。

在所有承办单位之中,现代·天外天国际高尔夫球场是唯一一家民营企业,创造了军运场馆市场化运营的案例。公司为了完成好任务,投入近4000万元,全力以赴对场馆进行全面升级改造。

现代·天外天国际高尔夫球场致力于为全球高尔夫球运动爱好者提供体验、训练及竞技场地,赛后将转化为中年、少年群体培训高尔夫、老年群体接触高尔夫的优选之地,预计综合利用率可达100%。

(14) 江汉大学体育馆

位于武汉经济技术开发区学府路8号,设观众席位2500座,主要承担武汉军运会排球(男子)项目比赛。场馆按照最高级别排球赛事标准改造,其膜结构屋面采用全新工艺涂层膜,可满足建筑A级防火需求;采用高精度精密空调,能精确进行温湿度控制;采用专业体育照明灯光,地板和专业运动地胶绿色环保安全。

(15) 武汉商学院马术场

武汉商学院马术场为新建场馆,又称为驭马体育公园,承担马术及现代五项跑射联项比赛场。位于武汉经济技术开发区东风大道816号,设观众席位1500座。占地面积约6.6万平方米的现代五项(跑射联项)比赛场;马医院和马匹兴奋剂检测中心,总建筑面积2600平方米,含马厩(马病房)、手术室、X光及核磁共振室、实验分析室及兴奋剂检测中心。主要承担武汉军运会马术、现代五项中的马术及跑射联项项目比赛。该公园马术纤维沙场地是湖北省内规格最高、符合FEI(国际马联)标准的专业比赛场地。按设计质量要求,从荷兰进口土工织物与纤维,按比例拌和专业石英砂后铺设。铺设过程结合武汉的气温、气候等条件,确定砂与纤维的最佳配比。铺设完成后，赛马踏上去，马蹄入砂深度确保在10毫米至40毫米。

武汉商学院马术场不仅是湖北省第一个国际标准马术基地，而且也让在马术专业上有很多成就的武汉商学院有了强有力的硬件支撑。2008年，武汉商学院在全国高校率先开展赛马人才培养，目前已培养了千余名优质实用的赛马专业人才，先后有6名毕业生获得了国际和全国赛马比赛冠军。2012年，体育系（暨马术学院）更名为体育与马术学院，2015年正式更名为体育学院·国际马术学院，体育学院目前开设有体育经济与管理、休闲体育本科专业和休闲服务与管理专科专业；国际马术学院开设有体育经济与管理（马术运动与管理方向）本科专业及社会体育专业（赛马产业管理方向、马术运动与管理方向）两个专科方向。2011年，天津体育学院与武汉商学院合作，首创马业硕士专业（体育专业硕士学位马术运动竞赛与管理方向）。具有170多年历史的英国皇家农业大学也与该校合作多年，定向招收马业管理硕士。2017年2月，武汉商学院与法国马术协会签署了共建"中法国际马术学院"合作协议，这是中法两国首次开展马业高等教育合作。未来，这个学院将培养世界一流的赛马专业人才。同时我国懂马、会养马、驯马、医马的人才仍较为缺乏，将带来就业趋好。

（16）武汉商学院游泳馆

武汉商学院游泳馆为新建项目，设观众席位514座，赛时主要承担现代五项中游泳项目比赛。

位于武汉经济技术开发区东风大道816号，坐落于学校西北角，北临全力北路。工程造价约1.18亿元，总规划用地面积2.9万平方米，总建筑面积1.4万平方米，游泳馆项目按赛事要求设计为国际单项比赛甲级游泳馆，全天候恒温游泳池。馆内含1座比赛池（50m×25m，10条国际标准泳道）、1座训练池（50m×21.86m，8条泳道），可容纳500名观众。馆内各功能用房、信息系统、网络机房、灯光音响及电子显示屏等设施齐全。主要承担武汉军运会现代五项中的游泳项目比赛。该游泳馆按照"奥运标准"建设，成为可承接国际单项比赛甲级游泳馆，是湖北省高校唯一能满足国际单项比赛要求的国际标准游泳馆。

游泳馆建筑造型紧扣水的主题，整体形象以优美的湖水幻化而来。

建筑外轮廓模拟水流动时的自然形态，立面上的遮阳板为水面涟漪曲线的抽象生成。游泳馆屋面设计 18 个自动天窗孔，自然透光与消防通风相结合，节能环保。由玻璃、铝挡板、玻璃纤维增强混凝土构件组成幕墙系统，形成水波纹形状，立体，凸显游泳馆"水"的特点。比赛池上空采用从香港引进的专利产品——天平板空间吸声体，保证混响时间小于 2.5 秒 +15%，避免噪声干扰比赛。

武汉商学院游泳馆在施工过程中采用了大量"黑科技"，保证施工效率的同时，还充分考虑到了赛后场馆的利用。一是 BIM + 屋面焊接球网架整体顶升技术。武汉商学院游泳馆的施工设计广泛运用 BIM 技术，将传统平面设计图纸，通过电脑变为三维仿真模型，施工人员准确了解施工要领。游泳馆建设不仅采用 BIM 技术，且采用屋面焊接球网架整体顶升技术。该技术可在建游泳馆主体结构的同时，在室内开展球网架焊接，保障了施工高效。待主体建筑梁柱建成时，由 2400 多杆件焊接成的球网架屋面，近 5000 个焊接点的焊缝等级质量达到一级标准，高出设计要求。每条焊缝都经过探伤检测。如此复杂的结构先通过电脑软件建模放样，由工人在地面焊接拼装；再在电脑控制下，14 个点位同步向上顶升到位，足足用了 40 天。建筑外立面通过钢结构龙骨，模拟水波纹的形态，操作极其精细。在电脑控制下，沿 14 个顶升点缓缓抬升，准确固定在梁柱上，保证外墙、屋面 100% 无渗漏。二是采光孔 + 海绵城市建设技术。恒温游泳馆屋顶设有 18 个直径各 1 米的采光孔，通过特殊工艺处理，既保障通风采光，又节能环保。场馆建设还运用海绵城市建设技术，实现场馆与周边生态环境和谐统一。

新建的恒温游泳馆，除了用于教学、专业训练，未来会对市民开放。在国外，一些新建场馆赛后因使用率低或运营成本高，常遭废弃。赛事结束后，游泳馆将对市民开放，武汉市民将增加一个游泳健身的好去处，同时可作为学校教学科研、人才培养、社会服务平台。

(17) 武汉商学院体育馆

武汉商学院体育馆通过改造作为击剑场馆及配套设施。位于武汉经济技术开发区东风大道 816 号，设观众席位 2119 座。主要承担武汉军运会现代五项中的击剑项目比赛。改造过程中对灯具发光角度、布灯位置、安装角度等进行了科学系统的设计调试，满足国际击剑赛事要求。每条剑道采用 10 盏 420W 专业场馆灯具，每 2 排灯具中间有 2 条剑道，可以满足 10 条剑道同时进行比赛。

（18）蔡甸国防园射击射箭场馆

射击射箭场馆位于武汉市蔡甸区奓山街及永安街地界，主要包括射击馆、飞碟射击靶场、射箭馆等部分，承担武汉军运会 25/50 米手步枪射击、飞碟射击、射箭项目比赛。

射击场馆占地面积 275 亩，总建筑面积 5.17 万平方米，主要建筑包括 10 米、25 米、50 米射击馆，飞碟射击靶场、运动员及媒体中心，设计接待规模 400 人，总投资 4.5 亿元。按照"世界一流、超越往届"的办赛标准，场馆既要满足军运会赛时射击比赛要求，同时又要考虑赛后向广大民众及专业射击队开放运营使用。

射箭场馆总用地面积 127 亩，主体建筑面积 7800 平方米，设计观众席 2128 位，项目总投资 9600 万元。射箭馆项目共设计射箭靶位 66 个，设置比赛功能、接待、办公后勤、媒体、医务、安保等用房共计 46 间。

赛后比赛场馆将向广大公众开放，成立青少年射击训练基地，因枪支管理严格，不接受大学生个人体验，可以团体报名，也会对学生团体提供优惠。选址上紧邻国防教育基地野战国防园，赛后成为一体，丰富训练和体验项目。气（步）枪射击馆一楼设计了较大的集散空间，可作为学生团体的赛后训练活动场地，届时，气（步）枪、飞碟射击场馆都将对外运营，市民、学生游客可体验气（步）枪、飞碟射击。300 米步枪射击馆附近规划有九真山游客中心，场馆将作为民俗街来打造，弹道部分成为大型游客中心停车场和房车露营地。

（19）华中科技大学光谷体育馆

位于武汉市洪山区珞瑜路 1037 号，设观众席位 6316 座，其中固定座椅 4054 座，活动座椅 2262 座。是全国第一批建设的高校现代化大型综合型场馆，能够满足 A 类国际体育赛事要求。华中科技大学光谷体育馆曾经承办 2007 年第六届全国城市运动会女排、男排、男篮比赛。主要承担武汉军运会篮球（女子）项目比赛。

坐落在华中科技大学主校区东南方、武昌主干道珞瑜路路边，地处光谷开发区腹地。总建筑面积达 26758 平方米。毗邻武汉市武昌区主干道珞瑜路，是一座集正式体育比赛、体育教学科研、大型群众集会等多项功能于一身的现代化大型综合场馆。军运会女子篮球项目竞委会按照执委会及中国篮协的要求,对场馆功能用房进行了维修改造,经维修改造后的光谷体育馆,现代感更强,科技含量十足。比赛专用器材和辅助器材及灯光、音响、空调等设备都非常棒。

军运会后,光谷体育馆将会有更多的功能使用,不仅为华中科技大学学生的基础教学、高水平运动队的训练服务,还将惠及师生员工及社区居民。

(20) 光谷国际网球中心

光谷国际网球中心位于武汉市东湖新技术开发区佛祖岭一路2号,共有5层的15000座主场馆号称"旋风球场"。光谷国际网球中心是武汉网球公开赛的主场地,该中心成功举办了5届武汉网球公开赛和3届ITF国际女子巡回赛。基本具备举办军运会网球赛事条件。

光谷国际网球中心场馆组成:一座5层15000座席中央场馆、一座3层5000座席场馆、1座2层VIP配套楼、4片室内备用场地、4片室外标准硬质网球场,8片室外训练场。还包括267.86平方米下沉庭院、平台景观区、赛时展览区、嘉年华广场、WTA文化陈列间、新闻发布厅等功能区。

(21) 湖北省奥体中心体育馆

位于武汉市东湖新技术开发区佛祖岭一路2号,中国建筑面积37853平方米,概算3.79亿元,由东湖高新区管委会代建。为军运会男子体操项目比赛场馆,设观众席位5039座。

体育馆与已建成的光谷国际网球中心整体规划,形成"品"字形布局。"三馆"通过二层架空弧形平台连接,结合中央入口的嘉年华广场的景观设计,共同组成一个极具特色的体育综合体。同时,综合性体育馆与东侧省奥体中心大院采用跨街人行天桥相连,形成了"赛""训"一体的有机整体。体育馆外形设计,取"飞羽"之形,塑"桂冠"之意。这座全新的现代化场馆,充满高科技力量,采用了国内先进的静压箱送风技术,不仅噪声小,且送风均匀,不会影响比赛。场馆建设时还采用了"海绵城市"的理念,打造了"会呼吸"的景观路面。主要承担武汉军运会体操(男子)项目比赛。

(22) 武汉软件工程职业学院体育馆

位于武汉市东湖新技术开发区光谷大道117号，设观众席位1513座。该场馆空调、水暖、灯光照明等全部改造更新，满足武汉军运会摔跤比赛的功能需求，主要承担武汉军运会摔跤项目比赛。

摔跤场馆是利用学校原有体育馆进行改造而成，旧馆改造设计需要兼顾场馆现有状况、满足比赛需求和赛后恢复利用，工程比新建还要复杂。本着环保节俭的理念，场馆改造尽量避免对原有建筑结构的破坏，比如室内跑道区域，就设置成临时办公区域，赛后方便拆除恢复原貌。同时用金属面板对建筑立面进行包装，在避免破坏的同时又加强了场馆的现代感。目前改造完成的摔跤场馆可满足摔跤比赛的所有需求。

(23) 驿山高尔夫球场

位于武汉市东湖新技术开发区驿山南路1号，球场为天然草坪，18洞标准球场，全长7236码。由美国高尔夫设计师协会主席里克·罗宾斯先生签名设计。驿山高尔夫会所凭借其精致的设计和优美的生态环境，代表亚洲首次斩获"世界最佳高尔夫会所"殊荣。主要承担武汉军运会高尔夫球（女子）项目比赛。

(24) 陆军工程大学军械士官学校体育场馆

陆军工程大学军械士官学校位于武汉市东湖新技术开发区珞瑜东路42号，军事五项场馆主要包括障碍游泳馆、越野跑跑道、200米射击场、500米障碍场和投弹场5个场馆。

(25) 东湖新技术开发区军事五项场地

位于武汉市东湖新技术开发区珞瑜东路42号，其中500米障碍跑比赛，比赛场地路线上共设置20个障碍，比赛线路迂回，比拼过程非常激烈，最具看点。主要承担武汉军运会军事五项中的射击、投弹、越野跑、障碍跑项目比赛。

(26) 公路自行车赛赛道和马拉松项目赛道

公路自行车赛赛道和马拉松项目赛道均设在东湖绿道，位于武汉市东湖生态旅游风景区东湖绿道，采用赛前临时搭建观众席及赛事配套功能用房的形式满足赛事需要。全长逾百公里，7段主题绿道各具风情，将给各国军人运动员带来难忘的享受和体验。该绿道曾获联合国人居大会全球推介，主要承担武汉军运会马拉松、公路自行车项目比赛。

公路自行车赛赛道全长16.92公里，从欢乐谷广场开始，途径渔光路、梨园广场、沿湖大道、落雁路、白马驿站等节点，最后回到欢乐谷广场；马拉松项目赛道全长42.194公里，从欢乐谷广场开始，经过梨园广场、沿湖大道、鲁磨路、团山路、绿道森林道、郊野道、白马驿站等节点最后回到欢乐谷广场。

（27）东湖帆船竞赛场地

东湖帆船竞赛场地位于东湖风景区湖心亭附近及郭郑湖公开水域，现代动感的场馆设计与东湖自然生态美景融为一体，帆船公园与东湖绿道风景交相辉映，建筑造型具有荆楚特色。原沙滩浴场帆船修缮保留，增添历史韵味。采用赛前临时搭建观众席及赛事配套功能用房的形式满足赛事需要。项目由3块场地组成，其中帆船（湖心亭）比赛场地位于武汉市东湖生态旅游风景区湖心亭，为新建（临时建筑）项目；帆船（东湖南路）比赛场地位于武汉市武昌区东湖南路13号；公开水域比赛场地位于武汉市东湖生态旅游风景区东湖郭郑湖水域。上述3块场地赛时主要承担帆船和游泳（公开水域）项目比赛。

帆船（东湖南路）比赛场地由湖北省体育局水上运动管理中心投建，总投资约5980万元，项目为维修改造工程，共四个单体，总建筑面积3911.74平方米，其中功能用房2249.82平方米，配套用房1352.13平方米，新建浮动泊位764平方米，下水码头水域面积21765平方米。

湖心岛帆船比赛基地为新建工程，位于东湖湖心岛南岸，由武汉市旅游发展投资集团有限公司建设，总投资1亿元。总用地面积128亩，其中，水域面积118亩，主港池占地面积约70亩。项目总建筑面积5469平方米，包含行政媒体中心、接待中心、赛时指挥中心及船库，船只泊位103个。

（28）洪山体育馆

位于武汉市武昌区体育馆路特1号，设观众席位8000座，是武汉第一个采用激光投影技术进行亮化的公共性场馆。夜间，整个建筑物的外立面上好似放映电影，传播体育赛事信息及武汉城市文化展示。主要承担武汉军运会篮球（男子）项目比赛。

洪山体育馆于1986年1月1日正式对外开放，自投入使用以来，一直是湖北省举办重大体育赛事、文艺演出的主要场所。为使这座"高龄"

场馆圆满完成武汉军运会男子篮球场地保障任务，自 2018 年 3 月，湖北省体育局启动洪山体育馆主馆维修及辅助训练馆建设项目工程，主馆维修改造面积 1.48 万平方米，训练馆新建面积 1.12 万平方米，总投资约 1.92 亿元。

已经对外开放 33 年的洪山体育馆，是湖北省第一座大型、多功能的体育场馆。此次军运维修改造，主场馆全部翻新，并拆除重建配套训练馆。此前，洪山体育馆主场馆比赛设施设备严重老化，主场馆外墙年久失修，装饰材料、构件有脱落、松动，看台地面起皮、开裂，吊顶老化、渗水。以前外墙涂的是氟碳漆材料，时间久了会脱落，现在外墙 6000 多平方米的面积全部都更换成铝单板，外观更美观，而且防漏水，更为实用。整个屋面内部、吊顶、座椅、看台全部更换一新，地板也全都铺上了一层保护罩。改造后的场馆，沿用了最新的消防系统、机电通风系统、智能化系统，将大大提高办赛效率。此次对洪山体育馆的升级改造，是在不改变主体结构的荷载下进行。主场馆为金属屋面，施工面积约 6000 平方米，施工时需拆一块、装一块，不给结构增加额外荷载。为此，该项目部采用三维模拟技术，经软件反复计算，最后采用吊顶内设置防护后从内部更换施工，同时分区施工，率先完成主场馆改造。一些施工材料标准颇高。如主场馆墙面石不仅质量好，可最大限度避免脱落，而且色泽高雅，让场馆看上去有"修旧如旧"之感。

在保留历史面貌的基础上，洪山体育馆主馆按现代风格进行了全面换装，特别值得一提的是室外泛光照明系统，创新地采用了专业激光投影仪系统，通过精密计算后以激光投影的形式在主馆东侧外墙面上展现文化宣传内容，是武汉第一家采用激光投影系统展现军运会、全民健身、湖北体育、武汉文化等精神的公共体育馆。

为保证此次赛事及军运正式赛期间的通讯传输，目前，馆内铺设 5G 设备。据悉，5G 通信网络具有大带宽、低时延、大容量的显著特点，将提供千兆的接入速率、毫秒级的网络时延、每平方公里一百万的连接能力，实现"信息随心至，万物触手及"的愿景，对于不能到现场观看军运会的观众来说，因为 5G 技术的支持，即使坐在家里也能高清流畅地观看比赛，享受高速网络带来的各种便捷。同时，场馆还实现了 WiFi 全覆盖，可方便入馆人群随时随地上网冲浪。

改造后洪山体育馆整体达到国家一级场馆标准，新建训练馆面积增加了近两倍，对智能化、安防及消防系统等也进行了全面升级。今后场馆可兼做篮球、羽毛球、排球、乒乓球等项目比赛、训练场地，还可承担大型活动志愿者、群众、演员休息的功能，室外休闲区、户外步道、屋顶健身区等可用于群众的室外健身休闲场所。

（29）武汉理工大学体育中心·洪山区文体中心

武汉理工大学体育中心·洪山区文体中心，位于武汉市洪山区文治街34号，于2013年完工，当年10月作为武汉市第九届运动会主场馆之一正式投入使用，是武汉理工大学与洪山区政府共建项目，位于武汉理工大学南湖校区西南角，总占地面积200亩，该馆主要作为军运会柔道场馆。体育中心包括一个体育场、一个体育馆和一个游泳馆。结合军运会柔道比赛需求，场馆会进行一些小的改造，采购相应设备，只需"微整形"。

作为军运会柔道场馆，体育馆主场馆建筑面积18000平方米，分上下两层，可容纳5225个观众席，上下两层共有14个疏散通道。一层的场地目前作为羽毛球场。绿色的地面铺装，蓝色、黄色、红色、橘色相间的二楼看台坐席，使场馆显得现代而充满活力。军运会时，地面铺上比赛用的柔道垫。从体育馆西南门、东南门一进去，就是两个600平方米的热身馆。倪健介绍，军运会赛时用于运动员热身训练，热身馆内还包括更衣室及配套功能房。而赛前、赛后将作为室内篮球场、羽毛球场。按照国际性体育场馆柔道比赛的要求，赛场与热身区的距离应在30—50米，目前完全符合。运动员检录及休息、医疗救护室、兴奋剂检测、称重室等功能都通过对原有用房改造来满足。热身馆场地"硬"改"柔"有讲究，原来场地是硬质水泥地，为了保证柔道比赛赛前热身训练需要，整个地面要进行改造，由"硬"改"柔"。据介绍，这个悬浮式运动地板很有讲究，每根4米长的龙骨下方垫有9个胶垫，胶垫在最下层，龙骨则每隔30厘米平行放置一根，龙骨上方再钉上1.5厘米厚的生态甲板，然后再铺0.5厘米厚的防潮膜，最后再铺上2.2厘米厚的实木地板，上下总共5层结构，这样铺装的好处是有弹性也能防潮，在上面热身训练和运动时不会崴脚伤脚。①

武汉理工大学体育场馆具有独特造型，棋子棋盘造型取自"天圆地方"理念。圆形的体育馆和方形的游泳馆融为一体，从上空俯瞰，体育馆犹如棋子，游泳馆好似棋盘，组合成棋子落在棋盘的造型。在两个馆的斜坡式平台上铺就户外木地板，为学生提供了一个户外活动和交往的公共空间。从后期的使用看，设计效果非常好，很多大学生喜欢课间时环绕着斜坡进行爬坡跑，还有很多学生在上面休憩、看书、聊天。体育馆、游泳馆除了规范的比赛场地外，处处体现"亲民"劲头，功能多变：两馆外"腰"搭建的宽大户外木平台，可观景、跳舞、散步；体育馆内墙做了吸音处理，比赛之外还能举办演唱会；游泳馆观众席最高处是个大平台，能看比赛，也能扯几张网变身羽毛球场。

（30）武汉体育学院体育馆

位于武汉市洪山区珞瑜路461号，设观众席位3800座，主要承担武汉军运会拳击项目比赛。主要采取改造维修方式完成，维修面积1.8万平方米，包括主体育馆13500平方米、体育馆附馆2160平方米和综合馆2685平方米，维修工程包括拳击赛事专用灯光系统、扩声系统、消防系统、安防系统、信息网络系统、功能用房等。

（31）武汉大学大学生体育活动中心

武汉大学大学生体育活动中心位于武汉市武昌区八一路299号。总建筑面积为37200平方米，建筑物总长度215米，总宽度117米，地下1层为地下车库与设备用房，地上3层（局部夹层4层）为场馆及看台、座位等，建筑高度（含钢结构顶）为29.14米，建筑物由比赛馆、训练馆及其配套设施组成。场馆按照国际领先标准规划建设，能够满足举办室内单项运动的国际性大型赛事要求，是国内高校规模最大的综合体育场馆之一，观众席位8716座。

场馆建筑既体现了特色又采用了很多高科技技术。整个场馆屋顶呈"孔雀蓝"，与武大景观环境融为一体。是全国首个采用"智能天窗"的体育场馆，其配套的智能天窗，可敏捷判断室内外环境而调节开关状态。

---

① 《武汉理工大学体育馆"亲民多变"将承担军运会柔道比赛》，长江日报，http://news.whut.edu.cn/mtlg/201709/t20170930_766204.shtml。

下雨或风速超过设定风速时,天窗会自动关闭,并能在传感器指挥下自动实现通风换气。主要承担武汉军运会羽毛球项目比赛。

作为第七届世界军人运动会的比赛场馆,中心严格按照国际篮联最高等级的赛事场地标准铺设运动木地板。为了确保工程质量满足军运会要求,场馆基层平整度误差要求在5毫米以内。按照国际上最严格的篮球木地板标准之一——德国DIN18032的技术标准进行安装,还从意大利请来4位拥有30余年大型篮球赛事木地板安装经验的技师现场技术指导。为提升工程品质,从选材到施工,在每个环节都有严格的要求。选用的木地板是世界室内竞技运动顶尖品牌,和2008年北京奥运会篮球比赛场馆用的是同一种。项目部还特意请到了专业地坪施工技师,高密度检测及处理基础地面,采用进口仪器,全天候监测木地板基层的含水率,在保证含水率达到2.5%的标准后才允许施工。在辅助区域,移动看台地板承重要求高,局部地方每平方米载重要达到2600公斤。用的是空气垫加龙骨的组合方式,既满足了比赛场地专业化要求,又达到了活动看台承重要求。为确保每块地板的每个点位的震动吸收和垂直变形都达到赛事标准,铺设团队每天只能安装480平方米。

(32)青山江滩沙滩排球中心

位于武汉市青山区临江大道建设八路段青山江滩,依托长江,体现"大江、大湖、大武汉"的城市形象。践行绿色、生态理念,充分结合江滩生态环境,将赛场配套服务空间打造成特色小木屋,既可作为运动员休息换装、医疗后勤保障场所,又成为江滩一道新的亮丽风景线。采用赛前临时搭建观众席及赛事配套功能用房的形式满足赛事需要。主要承担武汉军运会沙滩排球项目比赛。青山江滩沙滩排球中心由武汉碧水集团承建,场馆规模为"1+4",即1片带看台的主比赛场、2片比赛场和2片热身场。青山沙排场馆总占地面积4.62公顷,总建筑面积3667平方米,1片国际赛事标准球场、4片国际标准训练场、座位席1172个,项目投资4400万元。

武汉军运会青山沙滩排球中心在绵延7.5公里的江滩生态画卷上,近邻天兴洲长江大桥选址而建。从空中俯瞰,蓝色的主色调、泛白的海沙、柠檬黄的标识线,彰显江城的运动和活力。青山沙滩排球中心,经过4片国际标准训练场,来到国际赛事标准球场。赛时,全场馆覆盖5G信号。整个场馆按甲级体育馆标准建设，能够满足男、女各32支队伍，7个比赛日的比赛需求。配套服务用房分别布置于赛场看台下和滩内临时设施，包括竞赛室、裁判室、会议室、媒体室、药检室、检录室、更衣室、运动员卫生间、公共卫生间等。比赛用沙经过筛选外形圆润、颗粒均匀、整体柔和，能很大程度避免意外受伤。沙量厚达50cm，超过国际标准厚度10cm。

（33）武汉城市职业学院体育馆

位于武汉市洪山区南李路83号，设观众席位2494座，击剑馆分为主馆和副馆，主馆可容纳2000余名观众，布置有5条剑道可同时供10支队伍比赛；副馆布置有10条剑道可同时供20支队伍进行训练。两馆内部灯光亮度将达到2000勒克斯，确保比赛用光全部来自场内灯光，做到无自然光进入。曾经承办2017年CUBA中国大学生篮球联赛（湖北赛区）、2017年ITF国际女子网球巡回赛（武汉站）等比赛。主要承担武汉军运会击剑项目比赛。

（34）江夏梁子湖铁人三项场地

位于武汉市江夏区龙湾度假村，梁子湖大道梁湖管委会东侧场地内，占地面积4万平方米。主要承担武汉军运会铁人三项（游泳、自行车、马拉松）项目比赛，比赛由天然水域游泳、公路自行车、公路长跑三项按顺序组成，运动员需要一鼓作气赛完全程。主会场功能分为三大块，分别为功能房使用区、公共停车区、项目比赛区，主会场平面布置及功能房的安排总体依据相关技术标准设计，分为运动员使用区、工作人员使用区、媒体使用区、观众使用区。设计将各群体功能房集中安排布置，遵循使用方便、美观、易施工搭建原则，创建开敞型、生态型、互动互补型综合体育会场，着力于把主会场内部环境及外部周边环境及梁子湖区域整体环境相结合相协调。会场及赛道布置总体造价以经济适用为原则，为临时性场地建设。以造价相对低廉可拆除、可移动、轻便快捷的帆布帐篷为主。

（35）江夏八分山等定向越野场地

位于江夏八分山、大花山、青龙山、天子山森林中，采用赛前临时搭建观众席及赛事配套功能用房的形式满足赛事需要。主要承担武汉军运会定向越野、空军五项定向越野军项目比赛。

定向越野，是一项运动员借助地图和指北针，在尽可能短的时间内到访各个检查点的体育运动。通常在森林、郊外、城市公园或大学校园里举行。定向运动19世纪起源于瑞典，最初是一项军事体育项目，现已发展为老少皆宜的户外竞技运动和休闲娱乐活动。国际定向运动联合会是世界各国定向运动协会的联合组织，负责监督管理徒步定向、滑雪定向、山地车定向、轮椅定向4类项目，分别举办有世界锦标赛和世界杯系列比赛。根据不同标准，不同项目又有日间赛、夜间赛，一日赛、多日赛，个人赛、接力赛、团体赛和长距离、中距离、短距离之分等。人们通常又将徒步定向称为定向越野，世界运动会定向越野比赛和国际军体理事会举办的世界军人定向越野锦标赛即属此类。

附录4 国际军体理事会成员国

序号	非洲（46）	美洲（19）	亚洲（32）	欧洲（42）
1	南非（RSA）	阿根廷（ARG）	阿富汗（AFG）	阿尔巴尼亚（ALB）
2	阿尔及利亚（ALG）	巴巴多斯（BAR）	沙特阿拉伯（KSA）	德国（GER）
3	安哥拉（PGI）	玻利维亚（BOL）	巴林（BRN）	亚美尼亚（ARM）
4	贝宁（BEN）	巴西（BRA）	孟加拉国（BAN）	奥地利（AUT）
5	博茨瓦纳（PDO）	加拿大（CAN）	中国（CHN）	阿塞拜疆（AZE）
6	布基纳法索（BUR）	智利（CHI）	大韩民国（KOR）	白俄罗斯（BLR）
7	布隆迪（BDI）	哥伦比亚（COL）	阿拉伯联合酋长国（UAE）	比利时（BEL）
8	喀麦隆（CMR）	多米尼加共和国（DOM）	印度（IND）	波斯尼亚和黑塞哥维那（BIH）
9	佛得角（CPV）	厄瓜多尔（ECU）	印度尼西亚（INA）	保加利亚（BUL）
10	中非共和国（CAF）	美利坚合众国（USA）	伊朗（IRI）	塞浦路斯（CYP）
11	科摩罗（COM）	危地马拉（GUA）	伊拉克（IRQ）	克罗地亚（CRO）
12	刚果（PGI）	圭亚那（GUY）	约旦（JOR）	丹麦（DEN）
13	刚果民主共和国（COD）	牙买加（JAM）	哈萨克斯坦（KAZ）	西班牙（ESP）
14	象牙海岸（CIV）	巴拉圭（PAR）	吉尔吉斯斯坦（KGZ）	爱沙尼亚（EST）
15	吉布提（DJI）	秘鲁（PER）	科威特（KUW）	芬兰（FIN）
16	埃及（EGY）	苏里南（SOUTH）	黎巴嫩（LBN）	法国（FRA）

续表

序号	非洲（46）	美洲（19）	亚洲（32）	欧洲（42）
17	厄立特里亚（ERI）	特立尼达和多巴哥（TTO）	蒙古（MGL）	格鲁吉亚（GEO）
18	埃斯瓦蒂尼（SWZ）	乌拉圭（URU）	缅甸（MYA）	希腊（GRE）
19	加蓬（GAB）	委内瑞拉（COME）	尼泊尔（NEP）	匈牙利（HUN）
20	冈比亚（GAM）		阿曼（OMA）	爱尔兰（IRL）
21	加纳（GHA）		乌兹别克斯坦（UZB）	意大利（ITA）
22	几内亚（GUI）		巴基斯坦（PAK）	拉脱维亚（LAT）
23	几内亚比绍（GBS）		巴勒斯坦（PLE）	立陶宛（LTU）
24	赤道几内亚（GEQ）		菲律宾（PHI）	卢森堡（LUX）
25	肯尼亚（KEN）		卡塔尔（QAT）	北马其顿（MKD）
26	莱索托（LES）		朝鲜民主主义人民共和国（PRK）	马耳他（MLT）
27	利比亚（LBA）		斯里兰卡（SRI）	摩纳哥（MON）
28	马达加斯加（MAD）		阿拉伯叙利亚共和国（SYR）	黑山共和国（MNE）
29	马拉维（MAW）		泰国（THA）	挪威（NOR）
30	马里（MLI）		土库曼斯坦（TKM）	荷兰（NED）
31	摩洛哥（MAR）		越南（VIE）	波兰（POL）
32	毛里塔尼亚（MTN）		也门（YEM）	葡萄牙（POR）
33	纳米比亚（NAM）			罗马尼亚（ROU）
34	尼日尔（NIG）			俄罗斯（RUS）
35	尼日利亚（NGR）			塞尔维亚（SRB）
36	乌干达（UGA）			斯洛伐克（SVK）
37	卢旺达（RWA）			斯洛文尼亚（SLO）
38	塞内加尔（SEN）			瑞典（SWE）
39	塞拉利昂（SLE）			瑞士（SUI）
40	苏丹（SUD）			捷克共和国（CZE）
41	坦桑尼亚（TAN）			土耳其（TUR）
42	乍得（CHA）			乌克兰（UKR）
43	多哥（TOG）			

续表

序号	非洲（46）	美洲（19）	亚洲（32）	欧洲（42）
44	突尼斯（TUN）			
45	赞比亚（ZAM）			
46	津巴布韦（ZIM）			

附录5　第七届世界军人运动会大事记

2014—2016 年

2014 年 8 月，时任国际军事体育理事会（简称国际军体）主席哈基姆·艾尔西诺上校出席南京青年奥运会期间，与我军代表团会谈，希望中国申办 2019 年第七届世界军人运动会。

2014 年 9 月 12 日，国际军体主席来函邀请我军申办第七届世界军人运动会。原总参谋部向有关省市函商申办事宜。武汉市接函后，经请示湖北省同意，致函原总参谋部递交承办申请。

2014 年 9 月 26 日，国际军体向成员国发函，邀请申办第七届世界军人运动会。

2014 年 9 月 27 日，原总参谋部收到国际军体正式函件，邀请中国人民解放军申办第七届世界军人运动会。

2014 年 9 月 29 日，中央军委批准了原总参谋部上报的我军申请承办 2019 年第七届世界军人运动会的请示，并向各有承办意向的城市函商申办事宜。

2014 年 12 月 29 日，武汉市人民政府向湖北省人民政府正式上报承办申请。

2015 年 1 月 8 日，湖北省人民政府正式致函原总参谋部，明确支持武汉申办第七届世界军人运动会。

2015 年 1 月 12 日，湖北省体育局致函原总参谋部，表示全方位落实承办工作要求，全力支持武汉市承办第七届世界军人运动会。

2015 年 1 月 19 日，习近平总书记正式同意我军申办军运会，并交由湖北省武汉市具体承办。

2015年2月12日，原总参谋部军训部副部长马开平少将一行来汉调研，对部分承办场馆进行了实地考察，并对申办报告进行了修改和审核。

2015年2月24日，国际军体执委会会议在比利时布鲁塞尔举行。会上，应邀出席的原总参谋部领导向大会递交了中国2019年第七届世界军人运动会申办报告，播放了申报城市武汉宣传片，发放了宣传资料，得到执委们的一致认可，会议将湖北武汉正式列入2019年第七届世界军人运动会候选城市。

2015年3月9日，原总参谋部负责人、时任湖北省委书记李鸿忠、时任湖北省省长王国生、时任武汉市市长万勇等领导在北京八一大楼会晤，就湖北武汉申办军运会达成系列共识。

2015年3月11日，时任武汉市副市长刘英姿根据中央军委和省市领导的指示要求，带领湖北武汉申办专班赴京，与原总参谋部军训部就具体申办工作对接，全面展开军地联合申办工作。

2015年3月23—26日，国际军体第三届亚洲会议在南京举行。会议期间，应邀列席会议的湖北省体育局主要领导和时任武汉市副市长刘英姿向时任国际军体主席哈基姆·艾尔西诺报告了湖北武汉申办军运会准备情况，并盛情邀请哈基姆·艾尔西诺主席一行来汉考察。

2015年3月27—28日，时任国际军体主席哈基姆·艾尔西诺率国际军体首席执行官维埃里一行来汉考察。

2015年5月21日，国际军体第70届代表大会在科威特隆重召开，时任主席哈基姆·艾尔西诺宣布：2019年第七届世界军人运动会承办国家为中华人民共和国，承办城市为湖北省武汉市。会上，国际军体与中国国防部和武汉市人民政府，共同签署了《承办国际军体2019年第七届世界军人运动会初步协议》。

2015年10月2—11日，第六届世界军人运动会在韩国庆尚北道首府闻庆市举行。闭幕式上，时任武汉市市长万勇代表下届世界军人运动会举办城市，庄重地从时任国际军体理事会主席哈基姆·艾尔西诺手中接过会旗，原总参谋部军训部副部长马开平代表中国军事体育代表团，接过军运会火种，标志着第七届世界军人运动会进入中国周期"武汉时间"。

2016年7月，习近平总书记批准成立武汉军运会组委会。

2016年9月，习近平总书记批准武汉军运会场馆立项。

2016年12月3日，国防部、武汉市与国际军体在武汉签署《国际军体2019年第七届世界军人运动会承办合同》。时任国际军体主席艾尔西诺一行应邀于11月29日至12月4日来华，对2019年第七届世界军人运动会承办城市武汉进行工作访问。艾尔西诺主席考察了第七届世界军人运动会主会场武汉体育中心，听取了比赛场馆、运动员村及相关配套设施的规划与建设情况汇报，与中方就运动会筹备组织有关问题进行了工作会谈，签署了《2019年第七届世界军人运动会承办合同》，出席了运动员村项目启动活动。

2017年

2017年1月5日，武汉军运会组委会成立大会在北京举行，武汉军运会组委会主席、中共中央政治局委员、时任国务院副总理刘延东，武汉军运会组委会主席、中共中央政治局委员、时任中央军委副主席范长龙出席会议并讲话。军运会筹办工作全面启动。2017年2月20日，第七届世界军人运动会运动员村江夏区黄家湖开工建设。这是世界军运会历时上第一次集中新建运动员村。

2017年5月19日，武汉军运会组委会主席、中共中央政治局委员、时任中央军委副主席范长龙来武汉视察军运会筹备工作情况。

2017年7月3日，湖北省委、省政府成立第七届世界军人运动会湖北省筹办工作领导小组，时任省委书记蒋超良任组长，时任省委副书记、省长王晓东任第一副组长，要求举全省之力，统筹协调、优质高效推进各项筹办工作。

2017年7月5日，武汉军运会执委会成立，武汉军运会组委会副主席、时任湖北省委书记蒋超良，武汉军运会组委会副主席、时任湖北省省长王晓东，武汉军运会组委会副主席兼秘书长、时任中央军委训练管理部部长黎火辉出席会议，并共同为执委会揭牌。执委会下设13个工作部门，负责军运会筹备工作的具体组织实施和组委会日常工作。

2017年7月5日，武汉军运会执委会召开第一次全体会议，武汉军运会执委会主任、中央军委训练管理部副部长杨剑，时任武汉军运会执委会主任、武汉市市长万勇出席会议并讲话。会议通报了武汉军运会执委会内设工作机构负责人名单和工作规则起草说明,以及武汉军运会执委会工作推进计划。

2017年8月2日,第七届世界军人运动会武汉誓师大会在武汉海军工程大学召开,时任省委副书记、武汉市委书记陈一新向全市发起总动员,提出以奥运标准、军人作风、工匠精神,大战800天,努力办成一届国际水准、中国气派、武汉特色的精彩军运会。

2017年9月,武汉军运会执委会签批《武汉军运会开闭幕式筹备工作方案》。

2017年10月12日,武汉军运会执委会第一次主任办公会在武汉召开。会议审议了军运会举行时间、比赛项目设置、会徽吉祥物和口号、火炬传递活动、志愿者工作总体方案8个议题。

2017年10月12日,武汉军运会执委会与中奥体育产业有限公司正式签署"共同开发武汉军运国内市场"合作协议,武汉军运会市场开发工作全面启动。

2017年10月,习近平总书记批准武汉军运会办事经费预算。

2017年11月20—23日,国际军体2017年第三次执委会会议在武汉召开。会议决定武汉军运会于2019年10月18日至27日举行,赛期10天,共设置25个竞赛项目和2个表演项目。

2017年11月24日,国防部在汉召开第七届世界军人运动会专题新闻发布会,军运会会徽、吉祥物、口号同步揭晓,官方网站正式上线,军运会筹备工作进入快车道。本届军运会会徽名为"和平友谊纽带",由"五角星""和平鸽""彩带""7"等元素共同构成。7颗"五角星"寓意世界各国军人在中国"坚持和平发展,构建人类命运共同体"的倡议下,齐聚江城,共庆盛会;上方第一颗星的一角呈现"和平鸽"造型,寓意中国将通过本次军运盛会,向国际社会传递和平发展的理念。会徽的"彩带"造型,既象征中国新时代"一带一路"国际合作愿景,又形似武汉市长江、汉江两江交汇的自然地貌,凸显中国和平发展理念和地域文化特色;彩带呈"7"字形,象征武汉市即将举办第七届世界军人运动会。会徽设计与本次武汉军运会"共享友谊、同筑和平"的赛会主题十分契合。吉祥物名为"兵兵",设计灵感来源于中国一级重点保护野生动物、长江流域的洄游鱼种中华鲟。本届军运会官方网站网址为：http://www.wuhan2019mwg.cn/，将以中、英、法 3 种语言发布军运会信息。

2017 年 11 月，习近平总书记批准中共中央政治局委员、中央军委副主席许其亮接替范长龙任武汉军运会组委会主席。

2017 年 12 月 5 日，武汉军运会执委会在北京召开开闭幕式创意方案定向征集专家评审会。

2017 年 12 月 7 日，由武汉市人民政府办公厅发文成立第七届世界军人运动会武汉市安保工作领导小组及办公室，由时任市委常委、市公安局局长李义龙任组长，市公安、国安、武汉警备区等 16 家市级单位为成员。

2017 年 12 月 21 日，武汉军运会执委会第二次主任办公会在北京召开。会议研究了军运会总规程、竞赛总日程和比赛项目规程、项目竞赛委员会组建、比赛场馆及配套设施安排、信息化建设、安全保卫、火炬传递、会歌和主题推广曲 11 项工作，通报执委会 2017 年工作完成情况，审议并原则通过《第七届世界军人运动会安全保卫工作总体方案》，审议 2018—2019 年筹办工作计划项目清单。

2017 年 12 月 21 日，武汉军运会筹办工作专家委员会委员聘任仪式在北京举行。北京市政协原副主席、原北京奥组委开闭幕式工作部部长张和平等 11 名专家受聘成为专家委员会委员。

2017 年 12 月 27 日，武汉军运会执委会（地方）第二次全体会议召开，强调按照军运会总体工作部署，以"举办"倒逼"筹办"，加大工作力度，加快推进速度，扎实做好各项筹办工作。

2017 年 12 月 29 日，陆军工程大学军械士官学校举行第七届世界军人运动会军事五项筹备誓师大会，来自武汉军运会执委会、中央军委训管部、陆军、武汉市人民政府、驻汉部队领导嘉宾及该校师生近 3000 人参会。

2018 年

2018 年 1 月 22 日，武汉市召开武汉军运会场馆设施项目建设推进工作会，下达了军运会场馆设施建设推进计划，进一步锁定了各项目开竣工时间节点，有关单位现场签订了"军令状"。

2018年1月24日，刘延东同志签批《武汉军运会开闭幕式主创团队组成方案》。

2018年1月29日，武汉军运会执委会启动军运会歌曲征集活动。

2018年1月，武汉军运会组委会批准开闭幕式主创团队组成方案。

2018年1月，中央军委训练管理部军事体育训练中心成立，整合了分布在全国的22个军事体育单位，标志着武汉军运会备赛工作进入系统、高效的组织实施阶段。

2018年2月14日，武汉军运会组委会批准火炬传递筹备工作方案。

2018年2月25日，武汉军运会特许经营工作研讨会召开。

2018年3月3日，武汉军运会票务工作研讨会召开。

2018年3月6日，武汉市安保工作领导小组召开第一次全体会议，对2018年武汉军运会安保工作作动员部署，提出"以一流安保　促一流办事"，确保圆满完成2018年军运会安保工作各项目标任务。

2018年3月7日，开闭幕式导演团队入驻武汉开始创作。

2018年3月9日，武汉军运会执委会启动火炬传递路线调研工作。

2018年3月13日，武汉军运会执委会从1565名报名者中选拔出首批31名骨干志愿者，参与军运会前期筹备工作。

2018年3月23日，武汉军运会执委会在武汉召开专题新闻发布会，正式启动军运会志愿者形象大使评选工作，面向全国全军公开评选志愿者形象大使20名。

2018年3月27日，武汉军运会执委会第三次主任办公会在武汉召开。会议研究了提请组委会召开2018年全体会议事宜，审议并通过了军运会医疗卫生保障工作方案、食品安全保障工作方案，以及军运村规划功能布局、运营筹备工作方案和餐饮服务工作方案。

2018年3月28日，陆军工程大学军械士官学校体育场馆等7个场馆设施项目集中开工，标志着军运会场馆建设由重点推进阶段转入全面建设阶段。

2018年3月30日，武汉军运会执委会在北京召开军运会歌曲创作与征集新闻发布会，邀请全国全军知名词曲作家、歌唱家、唱片公司负责人、解放军运动员代表参加，共商军运会歌曲创作良策。

2018年3月30日，军工企业支持第七届世界军人运动会工作座谈会在北京举行，武汉军运会执委会、工业和信息化部、国家国防科技工业局、中国国防工业企业协会有关领导，各军工集团和下属重点军工企业代表，各军贸公司及其他涉军企业代表共130余人参加。

2018年4月3日，武汉军运会志愿者工作会议在湖北省政府召开，湖北省副省长陈安丽出席会议并讲话，强调要借势推动全省志愿者工作迈上新台阶。省直机关单位、海军工程大学、陆军工程大学军械士官学校、空军预警学院、武汉大学、江汉大学等30多所在汉高校负责人与会，表示将全力支持军运会志愿者工作。武汉军运会计划招募志愿者形象大使20人、骨干志愿者200人、赛会志愿者5万人、城市志愿者20万人。

2018年4月4日，时任湖北省委书记、第七届世界军人运动会湖北省筹办工作领导小组组长蒋超良主持召开会议，听取军运会筹办工作情况汇报，强调要提高政治站位，谋细做实各项筹办工作。时任省委副书记、省长、省筹办工作领导小组第一副组长王晓东出席会议并讲话。

2018年4月9日，时任湖北省委书记、第七届世界军人运动会湖北省筹办工作领导小组组长蒋超良到武汉市调研军运会场馆建设工作，强调以一流标准建设一流场馆设施，为军运会提供最优服务保障。

2018年4月10日，武汉军运会执委会（地方）举行专题新闻发布会，专职新闻发言人亮相，宣布将建立每周新闻发布会制度，陆续开展"武汉军运杯"军民龙舟挑战赛、高校军体"韵动汇"等7项"与军运同行"主题文体活动，促进全民健身，实现军运惠民。

2018年4月20日，国际军体第73届代表大会在多米尼加召开，武汉军运会执委会代表团通报军运会筹备进展情况，得到国际军体及各成员国的一致好评。多米尼加时间4月20日，国际军事体育理事会（以下简称"国际军体"）第73届代表大会在多米尼加蓬塔卡纳召开。武汉军运会执委会副主任兼秘书长、副市长刘英姿报告军运会筹备工作情况，受到各成员国代表的高度认可和一致肯定。

2018年4月25日，武汉军运会志愿者网上报名系统正式上线，第一批赛会志愿者招募工作启动。首批计划面向驻汉军队院校、武汉地区在校大学生及知名志愿者团体招募赛会志愿者1万名。

2018年4月底，武汉市安保工作领导小组组织市公安、信访、维稳、防范、应急、网信、国安等安保成员单位开展武汉军运会安保联勤指挥实战演练，实行集中坐席、联勤办公、24小时运作，依托智慧安保平台，实时开展情报研判、指挥调度、警卫安保、应急处突各项工作，探索建立"1+1+N"联勤指挥机制，确保全市治安大局持续平稳，实现了"绝对安全、形式完美"的任务目标。

2018年4月，综合考量赛事需求和赛后利用，会同市公安局制订出台场馆安防设施建设系列规范文件，明确40类300余项建设标准，将35个场馆安防由强至弱分为三个等级，实行"场馆申报、公安审核、安保备案"的工作流程，严把质量进度，分类组织实施，为军运会安防设施建设提供了"武汉标准"。

2018年5月8—14日，国际军体各竞赛项目主任来武汉考察，与武汉军运会竞赛项目负责人签订跳伞、现代五项、马术、海军五项、军事五项、定向越野6个竞赛项目备忘录，明确竞赛场馆、竞赛器材、竞赛组织等各项技术标准和要求。国际军体考察团此次考察了跳伞、现代五项、马术、海军五项、军事五项、定向越野的比赛场馆，与武汉军运会执委会共同磋商确定了这6个竞赛项目的比赛场馆主要技术标准155条，功能用房技术要求263间，竞赛器材和竞赛组织条款70条，竞赛器材清单135项，形成并签订了这6个竞赛项目的备忘录。考察期间，国际军体官员还对竞赛场馆规划布局、建设情况进行了现场勘察，检查了场馆建设的质量和进度。

2018年5月17日，武汉军运会执委会面向全国公开征集军运会奖牌、奖杯设计方案。

2018年5月31日，武汉军运会执委会发布公告，计划围绕16个业务领域33个岗位，面向全球招聘60名专业人才，做好赛事筹办和赛时运行工作。

2018年5月，习近平总书记批准中共中央政治局委员、国务院副总理孙春兰接替刘延东任武汉军运会组委会主席。

2018年5月，成立火炬传递中心。

2018年6月15日，在东湖组织实施2018"武汉军运杯"军民龙舟挑战赛。

2018年6月15日，解放军备战训练第七届世界军人运动会誓师动员大会在中央军委训练管理部军事体育训练中心举行。

2018年6月25—26日，武汉军运会组委会全体会议在武汉召开，武汉军运会组委会主席、中共中央政治局委员、中央军委副主席许其亮，武汉军运会组委会主席、中共中央政治局委员、国务院副总理孙春兰出席会议并讲话。会议总结前期筹备情况，明确了筹备工作任务清单，要求全力打造国际军事体育赛事的中国标准，打赢筹办攻坚战，一定把武汉军运会办成功、办精彩、办圆满。中央宣传部、外交部、国家体育总局和中央军委国际军事合作办公室有关负责人作了大会发言。26日上午，与会代表考察了军运会运动员村、武汉体育中心主场馆、海军五项比赛场馆。军运会组委会副主席、湖北省委副书记、省长王晓东，军运会组委会副主席、国家体育总局局长苟仲文，军运会组委会副主席、国务院副秘书长丁向阳，中央国家机关有关部门、军队有关单位和湖北省、武汉市有关领导等参加活动。

2018年6月26—30日，新当选的国际军体主席赫尔维·皮奇里洛一行应邀来华，考察第七届世界军人运动会筹办进展，了解场馆设施建设情况，给予高度评价，并代表国际军体签署武汉军运会邀请信。武汉军运会执委会与国际军体考察团举行军运会筹备工作对接会，围绕电视转播事务、市场开发合作、大型活动及礼宾事务等重要事宜以及绿色军运会、团结互助计划、推动残疾军人项目、全民参与、和平友谊林和贵宾邀请等具体事项进行商讨。

2018年6月27日，武汉军运会执委会第四次主任办公会在武汉召开。会议传达学习了组委会全体会议精神，宣读了组委会批准的执委会领导成员名单，审议了军运会接待工作总体方案、倒计时一周年宣传活动方案、开闭幕式导演团队有关事项、火炬及配套设备外观设计方案。

2018年6月27日，第七届世界军人运动会39个项目竞赛委员会组建运行，吹响了军运会项目建设与赛事组织工作的冲锋号。27日下午，湖北省政府新闻办公室召开专题新闻发布会，通报第七届世界军人运动会筹备进展、接待工作总体安排等有关情况。根据通报，参加武汉军运会人数预计将超过3万人。

2018年6月30日，第一批赛会志愿者招募工作完成，通过初筛及资格复审，从2.6万余名报名者中择优选拔出1.27万名第一批赛会志愿者。

2018年7月12日,《人民日报》头版头条刊发报道《筹备世界军人运动会　倒逼绿色发展加速度　武汉：大江大湖大保护》。

2018年8月,武汉军运会组委会主席许其亮、孙春兰签批了《第七届世界军人运动会火炬及配套设备外观设计建议方案》。

2018年8月7日,时任湖北省委书记、第七届世界军人运动会湖北省筹办工作领导小组组长蒋超良深入武汉市部分重点整治区域调研,强调要把办赛事与建城市统一起来,以会促建、以会促变,以务实作风抓好环境综合整治提升,让人民群众有更多获得感。

2018年8月8日,武汉军运会运动员村村委会第一次全体会议召开。军运村村委会是军运村运行管理和领导指挥机构,具体负责军运村的运行及管理工作。赛会期间,军运村将为注册运动员及代表团工作人员提供住宿、餐饮等服务。

2018年8月9日,武汉军运会组委会向国际军体及其138个成员国发出参赛邀请信。8月9日晚6时,武汉市汉口新华下路中国邮政速递物流江汉区分公司的工作人员,开始将封装好的《第七届世界军人运动会邀请信》装车送往天河机场等候航班,分别寄往国际军体理事会总部及其成员国。这标志着武汉军运会正式向全球138个成员国发出参赛邀请。邀请信由武汉军运会组委会主席、中央军委副主席许其亮,军运会组委会主席、国务院副总理孙春兰和国际军体主席赫尔维·皮奇里洛亲笔签署。

2018年8月15日,习近平总书记批准了武汉军运会军队志愿者形象大使人选,10名军队志愿者形象大使从全军现役军人中遴选产生,涵盖了基层指挥员、一线战斗员、院校教员和军事体育运动员等。

2018年9月12日,场馆设施项目建设工作专题新闻发布会在武汉商学院召开,武汉商学院体育馆作为首个完工的军运会项目,标志着军运会场馆设施建设开始集中收官。

2018年9月15日,武汉军运会组委会主席许其亮、孙春兰批准武汉军运会组委会新一届成员单位组成调整方案,调整后的成员单位扩大到15个中央和国家机关,8个军委机关和4个解放军大单位。

2018年9月21日,武汉军运会执委会在武汉市人民政府礼堂召开专题新闻发布会,揭晓武汉军运会志愿者形象大使评选结果,10名军队志愿者形象大使和10名地方志愿者形象大使首次与公众见面。其中，10名军队志愿者形象大使包括全国三八红旗手、陆军某仪仗大队军官程诚，全国第五届道德模范、海军工程大学军官官东，第十三届全国人大代表、空军某航空兵旅军官高东垒，全军爱军精武标兵、火箭军某旅士官朱红军，获英雄航天员荣誉称号的解放军航天员陈冬，全军运动医学分会主任委员、解放军总医院骨科主任医师刘玉杰，全军优秀参谋、海南省军区某部军官蒋勇军，乒乓球世界冠军、军委训练管理部军事体育训练中心八一乒乓球队运动员樊振东，羽毛球世界冠军、军委训练管理部军事体育训练中心八一羽毛球队运动员李雪芮，全国十佳科普使者、武警工程大学军官汪晶晶。10名地方志愿者形象大使分别是知名体育主持人韩乔生、体操世界冠军杨威、被誉为"最美志愿者"的鞠彬彬、"心灵导盲师"张龙、特警女枪王伍森、勇登珠峰女大学生陈晨、公共外交先行者余熙、汉派女企业家胡爱娣、跳水世界冠军刘蕙瑕、创业扶贫的侗族女杰龙敬怡。

2018年9月26日，武汉市召开军运会场馆设施建设工作推进会，出台了武汉军运会场馆设施体育工艺验收、项目竣工验收、供电保障工作责任分工等文件，武汉供电公司与部分场馆单位现场签订了场馆设施公司保障确认书，标志着场馆设施建设重点转入功能完善、运行保障工作。

2018年9月28日，第七届世界军人运动会赛会志愿者培训正式启动。在汉33所高校的志愿者工作相关负责人，以及社会志愿者个人和团体的代表参加。

2018年9月30日，开闭幕式导演团队提交创意方案，由军方主持在北京召开开闭幕式第一次创意方案专家审议咨询会议。

2018年10月17日，国防部举办武汉军运会专题新闻发布会，发布武汉军运会主题推广曲、形象宣传片，通报武汉军运会筹备工作进展，以及我军代表团备赛武汉军运会的情况。

2018年10月16—21日，国际军体主席赫尔维·皮奇里洛一行来武汉访问，对相关区、相关场馆设施建设情况进行指导考察，并出席军运会倒计时一周年晚会。

2018年10月17日，武汉军运会医疗卫生保障专家聘书颁发仪式在武汉举行。

2018年10月18日，湖北省迎军运会工作动员大会在武汉召开，大会落实湖北省委关于武汉军运会筹办工作"四个一流"的庄严承诺，举全省之力推进武汉军运会各项筹办工作。

2018年10月18日，第七届世界军人运动会倒计时一周年晚会"相约武汉 同筑和平"在汉口江滩举办，向世界发出邀请信，揭幕倒计时牌，公开首演武汉军运会部分主题推广曲。省委书记蒋超良、国际军体主席赫尔维·皮奇里洛，省委副书记、省长王晓东，国家体育总局副局长李颖川，中央军委训练管理部副部长杨剑，省委副书记、武汉市委书记马国强共同启动倒计时电子牌。红火的舞台背景，与观众席旁大片的向日葵，一起"点亮"汉口江滩。文艺演出在《和平之盼》的序曲中开启，共分四个篇章。来自军队和地方的演员，联袂献上具有强烈军事风格和浓郁荆楚特色的音乐和舞蹈。晚会上，取自长江、亚马逊河、尼罗河、多瑙河的河水，一同汇入寓意地球的特制容器。当倒计时电子牌启动时，全场欢声雷动、掌声齐鸣，两江四岸随之沸腾。时任武汉市市长周先旺与国际军体秘书长曼比·科伊塔一起，向世界发出"相约2019，相聚武汉军运盛会"的邀约。各界代表组成的24个方阵3000余人共同观看了文艺演出。

2018年10月18日，第七届世界军人运动会第五次主任办公会在武汉召开。会议审议了关于武汉军运会票务政策、参赛代表团手册编撰相关工作、奖牌奖杯设计工作、武汉军运会接待通用政策4个议题。

2018年11月28日，武汉军运会组委会主席许其亮、孙春兰主持召开开闭幕式工作领导小组第一次会议，听取开闭幕式工作筹备情况汇报，研究审议开闭幕式创意方案，就深刻认识办好开闭幕式的重要意义、着力打造世界军运会历史上具有标杆意义的精品佳作、认真落实开闭幕式各项任务作出重要指示。

2018年12月29日，武汉大学大学生体育活动中心率先完成竣工验收，为武汉军运会场馆设施项目开展联合验收试点后首个完成竣工验收的场馆项目。

2019年

2019年1月22日，第七届世界军人运动会第六次主任办公会在武汉召开。会议审议了关于赛时运行指挥体系、开闭幕式票务政策配套工作、礼宾通用政策、媒体名额分配与报名工作、注册和证件管理政策 5 个议题。

2019 年 2 月 2 日，印发《志愿者管理中心组建方案的通知》，明确中心下设综合协调组、运行督导组、服务保障组、开闭幕式工作组、接待服务工作组 5 个组，负责军运会赛时志愿者管理工作。

2019 年 2 月 26 日，时任湖北省委书记蒋超良、省长王晓东专题研究军运会工作，要求坚持问题导向、效果导向，进一步加大环境整治力度，提升城市整体形象，圆满完成筹办军运会的政治任务，让市民在办赛中有更多获得感。

2019 年 2 月 28 日，第七届世界军人运动会赛会志愿者报名查询系统再次上线，拉开第二批赛会志愿者报名序幕。

2019 年 3 月 26 日，武汉军运会组委会主席、中央军委副主席许其亮检查武汉军运会备战练兵和办赛筹备工作，实地察看军事五项、跆拳道、射击等运动队训练情况，要求务必办出一届体现世界一流水平、中国军队特色的军运盛会，力争实现勇夺第一的目标，展现时代气韵、大国气象、强军风貌。

2019 年 3 月 26 日，信息技术运行中心（ITOC）正式成立。

2019 年 3 月 27 日，第七届世界军人运动会 2019 年竞赛组织和测试赛工作大会在武汉召开，军运会组委会副秘书长、国家体育总局副局长李颖川，军运会执委会主任、中央军委训练管理部副部长杨剑，军运会执委会主任、时任武汉市市长周先旺出席会议并讲话。会议公布了军运会 2019 年竞赛组织工作计划。军运会执委会副主任兼秘书长郭建中主持会议。市领导胡亚波、张世华、丁雨参加会议。

2019 年 3 月 28 日，第七届世界军人运动会第七次主任办公会在武汉召开。会议审议了关于武汉军运会火炬传递筹备工作、武汉军运会团结互助工作、武汉军运会赛时运行指挥体系运行规则、武汉军运会金银币设计工作、武汉军运会开闭幕式相关工作、军运村宗教服务工作、武汉军运会注册卡设计工作 7 个议题。

2019 年 4 月 10 日，第七届世界军人运动会摔跤测试赛暨 2019 年全国 U17 国际式摔跤锦标赛在武汉软件工程职业学院体育馆开幕。来自全国 45 支代表队的 615 名运动员将在为期 4 天的比赛中，角逐男子自由式摔跤、男子古典式摔跤和女子自由式摔跤三个项目各 10 个级别的优胜名次。本次比赛由国家体育总局举重摔跤柔道运动管理中心、中国摔跤协会主办，第七届世界军人运动会摔跤竞委会、武汉软件工程职业学院承办，不仅是全国摔跤青少年组锦标赛，同时作为首场测试赛拉开武汉军运会 38 场测试赛序幕。作为军运会比赛的"模拟考试"，参赛代表团、运动员规模与军运会相当，比赛跤种也与军运会一致，目的是希望通过本次测试赛完成摔跤项目全覆盖、全要素、全流程测试，在实战演练中为办好军运会摔跤比赛提供借鉴。同时，作为军运会首次测试赛，比赛还将为其他项目竞赛筹备、联试联调和测试赛准备积累经验。

2019 年 4 月 29 日，第七届世界军人运动会运动员村竣工验收，这标志着世界军运会历史上首次新建的军运村，即将投入运营。武汉军运会军运村 29 日举行建设工程竣工验收仪式。位于武汉江夏区黄家湖畔的军运村，总占地面积 848.7 亩，包括 30 栋公寓，以及餐厅、后勤用房等设施，赛时可提供 1900 余套住房。军运会举办期间，军运村将为上万名运动员及代表团工作人员提供食宿服务。世界军运会被称为"军人奥运会"。第七届世界军人运动会将于 10 月 18 日至 27 日在武汉举行，届时将有来自 100 多个国家和地区的近万名现役军人同台竞技。走进军运村，粉墙黛瓦、彩绘门楣、院落天井等建筑群落，居住区布设拱门、假山、水榭、廊桥等中式建筑，加上屋顶"马头墙"建筑装饰、梅兰竹菊荷等园林景观，充分彰显"江夏民居、荆楚风格"的传统建筑特色。军运村公寓内住房设有 8 种户型，面积从 105 平方米到 165 平方米不等。每套公寓设 4 个至 7 个床位，设有两个卫生间，一个交流厅、餐厅和厨房。

2019 年 5 月 11 日，时任湖北省委书记蒋超良调研武汉军运会筹办工作，强调要倒排工期、压实责任、加压奋进，以临战姿态优质高效做好各项筹办工作。

2019 年 5 月 25 日，国家体育总局局长苟仲文到湖北调研体育工作，与时任湖北省省长王晓东等座谈时表示，将共同研究和协调推进军运会筹办工作，完成好赛事组织、测试比赛等任务，努力实现"办赛水平一流、参赛成绩一流"目标。

2019 年 5 月 28 日，第二批赛会志愿者报名结束，两批次报名总人数约 9.02 万人。

2019 年 6 月 15 日，第七届世界军人运动会组织委员会制发《关于印发赛时运行指挥体系方案的通知》（军运组〔2019〕3 号），明确了赛时运行指挥体系由指挥层和执行层构成。指挥层下设联合指挥部办公室、竞赛与场馆运行部、大型活动部、外事与接待部、宣传工作部、安全保卫部、交通运输部、食品医疗部、赛会服务部和军运村村委会 10 个机构。执行层由 38 个项目竞赛委员会，开闭幕式运行中心、火炬传递中心、抵离中心、接待中心、礼宾中心、翻译中心、主新闻中心、广播电视中心、媒体服务中心、志愿者管理中心、制证中心、交通运行中心、食品供应与安全保障中心、医疗保障调度中心、信息技术运行中心、注册中心、物资中心、票务中心 18 个专项工作中心和军运村运行管理委员会组成。另外由国家体育总局牵头成立反兴奋剂中心，市区职能部门组建市、区城市运行保障机构。

2019 年 6 月 19 日，国新办"长江经济带建设与湖北高质量发展"新闻发布会上，武汉军运会组委会副主席、时任湖北省委书记蒋超良宣布武汉军运会所有场馆建设任务如期完成，并已经测试完毕，场馆建设体现了"中国速度"。

2019 年 6 月 21 日，武汉军运会组委会第三次全体会议在北京召开。时任湖北省委书记蒋超良出席会议并代表赛事运行指挥体系指挥长作表态发言。许其亮副主席、孙春兰副总理作重要讲话。会议强调，要像组织一场战役一样，高标准、高质量搞好临战准备，举办一届世界水平、中国气派、精彩圆满的国际体育盛会。

2019 年 6 月 28 日，第七届世界军人运动会执行委员会第八次主任办公会在联合指挥部综合运行管理中心召开。会议由执委会副主任兼秘书长郭建中简要传达组委会第三次全会重要会议精神。集中研究审议了关于开幕式场馆田径比赛转场工作、赛时运行指挥体系第一次指挥长会议、倒计时 100 天誓师大会、执委会各部门落实问题关门日责任机制摸排提报问题、武汉军运会测试赛推进情况、军运会体育比赛票务政策配套方案、军运会门票票面设计及防伪选型工作、火炬传递运行保障工作、军运会安保通用政策、竞赛运动枪支弹药安全保卫工作方案、军运会运动员村安全保卫工作方案、军运会开幕式安全保卫工作方案 12 个议题。

2019年7月9日上午10时，国务院新闻办公室举行新闻发布会，第七届世界军人运动会执委会副主任兼秘书长、中央军委训练管理部军运会执委会办公室主任郭建中，第七届世界军人运动会执委会副主任兼秘书长、中共武汉市委常委、武汉市人民政府常务副市长胡亚波介绍武汉军运会筹办工作进展等方面情况，并答记者问。

2019年7月10日上午，第七届世界军人运动会倒计时100天誓师大会在武昌洪山礼堂举行，军运会组委会副主席、赛时指挥长、时任湖北省委书记蒋超良，军运会组委会副主席兼秘书长、赛时指挥长、中央军委训练管理部部长黎火辉出席大会并讲话。时任湖北省政协主席徐立全出席大会。军运会赛时指挥长、时任湖北省委副书记、武汉市委书记马国强主持大会。军运会组委会副主席、赛时指挥长、时任湖北省省长王晓东出席大会并监誓。军运会执委会主任、赛时执行指挥长、中央军委训练管理部副部长杨剑，军运会执委会主任、赛时执行指挥长、时任武汉市长周先旺领誓，军运会赛时运行指挥体系指挥层"一办八部一委"主要负责人庄严宣誓："军运盛会，华夏荣光；国家使命，吾辈担当；办赛方针，遵循不忘；两个一流，中国气象；军地同心，团结榜样；精彩圆满，誓创辉煌！"誓言铿锵有力，震撼全场。

2019年7月10日上午，第七届世界军人运动会赛时运行指挥体系第一次指挥长会议在武昌洪山礼堂召开。组委会副秘书长、赛时指挥长、时任湖北省委副书记、武汉市委书记马国强宣布赛时运行指挥体系指挥层"一办八部一委"副职领导名单、执行层38个项目竞赛委员会、军运村运行管理委员会及18个专项工作中心主要负责人名单。组委会副主席、赛时指挥长、时任湖北省省长王晓东宣布赛时运行指挥体系运行规则。会议由组委会副主席兼秘书长、赛时指挥长、中央军委训练管理部部长黎火辉主持。组委会副主席、赛时指挥长、时任湖北省委书记蒋超良出席会议并讲话。

2019年7月10日，第七届世界军人运动会金银纪念币和纪念邮票各一套，分别由中国人民银行和中国邮政集团公司正式发行。第七届世界军人运动会金银纪念币共6枚，其中金质纪念币1枚，银质纪念币5枚，均为中华人民共和国法定货币，纪念币正面图案均为第七届世界军人运动会会徽，并刊国名、年号，背面图案以射击、游泳、跳伞、军事五项障碍跑等军运会比赛项目的运动造型、军运会吉祥物"兵兵"、武汉体育中心以及梅花、黄鹤楼等武汉元素为主，衬以会徽相关图形元素组合设计，并刊"第七届世界军人运动会"字样及面额。第七届世界军人运动会纪念邮票为1套4枚，邮票设计选取了田径、标枪、军事五项、障碍跑、海军五项、航海技术和跳伞、四人造型等运动项目为主要图案，画面背景分别有军运会开幕式主场武汉体育中心，军事五项、海军五项等比赛场馆，以及武汉长江大桥和黄鹤楼。

2019年7月19日，第七届世界军人运动会赛时联合指挥部执行指挥长杨剑到联合指挥部办公室（综合运行管理中心）专题调研联合指挥部办公室运行工作。

2019年7月25日，赛时联合指挥部执行指挥长第一次会议在联合指挥部综合运行管理中心召开。联合指挥部"一办八部一委"主要负责同志分别汇报了本部门组建运行情况和下步工作安排。赛时联合指挥部执行指挥长、中央军委训练管理部副部长杨剑，赛时联合指挥部执行指挥长、时任武汉市市长周先旺召集会议并讲话。军委纪委监委第二派驻纪检监察组副组长饶成勇，"一办八部一委"主要负责同志等参加了会议。

2019年7月26日上午，武汉军运会执委会与中国移动湖北有限公司在汉召开新闻发布会，宣布中国移动成为武汉军运会电信运营服务合作伙伴，将为赛会提供多项包括5G应用的优质通信服务。

2019年7月29日，武汉军运会首场应急模拟演练在武汉软件工程职业学院举行，此次模拟演练以提高各竞委会联防联动水平和应急处置能力为主要目的。当天参演的人员是以该校为主体组建的军运会摔跤项目竞委会工作人员。应急模拟演练主要采取情景模拟形式，针对竞赛项目特点设计穿插了可能遇到的突发事件。参加模拟演练的46名工作人员分为4个小组，分别前往4个演练地点，在相互隔离的情况下，对给定场景中的模拟突发事件，在限时10—15分钟内进行应对处置，要求参演人员迅速反应、及时沟通、正确处理。处置结束后，全体参演人员返回主会场，在军运会风险管理第三方团队的带领下进行复盘总结。

2019年8月1日，第七届世界军人运动会圣火火种采集和火炬传递启动仪式在江西省南昌市举行。采火仪式现场设置在人民军队诞生地、八一南昌起义纪念馆内革命旧址前。火炬传递启动仪式现场设置在以南昌起义为主题的八一广场。在 1500 多名军民的见证下，第七届世界军人运动会执行委员会主任杨剑用来自人民军队诞生地的火种，点燃了安放在八一南昌起义纪念塔前的圣火盆。国际军事体育理事会秘书长曼比·科伊塔点燃第一支火炬。下一步火炬传递将在军营和承办城市武汉进行。

2019 年 8 月 1 日，武汉军运会赛时运行组织机构宣告组建完成，标志着赛时运行指挥体系进入正式运行阶段。赛时运行指挥体系是军运会赛时赛事运行和城市运行的指挥、控制、协调系统，包括指挥层"1 办 8 部 1 委"，即联合指挥部办公室、竞赛与场馆运行部、外事与接待部、大型活动部、宣传工作部、安全保卫部、交通运输部、食品医疗部、赛会服务部、军运村村委会；执行层 38 个项目竞赛委员会、18 个专项工作中心和军运村运管会、反兴奋剂中心等机构。

2019 年 8 月 8 日，第七届世界军人运动会官方票务网站（https：//tickets.wuhan2019mwg.cn）正式上线，即日起，全球用户可登录官方票务网站，进行实名制注册，开启武汉军运会观赛之旅的第一步。

2019 年 8 月 17 日，赛时联合指挥部执行指挥长第二次会议在联合指挥部综合运行管理中心召开。会上，联合指挥部办公室副主任汇报了赛时运行指挥体系各机构运行情况；联合指挥部办公室综合信息组、业务协调组负责人汇报了第一次综合演练工作和 I 级突发事件应急预案编制情况。赛时联合指挥部执行指挥长、中央军委训练管理部副部长杨剑，赛时联合指挥部执行指挥长、时任武汉市市长周先旺召集会议并讲话。

2019 年 8 月 23 日上午，军运会接待中心会同武汉市各相关部门，在武汉玛雅嘉途酒店主办了一场应急综合演练。现场进行了食品安全事件应急处置演练、公共卫生及医疗事件突发处置演练、治安突发事件应急演练（斗殴事件应急处置）、特种设施设备应急演练（电梯困人处置）、供电故障应急演练（突发电力故障处理）、燃气管道泄漏处理、酒店内突发事件应急演练（物品丢失）、供水突发事件应急演练（突发停水处理）、反恐应急演练（可疑爆炸物品处理）、消防疏散演练、酒店突发事件（坠楼事件应急处置）、消防应急演练（消防灭火救援演练）12 个科目的演练。

2019 年 8 月 23 日，第七届世界军人运动会特许商品官方网络旗舰店正式上线。即日起，可登录 http：//mall.jd.com/index-10049426.html，在线选购武汉军运会官方特许商品，享受方便快捷的购物体验。

2019年8月28日，武汉军运会执委会正式启动军运会比赛门票销售，同时公布了武汉军运会门票的票样。即日起，全球公众可通过武汉军运会官方票务网站（https：//tickets.wuhan2019mwg.cn）和全国89家线下官方门票代售网点预订比赛门票。

2019年8月29日，在中央军委训练管理部军事体育训练中心举行第七届世界军人运动会中国人民解放军体育代表团成立暨誓师动员大会。我军体育代表团成员集体宣誓："祖国荣誉、使命如山，顽强拼搏、奋勇争先，尊重对手、尊重裁判，文明守纪、干净参赛，传递友谊、彰显风范，扬我军威、壮我国威！"铿锵誓言点燃热血激情，宣示必胜决心。

2019年9月6日，在武汉市委会议中心召开赛时联合指挥部指挥长联席会议，赛时联合指挥部指挥长马国强，执行指挥长杨剑、周先旺出席会议，军运会赛时运行与城市运行机构相关负责人参会。会议听取13个工作部工作进展情况汇报；综合演练情况；存在的需要其他部门配合解决的困难和问题；需要国家层面支持的工作事项。

2019年9月21日，武汉军运会执委会开展第一次协同综合演练。赛时运行指挥体系指挥层各部、执行层各机构参与综合演练。中央军委训练管理部部长黎火辉出席并观看了综合演练。

2019年9月21日，军运会女子篮球竞委会开展第一次综合演练。根据执委会的要求，本次演练的主要任务是以竞委会的综合指挥工作为主线，以赛事工作和场馆运行工作为重点，以精准协同常态运行工作为抓手，以联动处置突发事件为关键，组织开展全时段全部门全流程的演练。

2019年9月21日，第七届世界军人运动会特许商品发布仪式在武汉洪山礼堂举行。由中国工艺美术大师吴元全领衔创作的玉雕作品《军运徽宝》，由100名将军联袂书写的特制书法长卷《军中宝典》，以及纪念券形制产品《稳操胜券》《胜券在握》和《军礼炮》首次发布，并同期于全国销售。

2019年9月24—25日，国家体育总局苟仲文一行来汉调研武汉军运会筹备工作。

2019年9月25—26日，第七届世界军人运动会组织委员会开展筹备工作检查调研。军运会组委会主席、中共中央政治局委员、中央军委副主席许其亮，军运会组委会主席、中共中央政治局委员、国务院副总理孙春兰，带领组委会成员察看武汉体育中心主场馆，检查开幕式筹备情况和军运村设施设备、管理运行情况，听取组委会成员单位关于筹备办赛和我军代表团备战练兵情况等汇报，专题研究解决矛盾问题。

2019年9月26日下午，在国防部例行记者会上，国防部新闻局副局长、国防部新闻发言人任国强大校发布关于第七届世界军人运动会的消息：军运会各项工作已准备就绪。

2019年9月29日下午，由中国电影资料馆、湖北省电影局支持，湖北长江电影集团公司主办的"与军运同行"公益电影展映活动开幕式在武商摩尔国际影城举行。军运会期间，将有包括《古田军号》《血战湘江》《云在故乡等我》《花滑女王》四部国内外体现军人面貌和运动员精神的优秀电影，在武汉市的三家影城面向社会各界群众进行公益展映。

2019年9月30日下午，为动员全体志愿者进一步坚定信心、提振士气、顽强拼搏、攻坚克难，圆满完成军运会各项志愿服务工作，志愿者誓师大会在洪山礼堂举行。省委常委、省委宣传部部长王艳玲，执委会副主任兼秘书长、军执办主任郭建中出席活动。执委会副主任、武汉市委常委、宣传部部长张世华主持誓师大会。

2019年10月8日，在军运会开幕式倒计时10天之际，第七届世界军人运动会国际广播电视中心（IBC）正式运行启用。军运会期间，IBC将提供国内外持权转播商各类专业的广播电视服务。

2019年10月10日上午，军运会执委会在武汉会议中心举行第七届世界军人运动会奖牌发布暨颁奖物资展示新闻发布会，正式揭开了本届军运会奖牌、奖杯等颁奖物资的神秘面纱。

2019年10月10日，第七届世界军人运动会官方游戏《兵兵突击》发布。这款新闻游戏通过军运会火炬传递、交互式比赛竞技，让公众能在线上了解军运会、参与军运会。

2019年10月11日，第七届世界军人运动会运动员村举行"开村"暨中国代表团入村欢迎仪式。仪式上，执委会主任、军运村村长、中央军委训练管理部副部长杨剑宣布第七届世界军人运动会运动员村开村。执委会副主任、军运村执行村长、武汉市人民政府副市长徐洪兰致辞，军运村执行副村长王清华和中国代表团副团长许永鹏互赠纪念品。

2019年10月12日，军运会赛时联合指挥部召开指挥长联席会议，对下步工作进行再鼓劲、再动员。时任湖北省委副书记、武汉市委书记、赛时联合指挥部指挥长马国强出席会议强调，要深入贯彻落实习近平总书记"办好一次会，搞活一座城"重要指示精神，按照省委"四个一流"要求，以更加昂扬的斗志和耐心细致的工作，迎接军运大考，确保不负中央重托、不负城市荣光、不负市民期待。时任武汉市市长、赛时联合指挥部执行指挥长周先旺主持会议。

2019年10月12日，《与军运同行——武汉军运会观赛指南》《兵兵带你看军运——武汉军运会青少年知识读本》两本读物在武汉军运会执委会指挥中心首发。

2019年10月14日，第七届世界军人运动会新闻信息服务平台（INFO系统）正式上线，中外注册媒体记者可登录该平台查阅、下载军运会精彩赛事图片、文字和短视频素材。

2019年10月14日晚，第七届世界军人运动会在武汉体育中心举行了开幕式预演，开幕式采用国内首创也是目前世界上最大的全三维立体式舞台，整个舞台首次大面积使用投影技术，并与灯光效果、LED显示技术实现完美结合，在开幕式演出中，长江、黄河多次以实体水景形式出现，麦田、丝绸之路、"一带一路"等也以新颖的形式出现在舞台上，荆楚文化、武汉特色也将在开幕式中有所体现，现场还将有真人版清明上河图，或见水上行舟、河上架桥、桥上行人，变为一幅最生动的《清明上河图》，现场还有《我们的队伍向太阳》《黄河大合唱》等歌曲。

2019年10月16日上午，第七届世界军人运动会火炬传递活动最后一站在武汉东湖绿道举行。传递线路全长7公里，100名军队火炬手、地方火炬手、外籍火炬手完成了火炬传递。来自黄石的跳水奥运冠军刘蕙瑕是第5棒火炬手。最后一棒火炬手、田径世界冠军张文秀手持火炬抵达终点东湖楚城。随后，军运会圣火被收回火种灯中，将从这里传送到第七届世界军人运动会开幕式现场。上午10点，军运会女排比赛在武汉江汉大学体育馆开打，对阵的双方是巴西队和加拿大队，最终，实力占优的巴西女排3∶0战胜加拿大队。这也是本次军运会的第一场比赛，标志着军运会进入"竞赛时间"。

2019年10月18日，第七届世界军人运动会在湖北省武汉市隆重开幕。中共中央总书记、国家主席、中央军委主席习近平出席开幕式并宣布运动会开幕。第七届世界军人运动会组委会主席、中共中央政治局委员、中央军委副主席许其亮，国际军事体育理事会主席皮奇里洛，国际奥林匹克委员会主席巴赫分别致辞。随后，开幕式文艺表演《和平的薪火》拉开序幕。文艺表演上篇"泱泱华夏·生生不息"，分文明之光、和合之道、江山如画、丝绸之路、星星之火5个节目，通过回溯历史，展现源远流长的华夏文明和博大精深的中国古代军事文化，及其为推动人类社会进步作出的重要贡献。下篇"路路相连·美美与共"，分和平之师、新的天地、"一带一路"、命运与共、梦想腾飞5个节目，通过展望未来，展示人民军队强军兴军崭新风貌，展现中华民族走向复兴磅礴气象，传递中国人民同世界各国人民一道推动构建人类命运共同体坚定信念。整场表演以母亲河和黄土地为笔墨，以丰富多彩的灯光舞台效果塑造了"中华母亲"形象，传递出世代中华儿女追求和平、维护和平的美好愿望和不懈努力。整个开幕式圆满成功！仪式演出创意新颖、场面震撼，为全世界呈现了一场气势恢宏的视觉盛宴。整个环节组织有序、保障有力、安全顺利，实现了精彩圆满、万无一失的目标。

2019年10月19日，第七届世界军人运动会迎来开幕后首个比赛日，八一射击队为中国代表团射落军运会首金！开幕式火炬手之一金泳德领衔的射击队获得了男子25米手枪军事速射团体金牌，这也是本届军运会产生的首枚金牌。谢振翔、金泳德、姚兆楠组成的队伍虽然在比赛中遭遇意外情况，但在重压下充分展现了威武之师的英雄本色。在一路领先打到最后10发子弹时，谢振翔突然遇到"手枪螺丝脱落"的意外，这位老将并未慌乱，尽量将意外因素影响降至最低。首次参加军运会的"95后"小将姚兆楠，在一度落后的情形下有颗"大心脏"，彰显了中国军体健儿顽强拼搏、永不言败的精神面貌。"首金"之外，当天军运会赛场还创造了几个"首次"。除了首次参加军运会就夺金的姚兆楠，在本届军运会首次设立的乒乓球项目中，名将樊振东带领的中国队在男子团体小组赛A组比赛中以两个3∶0先后轻取希腊队和朝鲜队，取得"开门红"。马术场地障碍赛团体和个人赛中，首次组队参赛的中国队发挥稳定，在当日比赛过后暂列第15名，成绩最好的毛立新居个人赛第19名。空军五项是军运会最具军事特色的项目之一。在19日进行的飞行比赛中，廖伟华以总分第一的成绩将金牌收入囊中。

2019年10月27日,第七届世界军人运动会跳水男子双人3米板决赛在湖北省武汉市举行,中国组合王宗源/谢思埸以472.20分获得冠军,另一对中国组合马德鹏/彭健烽以428.94分获得亚军。随着最后两个单项比赛结果的揭晓,跳水赛场也鸣金收兵。中国组合王宗源、谢思埸以472.20分的总成绩拿下男子双人3米跳板的金牌,两人后又与马德鹏、彭健烽组合共同拿下男子团体的金牌。接连收获两枚金牌,让中国军团在本届军运会跳水赛场上以11金6银的抢眼表现圆满收队。有着"水上马拉松"之称的公开水域项目当日同样迎来收官战,游泳5公里男女混合团体决赛中,代表东道主出场的4位选手状态不俗,最终交出56分48秒的成绩单,摘得铜牌,与夺金的法国队之间仅有6.2秒的微弱差距。值得一提的是,这枚铜牌也是中国代表团在本届公开水域赛场上的首枚奖牌。铁人三项在一天之内高效比完全部赛程,而比赛的激烈程度,也无愧于被安排在收官日进行的赛事计划。8枚金牌被7国选手摘得,手握两金的加拿大成为该项目的最大赢家。在精英组女子团体与混合团体两项决赛中,均有东道主选手以第三名的成绩站上领奖台,中国军团也得以再添两铜。继前一天的女足决战中国八一队遭朝鲜绝杀遗憾落败后,压轴大戏男足决赛27日下午在巴林与卡塔尔之间上演。经过沉闷的上半场比拼,双方易边再战后大开大合展开对攻,最终,巴林队以3∶1笑到最后,将军运会的最后一金收入囊中。铜牌战早些时候结束,阿尔及利亚4∶0大胜朝鲜,这也是阿尔及利亚代表团在本次大赛中收获的第6枚奖牌。伴随男足决赛主裁吹响的终场哨声,历经9日"多线战斗",本届军运会比赛已经全部结束,主场作战的中国军团取得骄人成绩。

2019年10月27日晚,第七届世界军人运动会在湖北省武汉市圆满落下帷幕。第七届世界军人运动会组委会主席、中共中央政治局委员、中央军委副主席许其亮宣布第七届世界军人运动会闭幕,第七届世界军人运动会组委会主席、中共中央政治局委员、国务院副总理孙春兰致闭幕词。19时40分,闭幕式正式开始。在雄壮的中华人民共和国国歌声中,鲜艳的五星红旗冉冉升起。随后,各参赛国代表团旗手举国旗入场。现场播放第七届世界军人运动会的赛事视频和志愿者服务视频集锦,展现各国军人运动员征战赛场、追逐梦想的风采,反映志愿者和工作人员全心投入、服务赛事的奉献精神。闭幕式文艺表演以"友谊的纽带"为主题，分为"我们相聚在一起""美丽武汉欢迎你"两个篇章，演出以荆楚文化为依托，以独具武汉特色的各类元素为形象，奉献了一场传统艺术与现代科技相融的视听盛宴。文艺表演后，国际军事体育理事会主席皮奇里洛和时任武汉市委书记马国强先后致辞。伴随着国际军事体育理事会会歌的旋律，国际军事体育理事会会旗缓缓落下。开幕式中的"现代士兵"出现在名为"和合"的火炬塔前，将圣火引入手中的"和平尊"，燃烧了10天的第七届世界军人运动会主火炬渐渐熄灭。

2019年10月28日，国际军体主席赫尔·维皮奇里洛一行就到访武汉军运会执委会，向参与筹备举办军运会的中方人员表示感谢。国际军体主席赫尔维·皮奇里洛、国际军体秘书长多拉·曼比·科伊塔、国际军体武汉军运会事务主管奥利维尔·维埃里、国际军体武汉军运会事务副主管约瑟夫·巴卡利一行四人在武汉军运会赛时联合指挥部办公室（MOC），与武汉军运会执委会副主任兼秘书长、军运会执委会办公室（军队）主任郭建中大校，军运会执委会副主任、武汉市人大常委会副主任丁雨进行亲切会谈，对中国军方和武汉市再次表示祝贺和感谢。

2019年11月19日，第七届世界军人运动会组委会第四次全体会议暨总结大会京举行，会议深入学习领会习近平总书记重要指示精神，全面总结军运会成功经验，弘扬激发奋进新时代、创造新辉煌的精神和力量，为实现中国梦强军梦接续奋斗。军运会组委会主席、中共中央政治局委员、中央军委副主席许其亮，军运会组委会主席、中共中央政治局委员、国务院副总理孙春兰，出席会议并讲话。会上，军运会组委会作了工作总结。中央和国家机关有关部门、军队有关单位和湖北省、武汉市领导等参加会议。

（编辑整理：曾曌、罗颖、李春洋）

参考文献

中文专著

曹可强:《体育产业概论》,复旦大学出版社2018年版。

陈丹:《夏季奥运会项目竞技实力格局的演变特征及影响因素研究》,武汉大学出版社2016年版。

陈少峰、王建平、宋菲:《体育产业与足球产业报告2019》,浙江工商大学出版社2019年版。

程维:《叙事学视阈中的新闻编译:参考消息与美国媒体北京奥运会报道》,世界知识出版社2012年版。

方正辉:《我和你:北京第29届奥运会开幕式文化典藏》,新星出版社2008年版。

高毅存:《奥运会城市的场馆规划与设计》,中国建筑工业出版社2003年版。

黄莉:《地域文化传承书系——对北京奥运会的文化自觉》,中国书籍出版社2015年版。

江小涓:《体育产业的经济学分析:国际经验及中国案例》,中信出版社2018年版。

李颖川:《体育蓝皮书:中国体育产业发展报告(2019)》,社会科学文献出版社2020年版。

宁丰:《荣誉殿堂:北京奥运中国冠军的故事(3)》,中国社会出版社2010年版。

潘叶红:《梦想与荣耀:世界大型体育运动会火炬进化史》,南方日报出版社 2016 年版。

孙承华、伍斌、魏庆华、张鸿俊、尹振华、于洋：《冰雪蓝皮书：中国冬季奥运会发展报告（2017）》，社会科学文献出版社 2017 年版。

覃明贵、孙淑华：《奥运　轶闻　礼俗——历届奥运会与东道主》，华文出版社 2008 年版。

王敏、杭海：《云与气——北京 2008 年奥林匹克运动会核心图形及奥运形象景观系统设计》，中国建筑工业出版社 2012 年版。

王文华：《决战希腊奥运会（时空隧道之奇遇古文明 3）》，福建科技出版社 2019 年版。

肖复兴：《其实奥运会已经开始》，新华出版社 2008 年版。

鲁勇：《场馆运行论——北京奥运会启示录》，北京出版社 2010 年版。

原博：《和谐之美——北京奥运会形象景观研究》，重庆大学出版社 2012 年版。

郑也夫：《奥运会与世界杯》，中国发展出版社 2016 年版。

中文期刊

蔡运涛、梁建勋：《北京冬奥会对河北冰雪体育产业影响研究》，《河北广播电视大学学报》2018 年第 2 期。

陈培德：《2008 年北京奥运会对中国社会经济发展的影响》，《体育科学》2003 年第 1 期。

杜光宁、卢志成、程士钧：《后北京奥运时期我国群众体育的发展策略分析——东京奥运会后日本大众体育发展的启示》，《广州体育学院学报》2011 年第 1 期。

范姣姣：《里约奥运会新规则对中国女排技战术的影响》，《体育大视野》2017 年第 21 期。

唐凤成、姜博：《2008 年奥运会对中国体育发展的影响》，《渤海大学学报》2006 年第 3 期。

付斌：《北京奥运会对我国群众体育发展的影响研究》，《体育大学学报》2010 年第 42 期。

付磊：《奥运会对主办地的经济影响》，《改革与理论》2002 年第 10 期。

葛丽华：《2008 年北京奥运会对中国体育文化发展的冲击和影响》，《江西金融职工大学学报》2006 年第 4 期。

龚萍萍：《2022 冬奥会对张家口城市文明发展的影响》，《体育前沿》2019 年第 17 期。

郭红：《奥运会对城市节庆活动的影响》，《城市问题》2013 年第 9 期。

郭龙：《2008 年北京奥运会对中国经济的影响》，《赤峰大学学报》2006 年第 2 期。

郭敏刚、刘同员、胡庆山、王健：《北京奥运会对我国村落农民体育的影响》，《体育学刊》2010 年第 5 期。

郭远兵：《体育文化介入社会融合的多模态话语分析——以北京奥运会开幕式为例》，《吉林体育学院学报》2018 年第 1 期。

户良斌：《北京冬奥会对华北地区区域经济的影响与对策》，《经济研究导刊》2007 年第 27 期。

黄帆：《社会符号学视角下的多模态话语分析——以 2012 年伦敦奥运会吉祥物为例》，《闽南师范大学学报》2014 年第 2 期。

黄莉：《夏奥会中国与主要对手国竞技体育国际影响力的评价研究》，《北京体育大学学报》2019 年第 4 期。

霍德利、刘龙飞、袁野、陈学铭、赵彬彬：《基于熵权法北京冬奥会社会风险预警指标权重研究》，《沈阳体育学院学报》2019 年第 5 期。

李佳宝、孙葆丽：《青奥会与奥运会遗产之比较》，《南京体育学院学报》2017 年第 2 期。

李健、罗芬、邓金阳：《国内外奥运旅游研究进展综述》，《旅游学刊》2007 年第 9 期。

李向：《北京奥运会志愿者"场校对接"组织管理模式探讨》，《军事体育进修学院学报》2008 年第 3 期。

李洋：《谈奥运会对承办地经济的影响》，《合作与经济》2015 年第 10 期，《教育理论与实践》2014 年第 21 期。

李益群：《成功申办与举办第 29 届奥运会对中国社会环境的影响》，《中国体育科技》2001 年第 7 期。

刘建兵：《2008 年北京奥运会对社区体育发展的影响》，《首都体育学院学报》2007 年第 6 期。

吕钶：《北京奥运会对我国西部欠发达地区农村体育影响研究》，《湖北体育科技》2012 年第 1 期。

罗秋菊：《世界大型事件活动对旅游业的影响以及对中国的启示——以历届奥运会和韩国世界杯为例》，《商业研究》2013 年第 271 期。

马岳良：《2008 年奥运会对中国旅游业的影响及对策》，《南京体育学院学报》2004 年第 2 期。

亓圣华、李繁荣：《大型运动会对举办城市公共文明指数的影响研究》，《吉林体育学院学报》2013 年第 3 期。

钱娅艳、张君、韩庆丽：《北京奥运会对社会软环境的影响》，《北京大学学报》2010 年第 4 期。

乔东方：《承办奥运会风险对策分析——基于匈牙利等城市放弃承办奥运会的启示》，《体育大视野》2018 年第 35 期。

卿平：《关于奥运会正经济的影响因素分析》，成都教育学院学报》2003 年第 9 期。

任海：《抓住北京奥运会契机，发展我国群体事业》，《体育科研》2005 年第 4 期。

桑晓翠：《基于北京冬奥会的承办对河北省体育休闲产业发展的研究》，《社会体育学》2018 年第 4 期。

唐少清：《奥运会对北京会展业发展的影响研究》，《管理学报》2007 年第 4 期。

施锦芳：《日本 2020 年东京奥运会的经济动机，经济活动及经济效应》，《现代日本经济》2019 年第 6 期。

孙葆丽、沈鹤军、徐子齐、张涛：《夏季奥运会和冬季奥运会与环境互动关系之比较》，《武汉体育学院学报》2018 年第 10 期。

索奇山：《奥运会商业开发的融资方式及对举办国经济的影响》，《体育成人教育学刊》2003 年第 3 期。

王诚民：《举办冬奥会对提升中国国际形象价值的研究》，《体育文化导刊》2015 年第 9 期。

王结春：《竞技体育社会效应研究——基于"里约奥运会"大数据检验》，《北京体育大学学报》2017 年第 6 期。

王开永、李松、章洁：《奥运经济乘积效应对举办国经济增长的研究》，《广州体育学院学报》2017 年第 1 期。

卫才胜:《现代奥运会技术的社会建构研究》,《武汉体育学院学报》2019年第1期。

吴畏:《2008年奥运会对中国体育旅游发展的影响》,《燕山大学学报》2003年第4期。

肖剑、蒋新国:《大型综合性体育赛事对举办城市体育发展的影响研究——以广东省第十三届运动会为例》,《惠州学院学报》2011年第3期。

肖琳琳、连洋:《2022年冬奥会对我国大众冰雪运动发展的影响》,《黑龙江科学》2019年第1期。

徐成龙:《以海外游客视角分析北京奥运会对旅游目的地的影响———基于对网络旅游博客的内容分析》,《湖北体育科技》2018年第7期。

许贵家:《2008年北京奥运会对中国学校体育的影响》,《长春师范学院学报》2006年第2期。

许晓峰、陈静飞、王磊:《2008年北京奥运会对河北省群众体育发展的影响》,《河北理工大学学报》2010年第4期。

杨柏芳、刘冬冰、靖文:《冬季奥运会与城市发展的历史演进》,《体育文化导刊》2014年第8期。

杨风华、王凯珍:《2008年北京奥运会对我国竞技体育影响的研究》,《中国体育科技》2006年第4期。

杨桦:《2008年北京奥运会对提升中国国际地位和声望的研究》,《体育科学》2006年第5期。

杨军:《北京奥运会对中国经济发展的影响》,《经济界》2002年第1期。

杨文君、步慧、孟祥玉、毛壮、盛叶:《全国少数民族传统体育运动会对举办城市的经济影响——以第十届举办城市鄂尔多斯市为例》,《中国市场》2016年第3期。

游旭群、兰继军、张鲲:《北京、西安大学生对奥运会和残奥会社会态度的比较》,《体育学刊》2009年第10期。

于清华、丁申楠:《从改革开放以来中国夏季奥运会看竞技体育的社会价值走向》,《体育大视野》2016年第25期。

喻坚:《2008年北京奥运会对当代中国青年的影响》,《湖州师范学院学报》2004年第1期。

喻坚:《2008年北京奥运会对当代中国政治,经济,文化的综合效应》,

《山东体育学院学报》2002 年第 3 期。

张黎平、颜慧：《大型运动会对举办城市群众体育影响效应的研究》，《山西师大体育学院学报》2007 年第 3 期。

张萍、孙俊涛：《北京奥运会对城市旅游业发展的影响》，《体育文化导刊》2012 年第 2 期。

张杨：《浅论北京奥运会对中国体育发展的影响》，《体育大视野》2015 年第 22 期。

张玉宝、李翠玲、李吉、程在宽：《男子竞技体操新赛制对中国队备战 2012 年奥运会的影响》，《北京体育大学学报》2011 年第 21 期。

赵苗：《我国退役奥运会冠军社会流动研究》，《浙江体育科学》2020 年第 2 期。

周建梅、黄香伯：《奥运会营销产生的经济影响分析》，《武汉体育学院学报》2002 年第 3 期。

学位论文

曹丽丽：《第 16 届广州亚运会对广州大众体育的影响研究》，硕士学位论文，华中师范大学，2012 年。

曹帅：《第七届全国农民运动会对南阳市乡镇群众体育的影响研究》，硕士学位论文，河南大学，2016 年。

陈炜和：《现代奥运会商业化进程中"埋伏营销"现象之研究》，硕士学位论文，福建师范大学，2018 年。

邓小红：《北京奥运促进全民健身发展的探讨》，硕士学位论文，华中师范大学，2005 年。

丁俊锋：《第七届全国城市运动会对南昌城市发展的研究》，硕士学位论文，江西师范大学，2012 年。

顿晓明：《马拉松对城市经济发展的影响》，硕士学位论文，江西财经大学，2017 年。

付磊：《奥运会影响研究：经济和旅游》，博士学位论文，中国社会科学院，2002 年。

哈淳淳：《奥运会中的埋伏营销问题研究》，硕士学位论文，北京体育大学，2019 年。

郝文艳:《2022 年冬奥会背景下北京市城镇居民冬季体育生活方式变化的研究》,硕士学位论文,首都体育学院,2018 年。

黑迪:《奥运赛事文化活动对 2022 年冬奥会的启示和可持续发展研究》,硕士学位论文,北京体育大学,2019 年。

黄宏远:《北京 2008 年奥运会后我国群众篮球的发展趋势研究》,硕士学位论文,武汉体育学院,2008 年。

焦永明:《北京奥运会对上海世博会的启示》,硕士学位论文,中国社会科学院,2010 年。

雷蕾:《奥运会对北京大众文化休闲的影响分析与可持续对策研究》,硕士学位论文,首都师范大学,2009 年。

雷敏:《2008 年北京奥运会对西安市大学生体育态度和行为的影响分析》,硕士学位论文,陕西师范大学,2008 年。

雷选沛:《北京奥运经济运营与管理研究》,博士学位论文,武汉理工大学,2006 年。

唐磊:《第 29 届奥运会对北京市群众篮球运动开展影响的研究》,硕士学位论文,首都体育学院,2010 年。

李娜娜:《2022 年冬奥会促进北京国际体育中心城市建设研究》,硕士学位论文,首都体育大学,2018 年。

李镕臣:《奥运会对中国和韩国经济发展影响》,硕士学位论文,中国海洋大学,2010 年。

李世伟:《我国大项目带动型城市更新探析》,硕士学位论文,清华大学,2004 年。

李婷:《2014 年青奥会对南京大众体育的影响研究》,硕士学位论文,南京体育学院,2016 年。

李霞:《2008 年奥运会对北京经济增长影响研究》,硕士学位论文,天津财经大学,2008 年。

李亚男:《大型体育赛事对城市竞争力的影响》,硕士学位论文,南京师范大学,2011 年。

李艳丽:《后奥运经济低谷效应的预期研究》,硕士学位论文,广东外语外贸大学,2009 年。

李艳:《悉尼奥运会旅游后续效应研究及对北京奥运旅游的启示》,硕士学位论文，西南交通大学，2007 年。

李颖川：《北京 2008 年奥运会志愿者的组织模式与评价体系的研究》，博士学位论文，苏州大学，2006 年。

廉涛：《大型体育赛事的居民感知对其支持态度的影响研究》，硕士学位论文，上海体育学院，2015 年。

梁佩：《北京奥运会对提升青岛体育旅游产品优势的分析》，硕士学位论文，广西师范大学，2009 年。

苏亮：《基于成本——效益分析的奥运经济影响预测研究》，硕士学位论文，大连理工大学，2005 年。

廖佳鹏：《奥运外交视野下的企业营销国际化》，硕士学位论文，北京外国语大学，2019 年。

林冬：《现代奥运会申办和举办城市分布情况的研究》，硕士学位论文，首都体育学院，2018 年。

林志旭：《体育赛事对城市发展影响的理论与实证研究》，硕士学位论文，福建师范大学，2009 年。

刘瑞娟：《冬奥会对张家口地区发展的带动作用研究》，硕士学位论文，北京邮电大学，2018 年。

刘列：《2008 年奥运会对北京市旅游的影响及对策研究》，硕士学位论文，北京体育大学，2004 年。

刘鹏：《2008 北京奥运会遗产保护研究》，硕士学位论文，北京体育大学，2010 年。

刘叶郁：《赵瑜体育报告文学对体育发展的意义探寻》，博士学位论文，上海体育学院，2018 年。

楼诗予：《大型体育赛事与城市旅游互动发展的研究》，硕士学位论文，上海体育学院，2011 年。

孟祥纯：《2022 年冬奥会我国国家形象媒介提升路径研究》，硕士学位论文，哈尔滨体育学院，2018 年。

彭石：《特大城市固定资产投资效应研究》，博士学位论文，中央财经大学，2017 年。

齐新：《北京奥运会后中国全民健身运动的探究》，硕士学位论文，兰州理工大学，2011 年。

秦四齐：《2008年奥运会后中国群众体育发展对策研究》，硕士学位论文，西南大学，2008年。

尚美姝：《2012伦敦奥运会开幕式的文化形象与文化价值研究》，硕士学位论文，暨南大学，2013年。

邵玉辉：《2008年北京奥运会无形遗产保护和开发研究》，博士学位论文，北京体育大学，2008年。

沈晓丹：《体育赛事和城市品牌构建关系的研究》，硕士学位论文，天津大学，2017年。

隋勇：《山东省第二十三届运动会对济宁市城市发展的影响研究》，硕士学位论文，山东曲阜师范大学，2015年。

谭琳：《对北京奥运遗产的多维透视》，硕士学位论文，南京师范大学，2008年。

万和荣：《2008奥运会对北京城市文明发展影响的研究》，硕士学位论文，北京体育大学，2006年。

汪清：《PPP项目财务风险分析与防范研究》，硕士学位论文，哈尔滨商业大学，2018年。

王传友：《北京奥运会社会价值研究》，博士学位论文，苏州大学，2010年。

王锋：《29届奥运会对北京文化创意产业影响的分析研究》，硕士学位论文，苏州大学，2009年。

王国娇：《北京奥运会后我国高校啦啦队运动的发展前景研究》，硕士学位论文，西南交通大学，2008年。

王玲：《论科技与奥运的契合》，博士学位论文，东北大学，2008年。

王伟：《2008年奥运会后吉林省群众体育发展趋势的研究》，硕士学位论文，吉林大学，2007年。

翁亮：《论北京2008年奥运会对我国国民精神文化生活的影响》，硕士学位论文，湖南师范大学，2008年。

吴炯伟：《前五届奥运举办地奥运前后GDP变化的比较研究》，硕士学位论文，首都体育学院，2009年。

肖琳琳、连洋：《2022年冬奥会对我国大众冰雪运动发展的影响》，《黑龙江科学》2019年第1期。

徐盛华：《基于耦合视角下体育赛事对城市发展影响的研究》，硕士学位论文，江西财经大学，2013年。
许松涛：《改革开放以来我国体育经济思想的发展演变研究》，博士学位论文，北京体育大学，2013年。
杨洁：《2008年奥运会对北京市旅游住宿业的影响与对策研究》，硕士学位论文，北京体育大学，2006年。
曾光：《对北京奥运会赞助商品牌保护及其对我国体育产业促进的研究》，硕士学位论文，江西师范大学，2010年。
曾建明：《我国大型体育赛事场馆的空间布局研究》，博士学位论文，华中师范大学，2013年。
张百新：《奥运会世博会对北京上海两市流动人口变动的影响研究》，硕士学位论文，首都经济贸易大学，2008年。
张复利：《冬奥会对张家口旅游业的影响及对策研究》，硕士学位论文，北京第二外国语学院，2016年。
张俊伟：《大型体育赛事对城市规划建设的影响》，硕士学位论文，湖南师范大学，2011年。
张新萍：《对2008北京奥运会后中国体育改革走向的研究》，博士学位论文，华南师范大学，2006年。
张彤：《奥运经济对北京及中国经济的影响分析》，硕士学位论文，首都经济贸易大学，2019年。
张艳：《2008年北京奥运会与我国非主办城市的互动和影响》，硕士学位论文，广西师范大学，2007年。
赵德勋：《改革开放以来中国老年人体育政策研究》，博士学位论文，北京体育大学，2010年。
郑刚：《基于体育赛事视域下的城市竞争力发展策略研究》，硕士学位论文，郑州大学，2016年。
钟惠燕：《第十一届全运会融入山东经济社会运作模式研究》，硕士学位论文，山东曲阜师范大学，2008年。
周全：《第29届奥运会对国民体育意识的影响研究》，《中国体育科技》2006年第5期。
朱书琦：《大型体育赛事能否推动城市产业发展》，硕士学位论文，浙江工商大学，2018年。

邹硕：《温哥华冬奥会对城市发展影响研究》，硕士学位论文，北京体育大学，2017年。

中文译著

［英］米勒、王承教：《从雅典到北京：奥运会和国际奥委会的历史1894—2008》，哈尔滨出版社2007年版。

［韩］朴世直、姜镕哲：《我策划了汉城奥运会》，中信出版社2005年版。

［俄］施泰因巴赫、纪联华：《奥运会通史（上、下册）》，山东画报出版社2007年版。

外文文献

Andersson, T. D., Armbrecht, J., Lundberg, E., "Impact of mega-events on the economy", *Asian Business & Management*, Vol. 7, 2008.

Andranovich, G., Burbank, M. and Heying, C., "Olympic Cities: Lessons Learnt from Mega-Event Politics", *Journal of Urban Affairs*, Vol. 23, No. 2, 2001.

. "Are Arts Events a Good Way of Augmenting the Economic Impact of Sport? The Case of the 2010 FIFA World Cup and the National Arts Festival in South Africa", *International Journal of Arts Management*, Vol. 16, No. 1, 2013.

Baade, R. A., Matheson, V. A., "The quest for the cup: assessing the economic impact of the World Cup", *Regional Studies*, Vol. 38, 2004.

Baade, R., R. Baumann, V., "Matheson. Slippery Slope? Assessing the Economic Impact of the 2002 Winter Olympic Games in Salt Lake City. Utah", *Région et Développement*, No. 31, 2010.

Baade, R., V. Matheson 2002, Bidding for the Olympics: Fool's Gold? pp. 127–151 in: C. P. Barros, M. Ibrahimo, S. Szymanski (eds.), Transatlantic Sport: The Comparative Economics of North American and European Sports, London: Edward Elgar Publishing.

Becca Leopkey, Milena M. Parent, "The governance of Olympic legacy: process, actors and mechanisms", *Leisure Studies*, Vol. 36, No. 3, 2017.

Ben Plowden, "London's Olympic Legacy", *Planning*, Vol. 82, No. 7,

2016.

Bernstock Penny, *Olympic Housing: A Critical Review of London 2012's Legacy*, Taylor and Francis: 2016 – 05 – 13.

Brent W. Ritchie, P. Monica Chien, Richard Shipway, "A Leg (acy) to stand on? A non-host resident perspective of the London 2012 Olympic legacies", *Tourism Management*, Vol. 77, 2020.

Brown Laura A., "Planning for Legacy in the Post-War Era of the Olympic Winter Games", *The International Journal of the History of Sport*, Vol. 37, No. 13, 2020.

Chris Gratton, Holger Preuss, "Maximizing Olympic Impacts by Building Up Legacies", *International Journal of the History of Sport*, Vol. 25, No. 14, 2008.

Clark Charlotte, Smuk Melanie, Cummins Steven, Eldridge Sandra, Fahy Amanda, Lewis Daniel, Moore Derek G., Smith Neil, Taylor Stephanie J. C., Stansfeld Stephen A., "An Olympic Legacy? Did the Urban Regeneration Associated With the London 2012 Olympic Games Influence Adolescent Mental Health?", *American Journal of Epidemiology*, Vol. 187, No. 3, 2018.

Coates, D., B. Humphreys, "Do Economists Reach a Conclusion on Subsidies for Sports Franchises, Stadiums, and Mega-Events?", *Econ Journal Watch*, Vol. 5, 2008.

Coates, D., B. Humphreys, "The Effect of Professional Sports on Earnings and Employment in the Services and Retail Sectors in US Cities", *Regional Science and Urban Economics*, Vol. 33, 2003.

Dauncey, H. and Hare, G., World Cup France 98. Metaphors, Meanings and Values [J]. *International Review for the Sociology of Sport*, Vol. 35, No. 3, 2000.

Eva Kassens-Noor, Christopher Gaffney, Joe Messina, Eric Phillips, "Olympic Transport Legacies: Rio de Janeiro's Bus Rapid Transit System", *Journal of Planning Education and Research*, Vol. 38, No. 1, 2018.

Fairley Sheranne Gardiner Sarah Filo Kevin, "The Spirit Lives on: The Legacy of Volunteering at the Sydney 2000 Olympic Games", *Event Management*, Vol. 20, No. 2, 2016.

Fourie, J., Spronk, K., "South African mega-sports events and their impact on tourism", *Journal of Sport & Tourism*, in press.

Geoff Nichols, Rita Ralston, Kirsten Holmes, "The 2012 Olympic Ambassadors and sustainable tourism legacy", *Routledge*, Vol. 25, No. 11, 2017.

Girginov Vassil, Rethinking Olympic Legacy. Taylor and Francis: 2018-05-09.

Gold John R., Gold Margaret M., "Olympic legacies and the sustainability agenda", *Nature Sustainability*, Vol. 4, No. 4, 2021.

Hagn, F., W. Maennig, "Employment effects of the Football World Cup 1974 in Germany", *Labour Economics*, Vol. 15, 2008.

Hagn, F., W. Maennig, "Large sport events and unemployment: the case of the 2006 soccer World Cup in Germany", *Applied Economics*, Vol. 41, 2009.

Higham, J., "Sport tourism as an attraction for managing seasonality", *Sport in Society*, Vol. 8, 2005.

Holger Preuss, Anke Plambeck, "Utilization of Olympic Stadiums: a conceptual stadium legacy framework", *International Journal of Sports Marketing and Sponsorship*, Vol. 22, No. 1, 2020.

Horne, J., Manzenreiter, W., "Accounting for mega-events: forecast and actual impacts of the 2002 Football World Cup Finals on the host countries Japan/Korea", *International Review for the Sociology of Sport*, Vol. 39, 2004.

Huishu Deng, Marta Mancini, Li Zhang, Michele Bonino, "Beijing 2022 between urban renovation and Olympic sporting legacy: the case of Shougang", *Movement & Sport Sciences-Science & Motricité*, No. 107, 2020.

Ian Culpan. Olympism, "Olympic education and learning legacies", *Sport in Society*, Vol. 19, No. 2, 2016.

Jasmand, S., W. Maennig, "Regional Income and Employment Effects of the 1972 Munich Olympic Summer Games", *Regional Studies*, Vol. 42, 2008.

Jean-Loup Chappelet, "Beyond Legacy: Assessing Olympic Games Performance", *Journal of Global Sport Management*, Vol. 4, No. 3, 2019.

Joel Thomas, Tom Walker, Stuart Miller, Alistair Cobb, Steven Thomas, "The Olympic legacy: Journal metrics in sports medicine and dentistry", *Journal of International Society of Preventive and Community Dentistry*, Vol. 6, No. 6, 2016.

Johan Fourie, María Santana-Gallego, "The impact of mega-sport events on tourist arrivals", *Tourism Management*, Vol. 32, No. 6, 2011.

John R. Gold, Margaret M. Gold, "Land remediation, event spaces and the pursuit of Olympic legacy", *Geography Compass*, Vol. 14, No. 8, 2020.

Jones, C., "Mega-events and host-region impacts: determining the true worth of the 1999 Rugby World Cup", *International Journal of Tourism Research*, Vol. 3, 2001.

Kasimati, E., "Economic aspects and the Summer Olympics: a review of related research", *International Journal of Tourism Research*, Vol. 5, 2003.

Kesenne, S., "Do we need an economic impact study or a cost-benefit analysis of a sport event?", *European Sport Management Quarterly*, Vol. 5, 2005.

Kurumi Aizawa, Ji Wu, Yuhei Inoue, Mikihiro Sato, "Long-term impact of the Tokyo 1964 Olympic Games on sport participation: A cohort analysis", *Sport Management Review*, Vol. 21, No. 1, 2018.

Lael Bethlehem, "Thinking beyond the event: The legacy impact of the FIFA 2010 soccer World Cup on South African cities", *Journal of Urban Regeneration and Renewal*, Vol. 6, No. 3, 2013.

Lee, C. - K., Taylor, T., "Critical reflections on the economic impact assessment of a mega-event: the case of 2002 FIFA World Cup", *Tourism Management*, Vol. 26, 2005.

Leeds, M., "Do Good Olympics Make Good Neighbors?", *Contemporary Economic Policy*, Vol. 26, 2008.

Leonie Lockstone-Binney, Kirsten Holmes, Karen A., "Smith, Richard Shipway. The role of corporates in creating sustainable Olympic legacies", *Journal of Sustainable Tourism*, Vol. 26, No. 11, 2018.

Lovett Emily, Bloyce Daniel, Smith Andy, "Delivering a sports participation legacy from the London 2012 Olympic and Paralympic Games: evidence from sport development workers in Birmingham and their experiences of a doublebind", *Leisure Studies*, Vol. 39, No. 5, 2020.

Madden, J. R., "Economic and Fiscal Impacts of Mega Sporting Events: A General Equilibrium Assessment", *Public Finance and Management*, Vol. 6, No. 3, 2006.

Maennig, W., Du Plessis, S., "World Cup 2010: South African economic perspectives and policy challenges informed by the experience of Germany 2006", *Contemporary Economic Policy*, Vol. 25, 2007.

Maennig, W., Porsche, M., The feel-good effect at mega sports events: Recommendations for public and private administration informed by the experience of the FIFA World Cup 2006. Working papers 0817. International Association of Sports Economists, 2008.

Matheson, V. A., "Upon further review: an examination of sporting event economic impact studies", *The Sport Journal*, Vol. 5, 2002.

Michael B. Duignan, "London's local Olympic legacy", *Journal of Place Management and Development*, Vol. 12, No. 2, 2019.

Mike Featherstone, Tomoko Tamari, "Olympic Games in Japan and East Asia: Images and Legacies: An Introduction", *International Journal of Japanese Sociology*, Vol. 28, No. 1, 2019.

Miller, P. A., "The Economic Impact of Sports Stadium Construction: The Case of the Construction Industry in St. Louis, MO", *Journal of Urban Affairs*, Vol. 24, No. 2, 2002.

Moore, Raco, Clifford, "The 2012 Olympic Learning Legacy Agenda-the intentionalities of mobility for a new London model", *Urban Geography*, Vol. 39, No. 2, 2018.

Niloufar Vadiati, The Employment Legacy of the 2012 Olympic Games [M]. Palgrave Pivot, Singapore: 2020-01-01.

Preuss, H., FIFA World Cup 2006 and its legacy on tourism. In R. Conrady, M. Buck (Eds.), Trends and issues in global tourism 2007. Berlin: Springer, 2007a.

Preuss, H. Winners and losers of the Olympic games. In B. Houlihan (Ed.), Sport & society, London, Thousand Oaks, 2007b.

Reis Arianne Carvalhedo Frawley Stephen Hodgetts Danya Thomson Alana Hughes Kate, "Sport Participation Legacy and the Olympic Games: The Case of Sydney 2000, London 2012, and Rio 2016", *Event Management*, Vol. 21, No. 2, 2017.

Ritchie Brent W., Chien P. Monica, Shipway Richard, "A Leg (acy) to stand on? A non-host resident perspective of the London 2012 Olympic legacies", *Tourism Management*, Vol. 77, 2017.

Robert A. Baade, Victor A. Matheson, "Going for the Gold: The Economics of the Olympics", *Journal of Economic Perspectives*, Vol. 30, No. 2, 2016.

Robert Baumann, Bryan Engelhardt, Victor A. Matheson, "Employment Effects of the 2002 Winter Olympics in Salt Lake City, Utah", *Jahrbücher für National? Konomie und Statistik*, Vol. 232, No. 3, 2012.

Rose, A. K., M. M. Spiegel, "The Olympic Effect", *The Economic Journal*, Vol. 121, 2011.

Sanne Derks, Martijn Koster, Martijn Oosterbaan, "Olympic Legacies", *City & Society*, Vol. 32, No. 1, 2020.

Shipway, Ritchie, Chien, "Beyond the glamour: resident perceptions of olympic legacies and volunteering intentions", *Leisure Studies*, Vol. 39, No. 2, 2020.

Shushu Chen, Ian Henry, "Assessing Olympic legacy claims: Evaluating explanations of causal mechanisms and policy outcomes", *Evaluation*, Vol. 26, No. 3, 2020.

Solberg, H. A., Preuss, H., "Major sport events and long-term tourism impacts", *Journal of Sport Management*, Vol. 21, 2006.

Spencer Harris, Mathew Dowling. Sport Participation and Olympic Legacies: A Comparative Study. Taylor and Francis: 2021-02-19.

Spilling, O. R., "Mega event as strategy for regional development: The case of the 1994 Lillehammer Winter Olympics", *Entrepreneurship & Regional Development*, Vol. 8, 1996.

Steven E. Moss, Kathleen H. Gruben, Janet Moss, "An empirical test of the Olympic tourism legacy", *Journal of Policy Research in Tourism, Leisure and Events*, Vol. 11, No. 1, 2019.

Swantje Allmers, Wolfgang Maennig, "Economic Impacts of the FIFA Soccer World Cups in France 1998, Germany 2006, and Outlook for South Africa 2010", *Eastern Economic Journal*, Vol. 35, No. 4, 2009.

Szymanski, S., "The Economic Impact of the World Cup", *World Economics*, Vol. 3, No. 1, 2002.

Teigland, J., "Mega-events and impacts on tourism; the predictions and realities of the Lillehammer Olympics", *Impact Assessment and Project Appraisal*, Vol. 17, 1999.

The Olympic Healthcare Legacy: A Study to Investigate the Perceptions of Relevant Stakeholders to See How the 2012 Olympics Have Affected the Health and Wellbeing of Children in East London by Use of Semi-structured Interviews. American Journal of Sports Science and Medicine, Vol. 6, No. 2, 2018.

Vassil Girginov, "Legacy, resource mobilisation and the Olympic Movement", *South African Journal for Research in Sport, Physical Education and Recreation*, Vol. 39, No. 1: 2, 2017.

Whannel Garry, "The Olympic Games and the Problems of Legacy: The London Stadium Story", *Journal of Olympic Studies*, Vol. 2, No. 1, 2021.

Y. Yamawaki, F. M. d. Castro Filho, G. E. G. d. Costa, "Mega-event transport legacy in a developing country: The case of Rio 2016 Olympic Games and its Transolímpica BRT corridor", *Journal of Transport Geography*, Vol. 88, 2020.